Wolfgang Laub

Der Männer-Coach

Wolfgang Laub

Der Männer-Coach

Tipps für ein seelisch gesundes Leben

Trainerverlag

Impressum / Imprint
Bibliografische Information der Deutschen Nationalbibliothek: Die Deutsche Nationalbibliothek verzeichnet diese Publikation in der Deutschen Nationalbibliografie; detaillierte bibliografische Daten sind im Internet über http://dnb.d-nb.de abrufbar.

Bibliographic information published by the Deutsche Nationalbibliothek: The Deutsche Nationalbibliothek lists this publication in the Deutsche Nationalbibliografie; detailed bibliographic data are available in the Internet at http://dnb.d-nb.de.

Coverbild / Cover image: www.ingimage.com

Verlag / Publisher:
Der Trainerverlag
ist ein Imprint der / is a trademark of
AV Akademikerverlag GmbH & Co. KG
Heinrich-Böcking-Str. 6-8, 66121 Saarbrücken, Deutschland / Germany
Email: info@verlag-trainer.de

Herstellung: siehe letzte Seite /
Printed at: see last page
ISBN: 978-3-8417-5066-2

Auch Männer brauchen oft Hilfe, Rat und Trost
Oder: Wer Mann sein will muss leiden? Nein!
Rat & Tipps für Männer, Jungs + Freunde, Partner, Familien

Inhaltsverzeichnis

Über den Autor

Wolfgang Laub ist Systemischer Berater, Therapeut und Dipl.-Pädagoge, freiberuflich in eigener Praxis tätig.
Mitglied im Verband Freier Psychotherapeuten, Psychologischer Berater, ... VFP.
Studium in Erziehungs- und Politikwissenschaften, Psychologie und Soziologie.
Fortbildung in Sonderpädagogik, Sozialmanagement, systemische Beratung und (Familien-) Therapie. Zertifiziert als Umgangspfleger und Verfahrensbeistand in Kindschaftssachen ("Anwalt des Kindes").
Vom Gesundheitsamt zugelassener Heilpraktiker für Psychotherapie.
Über 20 Jahre tätig auch als Sozialarbeiter, Heimleiter, Pädagoge/ sozialpädag. bzw. – therapeut. Betreuer in Kinder- und Jugendwohnheimen, Jugend-, therap., integrativen und Senioren- WGs sowie Einrichtungen für psychisch bzw. körperlich kranke, beeinträchtigte, traumatisierte Menschen aus vielen Nationen.
Berufliche und ehrenamtliche Leitung div. Vereine und Projekte, auch von Ministerien empfohlene - auf Feldern der Kinder-, Jugend-, Senioren- und Benachteiligtenhilfe, für Gewalt-Opfer aller Geschlechter und Nationen sowie im Bildungsbereich. Seine Gewinne aus diesem Buch spendet er auch gemeinnützigen Projekten.

Widmung

W. Laub musste selbst auch schwere Schicksalsschläge verarbeiten. Vor allem den sehr schmerzvollen Verlust seiner Eltern. Er widmet sein ganzes Wirken seinen „innigst geliebten, wundervollen, liebsten Eltern, Schwestern und Sohn “. Was er von diesen und anderen Menschen in seinem Leben an Hilfen und unendlich Wertvollem bekam möchte er gerne auch anderen Mitmenschen „zurückgeben“.

I. Vorwort und grundlegende, einleitende (und auch kritische, mahnende) Worte und Denkanstöße

„Nichts vermittelt ein größeres Gefühl von Stärke als ein Hilferuf“ [George MacDonald].

Guten Tag – und vielen Dank für Ihr Interesse! Für Informationen, Tipps, Denkanstöße, hilfreiche Erfahrungen auch von Betroffenen, die u. a. auch in meiner Beratungs-Praxis schon sehr vielen Menschen sehr, oft auch erstaunlich schnell, geholfen haben. Bzw. die auch erst ermöglicht haben sich – ohne sich dann als schwach, „Versager“ und dergleichen zu fühlen- weitergehend passende Hilfe und Rat zu suchen. Bzw. auch „nur“ Trost. Oder „nur“ Ausheulen ermöglichten, auch halfen nicht immer „funktionieren“ bzw. „stark sein zu müssen“- was enorm entlasten und Druck nehmen kann (dass „Indianer keinen Schmerz kannten“ ist auch gerade für Männer eine sehr fatale „Weisheit“. Wissenschaftlich übrigens auch überhaupt nicht haltbar, im Gegenteil – unter Indianer galt sogar „sein Leid klagen“, auch ja sogar so genannte „*Klage*gesänge“, auch von Medizinmännern mit zelebriert, ja oft sogar als *heilsames Ritual*!). Vielleicht ja auch „nur“ (mehr) bei Freunden, Partnern, Bekannten, Kollegen, Verwandten… Vielleicht ja auch Seelsorgern oder dergleichen. Oder auch in einer guten Selbsthilfegruppe (vor Ort oder ggf. auch im Internet, Hilfen zur Suche dabei und weiteren Hilfs- und Beratungsmöglichkeiten zu vielen wichtigen Themen sind hier auch, z. B. in der Anlage, noch zu finden). Was alles Gold wert sein kann- wenn man Menschen, die man schon kennt (noch) mehr für Rat, Trost, Unterstützung nutzen kann – zumal man ja selbst auch Mitmenschen viel gibt. Jeder Mensch. Bzw. wenn man bei neu kennen gelernten Menschen, vielleicht auch nach etwas Suchen und mehrere z. B. (auch Männer-) Selbsthilfegruppen/ Foren probieren, (endlich) Menschen trifft, die einen – *das ist so extrem wichtig* – endlich besser verstehen können. Sein Freud und Leid…, vielleicht ja auch „nur“ als Mann. Das kann ja auch z. B. im

Verein sein oder einem Internet-Forum (muss also nicht etwas an Problemen ansetzendes sein wie eine klassische „Selbsthilfegruppe“ oder dergleichen). Evtl. auch wirklich „Seelenverwandte“ bzw. Menschen mit mehr gemeinsamer „Wellenlänge“, ggf. auch mit ähnlichen Interessen, Hobby, Schicksal oder Ängsten, Sorgen, Zweifel, Problemen usw. Auch z. B. „nur“ als Mann. Aber auch mehr Verständnis, Respekt, Anerkennung auch für seine Leistungen (z. B. ja trotz schweren Erlebnissen, Erfahrungen, Erkrankungen früher oder auch in der Gegenwart überhaupt, zumindest irgendwie, wenn auch nicht einfach, überlebt zu haben – was gerade heute ja auch schon generell, alleine eine große Leistung ist in unserer, auch vom Focus einmal so genannten, „Generation Burn-out“. Selbst mit nicht (ganz) so schwerer Vergangenheit, schlimmen Erfahrungen.... Einfach „nur“ den immensen Alltags-Stress zu überstehen). Außerdem kann man hier wertvolle Tipps bekommen aus „erster Hand“, von anderen Betroffenen (bzw. auch Männern mit all „unseren“ Problemen, Sorgen usw.). Oft auch zum Finden guter Fachleute für weitergehende Hilfen vor Ort. Und man kann, last not least, auch sehen, dass auch andere *tolle* Menschen große Probleme haben bzw. bekommen können- also ist man ja selbst wohl auch nicht nur ein „Außenseiter“, „Schwacher“,„Loser“,Versager,„bad Guy“wenn man nicht immer alles schafft und oft Probleme und Zweifel hat, vielleicht auch an sich...).
Bei Bedarf bzw. Bedürfnis dazu zu einem Arzt oder Therapeuten zu gehen ist natürlich aber auch sehr wichtig, da über seine Probleme zu reden – was gerade auch Männern ja häufig noch sehr schwer fällt (auch z. B. zu Paarberatungen, Paartherapie- wofür Termine fast immer nur Frauen ausmachen – bzw. Männer erst auf großen Druck der Frauen bzw. weil sehr Schwerwiegendes passiert ist oder angedroht wurde). Weshalb die, wir, ja dorthin oft auch erst gehen, auch zu ja so wichtigen Vorsorge- Untersuchungen, wenn es sich gar nicht mehr vermeiden lässt. Täte man das früher ist in der Regel aber natürlich auch noch mehr zu helfen als „5 vor 12“ (oder noch später, manchmal evtl. auch sonst *zu* spät. *Vorsicht bitte!* Selbst mit z. B. „nur“ Burn-out sterben dann ja Menschen, nicht zuletzt ja auch gerade Männer, manchmal schon sehr, sehr plötzlich und auch jung z. B. mit

Herzinfarkt, Schlaganfall usw. Also bitte lieber öfters „nur“ vorsorglich als einmal zu spät, mit welchem Problem auch immer! Zumal auch wohl die meisten männl. Ärzte und Therapeuten zumindest etwas Angst haben vor Besuchen beim Arzt, natürlich auch Zahnarzt, ggf. auch Therapeuten. Dann muss das natürlich auch „Laien“ nicht peinlich sein! Vieles ist vielleicht auch einfach nur „typisch Mann“. Es gibt ja aber auch doch etwas „typisch Frau“, auch die sind ja nicht perfekt – das ist ja bekanntlich *„Nobody“*). Auch wenn solche Hemmschwellen ja nicht zuletzt auch bei Männern nicht von ungefähr kommen (also ist man dafür auch nicht „selbst schuld“, bitte keine Selbstvorwürfe), wie noch zu sehen sein wird (und auch dass es erst jetzt langsam, sogar in Großstädten, spezielle gesundheitliche und psycholog. Angebote für Männer gibt zeigt ja auch, dass es nicht „Schuld“ der Männer war, wenn sie solche zuvor nicht aufgesucht haben- wenn es die zuvor zu großen Teilen *noch gar nicht oder kaum findbar gab*). Es kommt zudem auch von Mythen, falschen Klischees (von denen es natürlich auch unzählige dumme gibt – über Frauen aber auch Männer... Ebenso wie natürlich über „Ausländer“, „Behinderte“, „Ossis“, „Wessis“ usw., usf.). So z. B. auch, wahrlich nicht zuletzt, vom verheerenden – falschen - Mythos der „wehleidigen“ Männer. Natürlich gibt es sicher einige davon. Aber ja auch einige Frauen... Aber *jeder* Mensch hat auch vor irgendetwas Angst, *das ist auch legitim*! Angst ist oft ja auch sehr wichtig, z. B. als gesunde Vorsicht. Und muss geachtet, darauf eingegangen werden.

Die meisten Frauen und Männer sind aber eher *zu wenig „wehleidig“*, fressen Kummer, Sorgen usw. , auch aus dem Beruf, viel zu lange in sich hinein, reden kaum darüber (oder zwar relativ viel „rational“– aber kaum wirklich, *emotional*). Oft auch weil es viel zu wenig Hilfsangebote dafür gibt, auch z. B. im Beruf (z. B. gute Supervision dort). Das tut dann natürlich auch irgendwann einmal sehr weh, z. B. auch mit psychosomatischen Problemen, auch („seelisch in sich hineingefressenen“) Ess- und Schlafstörungen, ggf. Depressionen, wenn einen Vieles um den Schlaf bringt. Oder Unwohlsein diverser Art usw.- das kann auch fatal enden, wenn man sich keine oder erst zu spät Hilfe sucht! Vielleicht ja für zu Beginn auch nur relativ kleine, mit

Hilfe gut lösbare Probleme. Die aber dann wirklich „von der Mücke zum Elefanten" werden, wenn man nichts dagegen tut, sich keine oder erst zu spät Hilfe sucht… Solch „dauernder Stress" bzw. Ärger, Probleme können, auch wissenschaftlich nachgewiesen, auf Dauer wirklich mindestens genauso belastend sein wie „große Schicksalsschläge" (ein schwerer Unfall oder dergleichen), als „Schrecken ohne Ende". Das betrifft natürlich auch sehr viele Frauen (aber eben auch, wahrlich nicht zuletzt, sehr viele Männer). Es gibt ja fast immer „solche" und „solche" (Männer, Frauen, Deutsche, „Ausländer"- was für ein Wort – usw.). Trotzdem kommen aber gerade auch äußerst viele Männer in psycholog. Beratung bzw. Therapie, weil sie große Probleme damit haben z. B. auch nur ruhiger, sensibler oder auch weniger ruhig oder sensibel als „andere Männer" zu sein. Oder weil ihnen „nur" zu schaffen macht, dass sie nicht immer stark sein können, nicht immer wissen was gut ist (dass weiß ja aber kein Mensch!). Gut, Vieles kann man auch lernen, in jedem Alter noch, auch z. B. Pädagogen und Therapeuten selbst müssen ja immer wieder dazu lernen, sich fortbilden. Es gibt ja aber auch Milliarden *unterschiedlicher* Menschen, auch Männer, eben *Individuen* auf der Welt- auch mehr oder weniger sensible, ruhige- ja z. B. auch Pädagogen, Therapeuten usw. Und auch die wissen, auch im höheren Alter und nach noch so viel Studium, Fortbildungen usw. noch kaum zu beantworten „wann ist ein Mann ein Mann". Die auch, ähnlich wie Goethes Faust, immer wieder kaum Antworten zu vielen Fragen haben („da steh ich nun, ich armer Tor… und bin so schlau wie zuvor"- auch nach Studium der Psychologie oder auch Erziehungswissenschaften, Philosophie usw.). Bzw. verzweifeln oft auch an Erwartungen, dass Männer heute ja am Besten alles auf einmal super sein bzw. können sollen. Das kann ja aber *kein Mensch*. Auf Vieles gibt es bis heute auch kaum Antworten, auf viele Fragen- bzw. stimmt vielleicht wirklich etwas Bob Dylans „the answer my friend is blowing in the wind". Auch auf viele „Männer-Fragen" (wie auch in diesem, seinem Lied „blowing in the wind", benannt). Auch hier, in diesem Buch, meine ich natürlich auch nicht immer jeweils „die", „alle" Männer oder „die", „alle" Frauen usw. Selbst wenn wirklich etwas „99%ig typisch

Mann“ (oder Frau usw.) wäre – was es ja nahezu nie gibt, gerade auch im mediz. oder psycholog. Bereich nicht – könnte ja die Ausnahme die Regel bestätigen. Wäre man ausgerechnet der Mann, die Frau usw., für die (auch wissenschaftliche) Erkenntnisse nicht oder nicht ganz, nur teilweise bzw. manchmal gelten. Gehört bei irgendetwas zu den „nur“ 1 % Ausnahme (was bei Milliarden Erdenbewohnern aber dann ja immer noch zig Millionen Menschen sind!). Was leider auch von vielen Ärzten, Pädagogen und Therapeuten oft nicht sorgfältig genug beachtet wird (und dann teilweise völlig am Problem vorbei behandelt bzw. therapiert wird. Oder auch besondere individuelle Stärken, Ressourcen usw. nicht gesehen bzw. genutzt werden. Solche „in“ den Menschen-aber auch in deren Umfeld. Bzw. bei anderen Beratungsmöglichkeiten, auch z. B. für finanz. Probleme, die natürlich auch stark belasten können und Hilfe, Rat erfordern- aber ja von Fachleuten *dafür.* Anstatt dass z. B. nur ein Therapeut Geld damit verdient mit Betroffenen großer finanz. Sorgen an deren Kindheit „rumzudoktern“- was in dem Moment aber oft kaum hilfreich ist, außer eben für das Einkommen des Therapeuten). Die *Praxis* sollte ja immer der Maßstab sein, der einzelne- ja immer ganz individuelle - Mensch, die ganz konkrete Situation … Auch für Diagnosen, Therapien usw. (und nicht etwas der Einfachheit halber in eine Theorie hereingepresst – so wie z. B. heute ja sehr Vieles gleich auf „ADHS“ geschoben wird, was es bis zu 90% (!), vgl. das Kapitel dazu, eigentlich gar nicht ist. Oder bei älteren Menschen auf Demenz oder auch „Schizophrenie“- sehr, sehr oft auch ein Fehlurteil. Da macht man es sich oft viel zu einfach, werden Menschen auch viel zu oft und schnell „ruhig gestellt“ medikamentös- bzw. wieder „funktionierend“ gemacht- ohne wirklich genauer nach wirklichen Ursachen für Probleme geschaut zu haben (mit dann, oft auch relativ schell hilfreichen, Behandlungsmöglichkeiten. Vielleicht ja auch nötigen Medikamenten. Aber eben dann bitte *richtige, hilfreiche… Auch – ganz wichtig- richtig dosiert* – hier ist oft auch *weniger* mehr – und kontrolliert, mit guter Aufklärung usw.). Und solche Fehleinschätzungen und daraus folgende falsche Behandlungen, Therapien usw. können natürlich verheerend für die Betroffenen sein. Richtige, zutreffende Diagnose bzw. Beratung, ggf. auch Untersuchung geht aber *nur vor Ort,* bei einem Arzt- der bei Bedarf auch psycholog. Unterstützung vermitteln kann (deshalb bin ich hier auch sehr vorsichtig mit „Patentrezepten“). Aber wenn ich als Mann denke, dass ich – als Mann eben, quasi genetisch bzw. geschlechtlich „vorbestimmt“ – eh schon zu „wehleidig“ bin verkneife ich mir ja aber noch mehr – als eh schon - über meine Probleme zu reden, mit meinen Mitmenschen und Fachleuten - mit o. g. möglichen fatalen Folgen… Und muss dann vielleicht auch etwas mehr „über jeden kleinen Schnupfen jammern“. Weil ich halt nicht, wie Frauen eher, damit zum Arzt gehe und dort ein Medikament dafür bekomme, mit dem das dann schnell weg ist- und auch gar kein Grund mehr zum „Jammern“ da ist. Aber als Mann zum Arzt? Bringt einen eine Erkältung um? Nein? Na dann, was einen nicht umbringt… Oder möchte man(n) als „Weichei“, „Loser“, „wehleidig“ gelten? Das wollten ja wohl auch Frauen nicht (Betroffene von unzähligen Problemen, Erkrankungen usw. und wissenschaftl. Studien dazu berichten immer wieder, dass -zwar nachvollziehbare aber eigentlich unnötige- Scham Opfer selbst schwerer, auch psychischer, Probleme – z. B. auch Mobbing oder Burn-out - viel zu lange abhielt sich Hilfe zu suchen - mit oft tödlichen Folgen- die ja jedermann(auch Mann) natürlich *oft* braucht im Leben, *bitte* also auch suchen, annehmen! Bzw. anderen Menschen helfen, dass sie das tun können). Ein „starker Mann“ (bzw. einer, der das doch „sein muss“) hat aber oft noch mehr Probleme, Scham. Weil er eben auch noch mehr tief in sich drin ein – falsches- Bild hat, von anderen Menschen oder was auch immer vermittelt, dass ein „echter“ Mann immer stark sein muss, alles selbst, alleine in den Griff kriegen muss – ja auch noch „wachsen“, „hart werden“ muss bei Sachen, die einen nicht umbringen- denn was einen nicht umbringt macht ja bekanntlich hart? (wohl eine der größten Dummheiten der Weltgeschichte!). Sonst ist er *vermeintlich* eben kein echter, starker Mann, Mensch… Das ist aber natürlich Unsinn. Und selbst „nur“ ein nicht behandelter bzw. auskurierter Schnupfen, Erkältung kann natürlich sehr nerven, belasten (und darüber dann auch klagen lassen), auf Dauer auch gefährlich werden. Das wissen heutzutage wohl auch nahezu alle Menschen,

rational. Nur unser „Herz“ und „Bauch“ sprechen ja doch oft eine andere Sprache, beeinflussen uns oft mehr als wir wollen, auch als uns bewusst ist (deshalb sind viele dieser Ratschläge hier auch oft an den „Bauch“ gerichtet, für den ggf. sehr wichtig, entscheidend…).
Und auch generell ist wirklich m. E. einer der wichtigsten Erkenntnisse bzw. Hilfen heute in, für psychologische Beratungen, Therapien:

„Gesegnet sind die, die uns vor der Selbstverachtung heilen. Unter all den Diensten am Menschen kenne ich keinen kostbareren“ (W. White).

Bzw. von viel, viel zu überzogenen Selbstzweifeln (auch schon nur weil man – natürlich, *wie jeder andere Mensch auch*, Probleme, Ängste, Sorgen usw. hat). Selbstvorwürfen, Selbstkritiken usw.– zu denen viele Menschen auch schon z. B. alleine deshalb neigen, weil sie das 1. geborene Kind – bzw. der 1. geborene Sohn oder Tochter- in der Familie sind, wofür das aus div. Gründen sehr oft typisch ist. Oder eben halt auch „nur“ ein, der Mann „im Haus“, in der Familie, ggf. auch (zudem) noch dort der „Stammhalt*er*“, „Ernähr*er*“ usw. Da steckt oft immer noch viel „er“ (=d*er* Mann) drin in solchen gesellschaftl. Rollen, ebenso wie bei z. B. Vergewaltig*er*, Stalk*er*, Ausbeut*er,* Tät*er* usw. (es gibt ja aber auch jeweils weibliche Täter- bzw. auch männliche Opfer- davon!). Eine Rolle – bzw. “Erwartungsdruck“ oder Vorurteile- die auch selbst viele jüngste Männer selbst heute noch in sich haben, mehr oder weniger bewusst… (selbst wenn heute ja selbst in der Öffentlichkeit z. B. der „Titan“ O. Kahn weltweiten Respekt hatte und der Gewichtheber Steiner (als stärkster Mann der Welt…)- aber den *allergrößten* erst, als sie Schwäche(n) zeigten, bzw. Menschlichkeit… Auch durch Tränen… als größte Stärke. Auch wenn das sicher oft auch nicht einfach ist).

Und wenn man (Selbst-) Zweifel oder auch Scham haben kann ist das i. d. R. ja auch ein gutes Zeichen. Denn (eher) dumme oder böse Menschen sind dazu charakterlich bzw. intellektuell ja gar nicht in der Lage, das zu haben (dazu gehört ja viel Charakter, Verstand, oft auch Mut). Aber bitte auch nicht zu viel. Und Männer, die- wenn überhaupt-

in Beratung bzw. Therapie kommen geben sich fast immer selbst Schuld an (fast) allem, z. B. auch bei Problemen in Beziehungen – und auch bei, selbst größten, oder auch „nur" kleineren Gewalttaten gegen sie! Bzw. sehen sich (auch) noch als Versager, schwach.

Und oft viel zu viel an überzogener (nicht nur guter, gesunder) Selbstkritik, Selbstzweifel, bis hin zur Selbstverachtung führt aber auch schon alleine zu viel zu großer überzogener Scham – oft auch um sich überhaupt Hilfe zu suchen, um überhaupt Sorgen, Zweifel, Ängste, Leiden, Probleme usw. (aber auch mögliche Freuden, Bedürfnisse und dergleichen) ansprechen zu können (ohne das wird man das in der Regel aber auch nicht lösen können bzw. damit umgehen, leben können. Zumindest nicht gut, gesund und zufrieden- und Zufriedenheit gehört, auch nach Definitionen der WHO, auch zur Gesundheit!). Wenn man(n) denkt man hätte die Hilfe, Unterstützung, Gutes nicht verdient-man ist doch an allem selbst, (fast) alleine schuld, zu nichts zu gebrauchen, nicht lernfähig bzw. zu wehleidig usw. *Das stimmt nahezu nie! Bei keinem Menschen!* Und selbst die aller-stärksten Menschen und auch „große Staatsmänner" brauchen ja sehr oft Hilfe, Rat, Tat, Trost, Berater usw.! Nur dadurch wurden die normalerweise auch so stark. Und auch die hatten natürlich oft Probleme, Ängste, (Selbst-) Zweifel usw. Das wird aber oft verschwiegen, selbst auf Anraten von Beratern. So haben z. B. viele US-Präsidenten schwere Probleme und Erkrankungen so lange wie möglich verschwiegen, denn „was wäre das denn für ein Bild in der Öffentlichkeit, ein „schwacher" Präsident"... Nun, vielleicht ja sogar ein gutes *Vorbild*- das auch anderen Männern mehr „Schwäche zeigen" ermöglichen würde? Nur leider machen gerade die Guten, Schlauen, sich auch oft sogar noch Vorwürfe dafür: „Das Schlimme an dieser Welt ist, dass die Dummen so selbstsicher sind und die Gescheiten so voller Zweifel" (B. Russel). Oh ja. Das ist leider so oft so wahr, so entscheidend... Das sehe ich auch in meiner alltäglichen Beratungs-Praxis. Wo nahezu immer nur die Guten bzw. auch die Opfer von schlechten Menschen, Bedingungen sich hinterfragen. Die wirklichen Täter bzw. Verantwortlichen für Missstände nahezu nie!

Aber selbst wenn man kein so toller, ein „schlechterer" Mensch wäre – aber, bitte, wer möchte sich anmaßen da über andere Menschen zu „richten" (außer natürlich z. B. bei offensichtlichen Gewalttätern, Ausbeutern, Mobbing usw.)? *Wer ist auch frei z. B. von „Schuld", wer „werfe den ersten Stein*"?. Und hätte man dann nicht trotzdem, als nicht super sondern „nur" normaler Mensch, mit allen auch menschl. Schwächen eben, Hilfe verdient? Jeder räudige Hund bekommt die heute- dann hat die doch sicher auch ein Mensch verdient, selbst wenn er mal Mist gebaut hat… Wie *jeder* andere Mensch auch oft. Nochmals. *Nobody* is perfect! *Niemand* , absolut kein Mensch, unfehlbar!

Statt anderen Menschen Vorwürfe zu machen- was gerade auch noch dummdreist meistens die tun, die es gerade nötig haben- sollten andere sich meistens ja wirklich erst einmal an die eigene Nase fassen, vor der „eigenen Haustür kehren". Und anderen Menschen nicht auch noch (Selbst-) Zweifel einreden. Sondern sie – bzw. sich selbst - bitte viel mehr ermutigen, sich Hilfe und auch fachmänn. Rat zu suchen bei Bedarf, wenn Betroffene den haben. Natürlich sollte auch ein Fachmann in angemessener, *respektvoller* Form dann auch sagen, wenn man etwas vielleicht (noch) besser machen könnte- seiner Meinung nach (die ja auch nicht immer richtig sein muss). Und Hilfestellung dazu geben. Aber eben last not least – auch aus meiner Erfahrung macht das wirklich fast immer 80-90 %, mindestens, jeder psycholog. Beratung bzw. Therapie aus, eher helfen *zu viele Selbstvorwürfe* und dergleichen zu verarbeiten. Und auch wieder mehr zu erkennen, was man alles auch *gut* machte, was auch nicht besser zu machen war… Auch weil man wirklich oft erst im Nachhinein schlauer sein kann (und oft auch wieder für sich mehr erkennen zu können, dass „*Jeder Mensch trägt einen Zauber im Gesicht, der irgend jemand gefällt*" (F. Hebbel)

Denn in der Tat ist man ja oft erst *im Nachhinein* schlauer. Und weiß man ja auch nicht wirklich, ob andere Lösungen wirklich, in der Praxis, besser gewesen wären- oder eben auch nur im Konjunktiv, nur *möglicher* Form („hätte, hätte, Fahrradkette", wie es auch O. Kahn oft ausdrückt). Und wissen selbst größte Experten im Vornherein nicht, was richtig bzw. das Beste ist… Oft ist auf Dauer sogar die 2. oder 3.

die beste oder eine als zuvor, theoretisch schlecht angesehene Lösung sogar die beste... Und man handelte ja nicht wissentlich, böser Absicht schlecht(er). Selbst unzählige schlaueste Männer mit bester Absicht schätzten ja z. B. Hitler völlig falsch, als „ungefährlich und unbedeutend", ein. Mit bekannten, fatalsten Folgen... Und oft wird man manchmal eben auch erst durch Schaden klug, geht meistens wirklich Probieren über Studieren, ja auch in der Wissenschaft (inklusive z. B. gerade ja auch Psychologie, Pädagogik, oft auch Medizin). Und ist alle Theorie grau ... Und, zudem, „was wir wissen ist ein Tropfen, was wir nicht wissen ein Ozean" sagte ja selbst einer der wohl klügsten Menschen, Männer aller Zeiten, I. Newton. Kein noch so großer Mann, Präsident oder wer auch immer ist unfehlbar, kommt ohne Berater aus... Bitte verlangen Sie also nicht zu viel an Weisheit oder gar „Unfehlbarkeit" von sich (bzw. auch von Mitmenschen), uns „Normalsterblichen". Wenn nicht einmal so „Götter" der Wissenschaft wie Newton, Einstein und dergleichen die „Weisheit mit Löffeln gefressen haben" ... Die wirklich schlauen Menschen – nicht so schlaue, die sich auch (zu Unrecht) dummdreist als „etwas Besseres" fühlen leider oft nicht - wissen ja, wie z. B. eben Newton, Einstein, Goethe usw.- gerade, dass ihr und unser aller Wissen begrenzt bzw. nur relativ ist. Und gerade auch *Irren wirklich auch menschlich ist* – und es wohl auch wirklich kaum einen hilfreicheren Rat gibt als G. E. Lessings- ja auch ein sehr schlauer Mann - „begnügt euch doch ein Mensch zu sein"... (statt allwissenden, allmächtigen Gott). Gegen auch o. g. ansonsten viel zu hohe Anforderungen, Zweifel, Kritiken usw. sich -bzw. manchmal auch Anderen- gegenüber.

Außerdem können z. B. auch noch so viele Experten darauf hinweisen, dass – die ja immer mehr zunehmende- Schichtarbeit sehr ungute körperliche und psychische Folgen haben kann. Und trotzdem sitzen die Betroffenen dann beim Therapeuten und arbeiten nur ihre Kindheit auf... Ebenso wie von sonstigem Mega-Stress bei der Arbeit und im Alltag sonst Leidende... Statt dass viel mehr die überfordernden *Umstände* hinterfragt werden. Für die man ja kaum „selbst schuld" ist.

Umso wichtiger, ganz, ganz wichtig ist deshalb bitte -nicht nur als Binsenweisheiten sondern alltäglich immer wieder- zu beachten (bzw.

sich täglich fragen, ob man das tatsächlich beachtet): Nobody is perfect, kann alles schaffen! Und auch wenn man einmal nicht viel zu hohe Anforderungen an sich hätte sondern „nur“ hohe: Man wächst auch wirklich (erst) mit Aufgaben, teilweise auch erst mit Altersweisheit, Erfahrung… Wirklich „stark“ wird man z. B. wohl erst, wenn man nicht mehr immer auf „starker Mann“ machen muss und über sich selbst lachen, sich z. B. als Vater auf Kindergeburtstagen „zum Affen machen“ kann. Das ist aber ein langer Weg, der auch Unterstützung bedarf). Und im Nachhinein ist man auch immer schlauer, oft wird man wirklich erst aus Schaden klug…Bitte nicht zu viel von sich verlangen! Zumal wenn man wirklich auch nicht so gut unterrichtet, gebildet wurde wie es möglich (und manchmal nötig) gewesen wäre.
Generationen Jungs und Männern blieb aber z. B. geschlechtsspezif. Unterricht, z. B. in Deutsch – ja auch Grundlage aller anderen Fächer- und Mathe, mit sonst, dadurch im Schnitt viel besseren mögl. Noten verwehrt.. Und damit besseres Wissen (und Zukunfts-Perspektiven). Erst jetzt werden auch auf diversen, auch polit., Ebenen und Gebieten Männer-Beauftragte eingesetzt, in deren (mehr oder weniger) Genuss auch Generationen Männer nicht kamen usw. Dass hier zuvor nicht genug unterstützt, geholfen, gefördert wurde und man so auch nicht genug „drauf hat“ in vielen Fragen, viel weniger als möglich gewesen wäre bei besserer Förderung usw. ist ja auch nicht persönliche Schuld! Sondern viel mehr die Verantwortlicher (Politiker, Pädagogen usw.). Zumal, siehe oben, gerade auch noch die besten, gute Menschen besonders an sich zweifeln. Bzw. (fast) nur die… Zudem in einer Welt heute, wo ja leider wirklich wahrlich ganz bestimmt nicht immer die fähigsten und besten Menschen Karriere machen, oft sogar im Gegenteil… Und auch wirklich viel zu oft die „Ehrlichen die Dummen sind“. Pervers… In einer Welt, die heute so oft ziemlich „*ver* rückt“ ist – weg *gerück*t von dem, wie die Welt eigentlich (viel besser, herzlicher, gerechter, sozialer usw.) wäre- und sein könnte? Die Erfahrungen des berühmten Schweizer Psychiaters Luc Ciompi, der in seinem Buch „Affektlogik“ beschreibt, dass heute die tollsten, anständigsten, ehrlichsten, herzlichsten Menschen in der Psychiatrie landen können kann ich auch aus meiner therap. Praxis nur bestätigen, wo ich diese

auch alltäglich erlebe... Als Opfer einer viel weniger guten- oft so unsozialen, ungerechten, unehrlichen- Gesellschaft, Verhältnisse und Bedingungen, Normen, Sitten, Gesetze, Politik bzw. Menschen dort ... Und, aber, ja, nochmals: „Das Schlimme an dieser Welt ist, dass die Dummen so selbstsicher sind und die Gescheiten so voller Zweifel" (Bertrand Russel). Und das sollte ja bitte nicht so bleiben, auch nicht immer diese Menschen (die eigentlich besseren, klügeren) zu sehr auch noch an sich zweifeln, nachgeben ... Zumal, in der Tat „Der Klügere gibt nach. Eine traurige Wahrheit, sie begründet die Weltherrschaft der Dummheit" (*M. von Ebner-Eschenbach). Wo dann wirklich viel zu oft „Dummheit siegt", der Ehrliche der Dumme ist...* Aber heute brauchen sehr oft wirklich erst einmal die guten Menschen Hilfe dabei zu erkennen, dass sie gut sind, auch mit all ihren Schwächen, die ja doch jeder Mensch hat...

Und ja, Götter bräuchten vielleicht wirklich kaum Hilfe, Trost, Rat... Jeder Mensch, natürlich auch Mann, aber schon! Selbst Super*männer* und Götter brauchten das ja in Sagen bzw. Geschichten, hatten auch verwundbare Stellen, „Achillesfersen" usw. Oder suchten sich auch Freunde bzw. Partner. Einmal davon abgesehen, dass es ja leider (?) keine Supermänner und Götter, zumindest nicht auf Erden, gibt... (und ja, leider stimmt auch „you can't always get what you want".. Auch für *alle* Menschen). Dabei sind aber zumindest viele Männer selbst heute ja noch eben dazu erzogen, durch Eltern oder wen, was auch immer, eben ein (Gott- oder Supermann-ähnlicher) „starker Mann" sein zu sollen (*nicht wollen*- zumindest sehr viele Männer wollen sicher nicht immer nur stark sein – das kann ja auch *kein Mensch*!). Das mit den „Indianer kennen keinen Schmerz" oder- ebenso unsinnig und gefährlich- „was einen nicht umbringt..." – haben nach wie vor sehr, sehr viele Menschen, wohl vor allem Männer, verinnerlicht, wenn auch oft nicht (mehr) bewusst – auch ihnen selbst ist oft nicht bewusst, dass solche „Glaubenssätze", die verheerend sein können, in ihnen sind. Das kommt oft wirklich erst, selbst bei sehr jungen Männern, die auch denken, dass sie frei von solchem Denken – bzw. Fühlen – sind in therap. Beratung hervor). Das führt aber dann dazu, dass man über (nur) vermeintliche „Wehwehchen", Probleme kaum spricht. So auch keine

Hilfe dafür bekommen kann – von Fachleuten aber z. B. auch „nur" Kollegen, Bekannten, Freunden, Verwandten ... So wie eben viel mehr Frauen, die ihren Kolleginnen, Bekannten, besten Freundinnen – Entsprechendes haben Männer i. d. R. auch viel seltener- usw. viel Freud aber auch Leid erzählen, teilweise auch (etwas) klagen. Was alleine oft schon hilft (auch S. Freud begründete sogar selbst die Psychoanalyse ja als „*Rede*kur". Und ein guter Freund ist ja, viel besungen, „das Beste, das es gibt auf der Welt"). Zudem kann man so ja auch (nur) hilfreiche Tipps bekommen. Auch zum Lösen von Problemen, seien es auch „nur" alltägliche, die ungelöst aber natürlich sehr bedeutend, belastend werden können im *All*tag, also *all*e *Tag*e... Oder auch „Hausmittelchen" für Erkrankungen, Probleme usw. So dass sich dann noch (relativ) kleine Probleme gar nicht erst zu größeren entwickeln, nicht von „Mücken zu Elefanten". Zumindest bleiben sie „Mücken". Vielleicht ja auch nervig. Aber eben nicht so schwer wiegend wie „Elefanten" (schwer wiegendere Probleme, Beschwerden). So haben Männer dann letztlich aber, deshalb, dann auch öfters ungelöste „leichtere" (aber zumindest auf Dauer auch schmerzende, nervige, auf Nerven, Psyche gehend bzw. auch mit psychosomatischen oder organischen Folgen) bzw. schwerwiegende Probleme bzw. Erkrankungen – die dann auch mehr *weh* tun, *leid*en lassen. Nicht selten auch wirklich, ohne Hilfe, tödlich enden können, oft auch sehr plötzlich und in jungen Jahren! (und auch hinter einer scheinbaren Erkältung oder anderem „Leichtem", Harmlosen kann ggf. ja eine schwerwiegende Erkrankung, z. B. auch Infektion, stecken- das sollte sicherheitshalber auch abgeklärt werden, rein vorsorglich. Lieber einmal zu viel als einmal, mit evtl. fatalem Ausgang, zu wenig!). Aber eben nicht wegen zu großer „Wehleidigkeit" der Männer (im Sinn von „jämmerlich" bzw. „Jammerlappen") sondern aus o. g. Gründen. Weil sie (von Anfang an) eher mehr „jammern", ihr Leid klagen (berichten) *sollten*. Dann würde das weniger eskalieren... Bzw. man(n) hätte auch weniger „Wehwehchen", über die man zu klagen hat. Das wird „dem Mann" heute ja eigentlich auch öfter zugestanden. Theoretisch. Praktisch ist es dann aber oft doch weniger einfach sich das zuzugestehen, braucht man(n) ggf. wirklich auch alleine dazu schon fachmänn. Hilfe… Zumal man heute ja auch öfter alleine lebt, zumindest ohne Oma, Opa usw. im Haus mit oft gutem Rat, Trost…

Man sollte sich manchmal auch *unbedingt* Hilfe suchen, auch professionell. Das kann sonst in schweren Lebensphasen fatal, wirklich auch tödlich enden! Und *das Leben ist heute ja auch allgemein schon so komplex, dass man ohne gute Berater, Spezialisten oft alleine auch einfach nicht mehr bei allem durchblicken kann.* Und was „schwer" ist kann man oft alleine auch schwer beurteilen, ist aber anderseits auch eine sehr subjektive Sache – wenn man schwer leidet oder ratlos ist hat man auch Hilfsbedarf, egal was andere dazu sagen! Das kann sich sonst manchmal enorm stark und schnell zuspitzen, auch wenn man so etwas bisher noch nicht so kannte (oder auch, wenn man so etwas schon früher erlebt hat aber nicht mehr erleben möchte). Manchmal von heute auf morgen, deshalb bitte nie zu lange warten! Und auch wenn ein guter Freund, Partner usw. wirklich Gold wert sein kann: Immer reicht das nicht. Sehr bewegend und eindrücklich zeigte das z. B. ja auch die Aussage der Witwe von Robert Enke auf der Presse- Konferenz am Tag, nachdem er sich das Leben genommen hatte: „Wir dachten, mit Liebe geht das".

Aber Liebe bzw. Hilfe von Freunden, Partnern, Verwandten alleine reicht leider oft alleine doch nicht, zumal in schweren Zeiten (wenn auch gilt „la vie ne fait pas de cadeau" - das Leben macht keine Geschenke- wie es Brel einmal so schön besang…).

Selbst bei sehr starken Menschen wie z. B. auch R. Enke- immerhin ja Nationaltorwart, stärkster seiner Zunft also, der auch schon zig Mal äußerst erfolgreich war, auch erfolgreich viele Niederlagen verarbeitet hatte... Und auch ein – positiv – sensibler, gefühlvoller Mensch (auch sehr sozial aktiv), mit viel Herz. Ein starkes, gutes Herz kann ja aber auch mehr „bluten", brechen,... Starke Menschen können ja auch stark überfordert, ausgenutzt, geneidet usw. werden… So auch Opfer von z. B. Burn-out und Mobbing werden. Zumal sie auch oft schwere Aufgaben zu erledigen, leisten haben bzw. übernehmen. Und R. Enkes Herz brach so ja der frühe Tod seiner geliebten kleinen Tochter, was er nie richtig verkraftet hat – da er sich letztlich wohl auch zu wenig profess. Hilfe dafür suchte. Oder nicht solche, bei der ihm optimal geholfen werden konnte, er sich gut „aufgehoben“ fühlte (was natürlich auch ganz, ganz wichtig ist, dass da die „Chemie stimmt“).

Zudem kann ja aber auch die „Durchschnittsfrau“ auch einfach besser, bekanntlich auch viel länger, kommunizieren als der „Durchschnittsmann“- also auch über sein Leid. Das ist für ihn auch schwerer (da braucht man(n) deshalb oft auch profess. Training, Unterstützung). Oder es hört sich auch nur nicht so wohl klingend wie bei Frauen an (die i. d. R. wohl eher sogar viel öfters, zumindest länger, über etwas „klagen“, man könnte despektierlich auch „jammern“ sagen. Nur halt in schönere Worte verpackt, so dass das gar nicht so auffällt). Dafür Männern einen Vorwurf zu machen ist aber ähnlich sinnvoll wie Frauen solche dafür, dass sie teilw. Sachen ja (oft) schlechter können, auch da gibt es ja auch aber nicht nur unzutreffende Klischees (jeder Mensch kann aber jedenfalls Tausende Sachen nicht so gut- oder schlechter als Millionen andere Menschen. Aber auch besser!). Die Frage ist aber auch, woher das kommt – z. B. durch Sozialisation, Traditionen usw., die teilw. auch sehr fragwürdig sind, oft aber auch wenig bewusst wirken, schwer fassbar sind usw. (vgl. auch die Kapitel hier dazu). Und ja auch ganz speziell, da gibt es auch viele andere Faktoren, warum man/frau vielleicht etwas besser kann oder nicht. Das ist ja auch nicht immer schlimm. Kann ganz normal sein. Ein Mensch kann das besser, der andere das. Einstein konnte nicht so gut Auto fahren wie M. Schuhmacher und S. Vettel. Die dafür keine Relativitätstheorien aufstellen. Na und? Und selbst Einstein sagte ja einmal, dass er die Relativitätstheorie zu entwickeln als relativ einfach empfand… Im Gegensatz zum „das Wesen der Frau“ zu verstehen. Das habe er schon lange aufgegeben… Was dann wohl auch anderen Männern kaum ganz gelingen dürfte (ebenso wie „uns Männer“ immer ganz zu verstehen… Aber das ist ja auch nicht nötig… Auch die meisten Frauen wollen ja „nicht verstanden- sondern `nur` geliebt werden“, Männern reicht das wohl auch…) . Und ob das überhaupt stimmt – bzw. ob nur beim einen etwas weniger gefördert wurde als beim anderen usw. (z. B. auch wiederum evtl. aufgrund unzutreffender

Vorurteile- welcher Art auch immer. Geschlechtlicher aber ja z. B. auch-oft noch mehr- sozialer, kultureller usw. Art – spätestens seit PISA-Studien ist ja bekannt, dass gerade auch in Deutschland die, auch soziale, Herkunft von Menschen noch viel zu sehr über deren Zukunft entscheidet!). Und selbst wenn jemand – oder eine ganze „Art" bzw. Gruppe- etwas besser kann könnte man das ja auch einfach positiv sehen, dass die das (noch) besser können. Zumindest ich habe schon äußersten Respekt z. B. vor den Leistungen bei der Geburt von allen Müttern, was die da meistens aushalten können (müssen). Das kann man(n) ja z. B. auf jeden Fall auch neidlos anerkennen. Ob das Männer auch so könnten kann man ja auch bezweifeln – zumal man es zumindest derzeit ja auch kaum in der Praxis beurteilen kann. Vielleicht würde ja auch hier (erst) „die Übung Meister" machen können. Wer weiß. Nur ist auch Vater sein ja aber auch wahrlich nicht einfach. Auch durch „nur" z. B. harte Arbeit die Familie (mit) ernähren. Schon von Beginn an kümmert man sich, schon bei und nach der Geburt der Kinder, aber oft fast nur um die Mütter z. B. im Krankenhaus. Die Männer, deren Gefühle, Fragen usw. werden oft kaum beachtet. Auch später nicht bzw. wenig. Aber auch viele Leistungen von Männern sind ja beachtlich (und zudem wird ein Mensch ja auch nicht nur über seine Arbeit, Leistung „definiert"... Sondern sind ja auch ganz andere, gerade auch soziale und charakterliche, eben auch menschliche Eigenschaften von, für Menschen ganz wichtig- nur in Deutschland leider besonders oft übersehen).

Jedenfalls, auch aus o. g. Gründen, ist für sehr viele Frauen aber wohl noch mehr Männer, gerade eigentlich auch sehr gute und starke, nach wie vor sehr schwer über Probleme, Ängste, Zweifel usw. zu reden. Auch durch o. g. Gefühle wie Scham oder Schwäche, sich „Hilf-losigkeit" einzugestehen (was gerade auch „starke Typen" sonst ja auch kaum kennen). Und auch deutlich „ich kann nicht mehr" signalisieren (was gerade starke Menschen auch oft nicht tun -bzw. sie denken nur, dass sie das tun- das aber wirklich kaum vernehmbar für Mitmenschen!). *Jeder* Mensch, als bekanntlich ja auch von Natur, evolutionär aus, *soziales* bzw. „*Mängel*wesen", ist ja aber *auf Hilfe* *angewiesen, lebenslang*! Damit da evtl. nachvollziehbare aber fatale überzogene Scham oder was auch immer überwunden werden kann (als Voraussetzung dafür, dass überhaupt Hilfe gesucht bzw. gefunden und zugelassen, angenommen werden kann) müssen also erst einmal viele Hemmschwellen überwunden werden- weshalb ich hier auch so ausführlich darauf aufgehe. Und dann ja auch mit möglichst gutem Gewissen, dass man diese sich auch erlauben darf, verdient hat, braucht (*sonst kann Hilfe nicht wirklich helfen – bzw. überhaupt gefunden werden!)*. Gerade auch hier ist Einsicht der erste Schritt... Und kann man sich auch nur ganz überzeugt bzw. überhaupt–optimal- Hilfe suchen bzw. die dann auch annehmen, nutzen, wenn man überzeugt ist, dass das nötig, verdient,... ist. Sonst können oft nicht einmal Medikamente wirklich helfen, andere Hilfen noch weniger. Selbst z. B. Jahre lange „Auszeiten" (bei Burn-out oder dergleichen) würden dann nicht helfen, mit schlechtem Gewissen oder ohne Überzeugung, dass das nötig und verdient ist. Hilfe anzunehmen, suchen, zu Schwächen zu stehen fällt ja auch nicht nur Männern schwer. Gerade aber eben auch diesen, oft besonders- wie wirklich auch alltäglich in therap. Praxis zu sehen (wenn Männer allerdings dann sich etwas öffnen können platzt es aus ihnen oft wie aus einem Wasserfall – was auch zeigt, was sich hier aufgestaut hat. Viele Frauen – und auch Männer selbst, z. B. auch in einer Paartherapie, Paarberatung – sind davon oft völlig baff, das hätten sie nie für möglich gehalten, das haben sie teilw. Jahrzehnte lang zuvor nie erlebt). Und eben nicht weil sie dumm, schwach oder dergleichen sind, „Versager", „loser" und dergleichen oder das „Schweigen der Männer" immer genießen (auch wenn Schweigen manchmal ja auch wirklich „Gold sein" kann... Auch weil „Viele Menschen sind zu gut erzogen, um mit vollen Mund zu sprechen; aber sie haben keine Bedenken, dies mit leeren Kopf zu tun" (O. Wells). Oder auch de- eskalierend... Auch wenn man sich bitte auch nicht zu viel gefallen lassen sollte... Zudem gilt aber auch nicht nur für Männer wirklich oft „Wo man am meisten fühlt, weiß man nicht viel zu sagen" (Annette von Droste-Hülshoff). Sondern aus o. g. Gründen und weil selbst heute sehr viele Männer noch – woher auch immer kommend, einige mögliche Erklärungen werden hier auch noch später benannt –

mehr oder weniger bewusst die Erwartung und den Druck (daher) verspüren, Probleme alleine lösen zu müssen, alleine klar zu kommen, wenn sie ein „echter Mann“ sein wollen. Wie halt der (lonely) Cowboy, der sich dafür dann wie in der Werbung dafür dann auch am Lagerfeuer danach sein Bierchen bzw. die Zigarette gönnen kann, mit Kumpels … Oder auch allein, den Sonnenuntergang genießend … Klar, viele Klischees. Es gibt auch viele, auch demnach, mehr „weibliche Männer“ und mehr „männliche Frauen“, auch viele Nicht-Raucher, Nicht- Bier-Trinker, Nicht-Lagerfeuer-Fans usw. Nahezu allen Männern (und Frauen) macht „lonely sein“ , einsam, bzw. einsam durch die Welt laufen zumindest auf Dauer wenig Spaß usw. Natürlich hat sich auch Vieles bei klassischen Männer-Bildern gewandelt, gibt es nun auch einige Zeitschriften, Bücher, Medien, Kongresse etc. zu „Männerfragen“. Selbst der „Spiegel“ hatte die Titel-Story in seiner „Neujahrsausgabe“ (1/2013) nicht zu irgendeinem anderen von unzähligen möglichen Themen… Sondern zum Thema „Männer“. Bzw. zu deren Rollen (-Zweifeln…) heute. Das führt aber auch dazu, dass es durch die Vielfalt an Bildern, Erwartungen usw. auch noch neue, noch mehr, teilweise auch widersprüchliche bzw. schwer zu vereinbare, Erwartungen und zudem weniger „eindeutige“ Antworten, Sicherheiten (und deshalb, durch deren Wegfall, auch verständliche Ängste, Zweifel) gibt. Bzw. eben auch (noch) neue, oft auch noch *zusätzliche, Ansprüche* gerade auch an Männer. Was die meisten – doch verständlicherweise- oft überfordert. Wenn Männer stark sein sollen – was sie aber, wie auch Frauen, natürlich nicht immer können – aber auch sensibler als früher - was sie aber, wie auch Frauen, natürlich auch nicht immer können, zumal in stressigen Zeiten heute (und oft auch weniger wie Frauen gelernt haben)… Wo z. B. nach dem neuen „Stressreport“ in Deutschland, auch bezüglich Arbeitsschutz, sich mehr als jeder 2. Deutsche zu gestresst fühlt… Das sind zu stressige Umstände bzw. zu hohe Anforderungen, Erwartungen an Menschen, an denen man natürlich auch leicht „scheitern“ kann. Nicht weil man(n) etwas falsch macht, zu schwach, dumm ist usw. Sondern *weil es auch einfach zu hohe Anforderungen, Erwartungen, Hürden, Stress gibt (bzw. zu wenig Unterstützung, Schutz.* Erst jetzt gibt es auch von politischer

Seite z. B. intensivere Studien zum Thema „Gewalt gegen Männer“, Maßnahmen dagegen… Jahrhunderte lang zuvor kaum). Je weiter man kommt im Leben oder auch Beruf, in der Familie, ggf. als Vater usw. oft noch umso mehr bzw. höhere. Bzw. auch zu wenig wirklich (gute) und auch unumstrittene, eindeutige Hilfen, Ratgeber auch für Männer- bzw. noch viel zu viel schlechte, bewusst oder unbewusst, durch viele andere Menschen oder auch „Traditionen“, Normen, Ansichten usw. „Männerprobleme“ sind zudem nun ja auch schon ein eigener „Markt“, wo Viele einfach nur Geld verdienen wollen damit und deshalb unzählige Leute, von denen viele auch einfach keine (große) Kompetenzen haben dazu, ihre „Weisheiten“ verkaufen. Die aber noch mehr in die Irre bzw. Probleme, Stress führen bzw. verunsichern.
Oder auch, ja auch äußerst – auch zum Lernen - wichtig, *positive Beispiele, Vorbilder fehlen oft*. Nach wie vor gibt es ja z. B. auch viel zu wenig männliche Erzieher, Lehrer usw. (und auch die haben ja natürlich oft ihre Zweifel, „Sinnkrisen“ usw.). Eigene Väter wurden auch von ihren Vätern, also unseren Großvätern erzogen… Mit ja noch (zumindest unterbewusst) teilweise ganz anderen gesellschaftlichen und pädagogischen Rahmenbedingungen, Vorstellungen usw. (bis hin zu Hitler-, Honecker-, Kaiser-Zeiten). Und auch die waren ja auch nicht immer stark, ohne Zweifel, Ängste usw. Das zeigten die halt meistens nur auch nicht. So dass man dann auch noch denkt „oh Mann, mein Papa, Onkel, Opa, Bruder,… waren (fast) immer so stark. Ohne Ängste, Zweifel, Schwächen. Aber ich?“. Nur stimmt dieses Bild halt nicht – bzw. dieses insofern falsche Vorbild mit demzufolge viel zu hohen Erwartungen an sich (auch immer oder fast immer stark, ohne Angst, Zweifel usw. sein zu müssen- das war und ist *kein* Mensch! Selbst der liebste, tollste, stärkste Papa, Opa, Bruder usw. nicht. Natürlich auch nicht irgendeine Frau, Mutter, Oma, Tante usw. heute oder zu früheren Zeiten). Selbst als schlaueste Menschen, Männer der Weltgeschichte geltende hatten diese – sogar (gerade) auch z. B. solche wie Einstein, Goethe und dergleichen, die ja scheinbar zu allem eine Antwort parat hatten. Letztlich hatten sie, übrigens –natürlicherweise- auch in ihrem privaten Leben, natürlich gerade auch in „psychologischen“, zwischenmenschlichen oder auch pädagogischen

Fragen, es gibt ja kaum Komplexeres – aber ja selbst in ihren Werken-*mehr Fragen, Zweifel,* als Antworten. Wie z. B. im ja mit berühmtesten Werk der Weltgeschichte, Goethes Faust, dessen „da sitz ich nun, ich armer Tor... und bin so schlau wie zuvor“ – selbst nach Studium der großen Wissenschaften, Medizin, sowie Theologie usw. Ähnlich wie beim anderen „Welt-Klassiker“, Hamlet, ja *Sinn-Fragen* Thema sind... Oder auch bei Goethes „Leiden des jungen Werthers“ mit auch autobiograf. Zügen und „nur“ Liebeskummer, der natürlich extrem belasten kann... Natürlich auch klügste, stärkste Männer und Frauen. Das sollten sich übrigens auch einmal allzu –vermeintlich- schlaue Pädagogen, Therapeuten, Ärzte, Politiker, Mitarbeiter bei Ämtern usw. nochmals zu Gemüte führen. Deren „Allmachtsphantasien“ bzw. „Allwissensirrtum“ bzw. zu tun als ob sie immer alles (besser) wüssten - oder gar Besseres wären- bringt ja auch Millionen Menschen unter Druck, dass alles immer so einfach zu lösen wäre – was es natürlich auch für genannte Leute nicht ist. Oder warum landen z. B. so viele von diesen selbst in Therapie usw., haben Probleme, auch in Beziehungen usw.? Es ist nicht alles so einfach im Leben, zumal in der heutigen Gesellschaft und ja gelinde gesagt suboptimalen Gesundheits-, sozialen – und Bildungssystem, fast immer überfordernden Arbeits- und auch sonstigen Alltag, mit i. d. R. auch zu wenig Geld usw. Dass selbst die allermeisten Berufstätigen in Deutschland – Sozialleistungs-Empfänger natürlich umso weniger – genug Geld für ein sorgenfreies Leben für sich und die Familie haben behaupten ja nicht einmal mehr verantwortliche, regierende Politiker. Die ja auch für viele Probleme keine wirklichen Antworten haben, selbst wenn sie das wollten (und nicht andere Interessen, Lobbys usw. sehr vielen davon wichtiger sind als das „gemeine Volk“). Die auch nur so „tun als ob“, auch als schlechtes Beispiel: „Wenn es den Politikern die Sprache verschlägt, halten sie eine Rede“ (F. Nowottny).

Und dass der Stress im Beruf heute, ebenso wie Arbeitslosigkeit, auch stärkste Menschen auch noch nach Jahren schwer krank, depressiv usw. machen kann ist heute auch wohl unumstritten (und, auch wenn sie das vom Verstand und Herz her auch anders sehen, ist für viele Männer gefühlsmäßig auch sehr schwer, wenn ihre Partnerin erfolgreicher ist als sie aus genannten Gründen). Wenn selbst Familien-, Arbeits- und Sozialminister „Burn-out“ bekamen- und das auch nur mit fachmänn. Unterstützung in den Griff. Ebenso wie größte, *erfolgreichste* Leistungssportler bzw. Trainer wie Kahn, Hitzfeld, Guardiola usw. Und auch wenn man einmal genug Geld, Zeit, Ruhe haben sollte – aber wann hat man das, wer hat das schon oft genug- ist ja auch erst Zeit für Körper und Geist, dass der ganze Stress, Belastungen oder auch verständliche Ängste, Zweifel, Sinnfragen usw. heraus, „hoch kommen“, sich „Luft schnappen“ können – zuvor war dafür ja meistens gar keine Zeit im ständigen (Alltags-) „Überlebenskampf“, „Hamsterrad“. Und auch nach neuesten Studien haben Männer nach wie vor noch (mehr) anstrengendere Arbeitsbedingungen… Trinken wohl auch deshalb mehr Alkohol… Gehen aber auch noch viel weniger zum Arzt, auch „nur“ vorsorglich bzw. zu Vorsorge-Untersuchungen. „Take care“, sich um sich kümmern, ist nach wie vor nicht gerade eine männliche Stärke (auch als Kehrseite der Medaille sich als „Ernährer der Familie“ traditionell fürsorglich für andere zu sehen, dafür verantwortlich. Zwar natürlich auch eine gute Absicht- aber, frei nach X. Naidoo, muss man ja auch bitte erst *einmal sein eigenes Leben retten, bewahren, bevor man weiter für Mitmenschen da sein kann…!*). Und ja, wir sind geboren um zu leben- nicht nur um zu überleben. Solange man mit „nur“ Überleben beschäftigt ist kommt man zu weitergehenden Fragen ja aber auch oft kaum (was ist eigentlich der, mein, Sinn des Lebens, Träume… Wofür eigentlich der ganze Stress?).

Solange es einem recht gut geht muss man sich ja auch vielleicht gar nicht unbedingt so einen Kopf machen. Nur wenn dann einmal etwas passiert... Und natürlich passiert immer einmal etwas im, in jedem, Leben. Eines der berühmtesten und – wohl nicht zufällig – meist gehörtesten - Lieder aller Zeiten, „yesterday", besingt ja gerade die *Hilflosigkeit,* Gefühl von Ohnmacht wenn eben yesterday, „gestern noch alles gut war"- aber *von heute auf morgen* nicht mehr, z. B. bei einer Trennung oder wenn sonst etwas passiert, nicht mehr da ist... Dann ist man wirklich, wie es dort heißt, vielleicht – auch als stärkster Mann, Mensch – erst einmal nur noch ein Schatten seiner selbst, ohnmächtig... Begreift das auch kaum. Zumal wenn man zuvor noch kaum die Erfahrung machte *„ohne Macht*", *ohnmäch*tig zu sein (bzw. wenn man das schon öfters erlebte kann man sich natürlich auch sehr ungut fühlen, kommen evtl. auch frühere solche Erlebnisse wieder hoch). Und dann auch gar nicht weiß wie man damit umgehen soll... Und auch nicht die Erfahrung hat, dass man so etwas überleben kann (all das kann wirklich Suizid- gefährdet machen, oft auch plötzlich oder auch erst einige, auch längere, Zeit später- wirklich jedermann, selbst stärkste Menschen – hier *bitte unbedingt fachmänn. Hilfe suchen*!). Denn, wie es z. B. der britische Sänger Peter Gabriel in seinem schönen Lied „don`t give up" besingt- Man(n) bekommt heute oft auch nur, wenn überhaupt, beigebracht, wie man siegen soll (in unserer „Ellbogengesellschaft", die ja auch sehr zu hinterfragen ist). Aber zu „verlieren" kaum... Und man wird ja immer auch im Leben (etwas) verlieren, kann natürlich auch nicht immer gewinnen- es gibt auch nicht für alles auf der Welt über 7 Milliarden „erste Plätze" (für jeden „Erdenbürger")... deshalb ist man aber natürlich kein „Loser". Und Fehler, Misserfolge, Abschiede, Trennungen sind in *jedem* Leben ja leider unvermeidlich, zumindest durch irgendwann Todesfälle. Und, wie es H. Grönemeyer in seinem Lied „Mensch" so schön ausdrückt- ja auch kurz nach dem Tod seiner Frau und seines Bruders geschrieben- *das Leben ist nicht immer fair. Gerade heute nicht. Und einfach schon erst recht nicht*! Auch „the good die too young" stimmt ja leider viel zu oft... Gut, mit der Zeit (und Hilfe) kann man – so wie z. B. ja auch Grönemeyer – wieder glücklicher werden. Nur dass es einem auch einmal längere Zeit, auch „einfach so", einmal nicht so gut gehen kann, zumal zu bestimmten Zeiten, z. B. in Belastungssituationen oder auch nur im tristen Winter, „melancholischem Herbst" usw. ist auch völlig normal. Auch gelegentliche melancholische Phasen, depressive Verstimmungen (aber bitte trotzdem immer fachmännisch, ärztlich, abklären lassen ob es das jeweils wirklich „nur" ist- bzw. ob man nicht doch Unterstützung braucht!). Und *kein Mensch ist immer stark*! Das scheint nur oft so, ist ja oft auch nur Fassade, Selbstschutz,... Das besingt ja auch z. B. im gleichnamigen Lied („stark", hier ein Auszug daraus) schön der Sänger von „Ich und Ich" : „(...) Stell dich mit mir in die Sonne oder geh mit mir ein kleines Stück, ich zeig dir meine Wahrheit für einen Augenblick. Ich frage mich genau wie du, wo ist hier der Sinn. Mein Leben ist ein Chaos, schau mal genauer hin. Und du glaubst ich bin stark und ich kenn den Weg. Du bildest dir ein, ich weiß wie alles geht. Oh ... Du denkst ich hab alles im Griff und kontrollier was geschieht. Aber ich steh nur hier oben und sing mein Lied. Ich steh nur hier oben und sing mein Lied". Fast alle Menschen laufen heute ja oft mit „Fassaden", Schutzmauern/-Masken durch die Welt (nur bitte nicht bevor Probleme zu groß werden- bis ja oft sogar hin zum Suizid vieler Menschen, die erst in Abschiedsbriefen schrieben, erkennbar machten, was sie belastet hat!). Und natürlich müssen auch Männer auch „einfach nur" oft getröstet, in den Arm genommen werden, brauchen Zuneigung, Zärtlichkeit, Trost, Rat, Hilfe, Aufmerksamkeit usw., Interesse, Liebe – wir sind ja auch „nur" Menschen. Ja, Männer sind oft „sonderbar", wie es auch Grönemeyer in seinem Lied „Männer" besingt. Aber das sind auch Frauen ja auch oft. Speziell eben. Und alle Menschen sind auch sonderbar- *wunder*bar, jeder eben mit einzigartigem Zauber... Und haben auch Gefühle, sind ja keine gefühllosen Roboter, die immer nur „funktionieren" können oder wollen. Und ja, wie es in „Männer" auch heißt- ja , Männer haben auch Schwächen, lügen auch manchmal usw.- auch das hat bzw. macht aber auch jeder Mensch (lügen z. B., wenn auch meistens nicht mit schlechter Absicht, wissenschaftlich erforscht, durchschnittlich etwa 200 Mal (!) pro Tag. In einer wissenschaftl. Studie gaben auch z. B. Frauen, die gefragt wurden, ob sie auch unter

Lügendetektor ihre Aussage bestätigen könnten wie oft sie „fremd gegangen" waren die doppelte Anzahl davon zu- übrigens etwa genau so oft wie eine Vergleichsgruppe von Männern...). Und wie es dort auch heißt, dass „Männer heimlich" weinen ist vielleicht oft verständlich. Man muss das natürlich auch nicht immer vor anderen tun. Oder wenn man es gar nicht möchte eben auch nicht. Nur wenn man es tut ist das natürlich auch keine Schande, im Gegenteil, natürlich kann auch ein Mann von Gefühlen „übermannt" werden, aus Freud und Leid! Und auch schlaueste Männer, auch deutsche, wie z. B. Einstein, machten ja verheerende Fehler. Wenn eben auch mit guter Absicht, die auch er später zutiefst bereute (z. B. den Rat zum Bau- *nicht Einsatz-* von Atombomben, nur zur Abschreckung- gegen damals Hitler. Was daraus aber dann gemacht wurde an völlig unnötigen Kriegsverbrechen, z. B. in Hiroshima, ist ja bekannt. Einstein verurteilte das dann aber ja auch, im Nachhinein erst- bzw. immerhin – auch schlauer, zutiefst und wurde noch mehr engagierterer Pazifist bzw. Kämpfer für Menschenrechte. Fehler macht jeder Mensch. Oft auch unvermeidbar. Die Frage ist ja *wie man damit umgeht*... Und auch die gute Absicht zählt ja!). Und auch z. B. Goethe war wie gesagt natürlich oft hilflos, sprachlos, ratlos, hatte sehr oft „Sinnkrisen", Kummer usw. –und holte sich dann bei Freunden und Bekannten Rat und Trost- und schrieb auch vor allem über Leiden („des Werthers"), Sinnkrisen (Faust,...) ja gerade auch von Männern, auch aus eigenen Erfahrungen, ähnlich wie z. B. in Hamlet und anderen absoluten Klassikern der Weltliteratur - das Leben ist auch einfach nicht immer einfach, schön, fair... Und auch ihm war oft „zum Heulen" zumute und in vielen Momenten half auch nur das- z. B. in Momenten von Abschieden, Trauer – die ja auch immer wieder jeden Menschen treffen. Auch i. V. m. vielleicht schönen Ereignissen, die aber eben auch Schatten-Seiten haben, fast alles hat ja auch „Kehrseiten"- auch ein Neu-Anfang ist z. B. ja immer mit einem Abschied verbunden, was auch traurig sein kann usw. So stammt auch aus Goethes Mund bzw. Feder: „Lass mein Aug den Abschied sagen, den mein Mund nicht nehmen kann! Schwer, wie schwer ist er zu tragen und ich bin doch sonst ein Mann". Leider kennt man auch von „großen Männern" der Weltgeschichte meistens aber auch eher nur

deren starken Seiten, Worte,… Wird auch das nur in der Schule unterrichtet. Und nicht die anderen (auch wenn die ja sogar noch stärker sein können, es z. B. ja kaum Erhabeneres als aufrichtige Tränen, Trauer geben kann- auch somit Positives wertschätzend. Oder wäre es ein Zeichen von Wertschätzung, Liebe – wenn man z. B. nach dem Verlust eines wertvollen Menschen oder auch Tieres, Jobs usw., sei es auch „nur" durch Trennung, völlig cool bleibt, gut drauf, souverän, nicht geknickt?).
Ich bin zudem auch ziemlich „vom Glauben abgefallen", auch etwas an das Gute im Menschen… Als ich nach meiner Schulzeit mitbekam, oft eher zufällig, dass – für mich zuvor schon etwas als männliche „Götter" gesehene Menschen, teilweise auch Vorbilder, doch ziemlich „fehlbar" waren. Z. B. Mitmenschen gegenüber doch nicht immer so gut handelnd… Viele sogar sehr schlecht. Viel Mist bauten, auch viele Misserfolge hatten… Allerdings half mir eben auch letztlich, dass ich auch da sah, dass das eben „nur" Menschen waren- die auch irrten, fehlbar waren. Wenn selbst so stärkste, schlaueste das sind konnte ich mit der Zeit dann auch an mich „Normalsterblichen" aber doch auch etwas weniger – *realistischere-* Ansprüche stellen, trotz aller nötiger und sinnvoller Selbstkritik. Man sollte ja aber auch nicht nur anderen Menschen sondern *auch sich selbst gegenüber gerecht sein!* (Selbst-) kritisch ja. Aber ja auch nicht zu sehr, ungerechtfertigt- und bitte auch mit Würdigung auch aller, auch eigener, *guten* Seiten, Erfolge, Leistungen, Absichten, Bemühungen usw.! Zumal als ich dann in meinen psychologischen Beratungen auch immer wieder sehen konnte, dass auch- bzw. gerade auch- andere *ganz tolle* Menschen immer wieder Probleme hatten im Leben, Hilfe brauchten. Daraus besteht ja auch das Leben, das uns Menschen immer wieder neue Herausforderungen stellt, Proben- Problem quasi als *Proben* im *Leben*. Auch in jedem Alter neue. Bzw. immer wieder ähnliche oder nur scheinbar gleiche, oft auch auf *höherer Stufe* der (persönlichen, ggf. auch beruflichen oder schulischen) Entwicklung- man macht also nicht „immer wieder die gleichen Fehler" sondern eher solche auf höherer Stufe, man lernt im *Vorwärtsgehen* (wozu fast immer auch immer wieder Rückschritte, Stolpern usw. gehören. Erst Übung macht ja

bekanntlich auch Meister. Und wenn man schon alles könnte bräuchte man ja keine Übung- die braucht ja aber jeder Mensch immer wieder in unzähligen Angelegenheiten).
So konnte ich letztlich, bei aller manchmal auch nötigen und berechtigten Selbstkritik, mir auch mehr Fehler, Schwächen, meine „nur" Menschlichkeit- und damit auch Fehlbarkeit- besser verzeihen (denn ja, „Sei gütig, denn alle Menschen, denen du begegnest, kämpfen einen schweren Kampf" wusste schon Platon. Man selbst hat es ja aber auch schwer…). Und konnte auch darüber reden (und bekam auch dann oft erst auch von Sorgen anderer Menschen erzählt…). So letztlich aber auch besser daran arbeiten – so wie die wirklich „großen Männer" eben auch, die meistens eben ja auch erst durch Schaden klug wurden, aus Fehlern lernten, aus Niederlagen wuchsen (auch z. B. große Sportler)- wenn sie dabei auch Hilfe bekamen, sich diese suchten, erlaubten. „Natürlich" auch oft mit nicht so gutem Gefühl. Aber wenn man sich immer wieder klar macht, dass selbst- bzw. gerade auch- schlaueste, stärkste Menschen ohne Hilfe nichts (!) gewesen bzw. geworden wären- natürlich auch kein Pädagoge, Arzt, Therapeut, Politiker, Chef, Mitarbeiter beim Amt usw.- kann man sich doch etwas besser, besseren Gewissens, Gefühls Unterstützung suchen. Man(n) muss sich keinen Vorwurf machen (lassen), wenn man etwas nicht alleine „auf die Reihe kriegt"! Das bekäme auch kein Präsident, König, General usw.! Kein Mensch alleine schreibt Geschichte- wie ja z. B. Brecht schön in „Fragen eines lesenden Arbeiters" beschreibt. Unser Schicksal –und das unserer Familie- bestimmen wir ganz sicher auch nicht alleine, sind nicht alleine unseres Glückes bzw. Unglückes „Schmied"! Das hat wirklich auch viel zumindest mit Glück oder Pech, auch auf welche Menschen und Bedingungen man trifft, zu tun! (und, wie auch PISA-Studien ja zeigten, sind Bedingungen in Deutschland ja zu großen Teilen alles andere als optimal und gerecht!). Und viele (oft ja auch nur vermeintlich) „große" Männer hatten ja auch einfach nur mehr Glück in ihrem Leben, meinte es das Schicksal besser mit denen. Bzw. oft auch Verhältnisse, die ja auch sehr kritisch zu sehen sind. So wie eben, dass in Deutschland ja nach wie vor so sehr die, auch soziale, Herkunft so entscheidend dafür ist wer „automatisch" mehr Hilfe, Unterstützung

und Förderung bekommt – und wer nicht. Die haben ja aber auch nicht nur „upper class-people“ verdient. Da sollte man auch auf sein Recht, Anspruch auf Hilfe, Unterstützung pochen, z. B. auch bei Ämtern oder auch Chefs gegenüber, die ja auch Fürsorgepflichten haben bzw. auch gesetzliche Pflichten zu guter Förderung. Und sich auch dafür bei Bedarf Hilfe suchen, alleine schon um Anträge auf soziale Leistungen stellen zu können brauchen heute die meisten Menschen ja Beratung... Selbst auch bei Steuererklärungen (worüber auch selbst Einstein schon sagte, dass ihm das zu hoch wäre) oder dergleichen. Oder auch bei Betriebs- und Personalräten, ggf. auch Gewerkschaften, Anwälten (ggf. auch über staatl. Beratungs-bzw. Prozesskostenhilfe). Mögliche hierbei hilfreiche Adressen sind auch in der Anlage genannt.

I. II.

Auch wenn manchmal eben auch Worte weiser Männer, Menschen alleine helfen können zur Einsicht, dass das Leben eben leider auch nicht immer nur schön, einfach sein kann (sonst könnte man das Schöne im Leben oder auch seine Leistungen darin aber ja auch vielleicht nicht so genießen): So z. B. nicht zuletzt „Lasst uns das Leben genießen solange wir es nicht begreifen“ (A. Schweitzer). Und manchmal eben gerade auch „Ich habe gelernt vom Leben nicht zu viel zu erwarten. Darum erlebe ich immer unerwartete Freuden statt böse Enttäuschungen“ (G. B. Shaw). Bzw. doch auch „Es gibt ein erfülltes Leben trotz vieler unerfüllter Wünsche“ (D. Bonhoeffer). Nur bitte auch nicht viel zu wenige, gar nicht auf seine Bedürfnisse oder auch Ängste, Sorgen eingehen!

Auch wenn man eben wie gesagt in der Tat sein Schicksal auch nur bedingt mit beeinflussen kann, so sehr man sich auch anstrengt (das ist wirklich ganz wichtig zu beachten, denn nahezu alle Opfer von z. B. Burn-out, Depressionen usw. machen sich viel zu große, oft vernichtende Selbst-Vorwürfe!). Das erfuhr ja auch z. B. ein Mr. „Yes we can“ Obama schon nach kurzer Regierungszeit, auch sichtlich ergraut. Soweit möglich ist daran mitwirken natürlich, auch mit Unterstützung dabei, nicht verkehrt. Aber es ist doch auch hieran etwas wahr: „Ständig erlebt man einen Wechsel von Freuden und Leiden, davor können einem weder Verstand noch kluges Benehmen noch menschliche Anstrengung retten“ (aus dem Hinduismus). Und immerhin, auch wenn man nicht Papst-Freund ist, bekam der ja viel Respekt für seine Größe zu sagen- zum ersten Mal als Papst seit ja ca. *700* Jahren (!)- „ich kann nicht mehr, bin überfordert“ .

Und selbst stärkste, klügste Menschen können heute ja nicht so oft und gut für ihre Partner, Familie usw. da sein wie sie es gerne möchten, theoretisch auch könnten... Aus praktisch, faktisch Mangel an Geld, Zeit, Muße, Kraft,... (also nicht „persönlichem Versagen“!) aber kaum oder nur selten, nicht immer dazu fähig. In unserer die meisten Menschen natürlich überfordernden „Generation Burn-out“, die gerade auch den besten Menschen einfach zu viel abverlangt, überfordert, ausnutzt, teilweise ausbeutet, quält ... (weshalb Anfang 2013 z. B. ja auch die Bundesarbeitsministerin an Unternehmer appellierte endlich mehr gegen Stress bei der Arbeit zu tun, der immer mehr, zig Millionen Menschen krank macht. Ein frommer Wunsch? Sie sollte ja lieber mit helfen endlich auch in Deutschland bessere Arbeitsschutzgesetze zu erreichen, wie in anderen Ländern ja auch möglich). Gerade sehr erfolgreiche – nicht zuletzt auch sehr soziale und auch engagierte, fleißige, ehrenwerte- Menschen, nicht zuletzt Männer, erleiden deshalb ja auch „Burn-out“. Gerade auch beste, nicht schlechte (!) ihres Fachs, wie z. B. die Fußballtrainer Hitzfeld, Guardiola usw. Die es aber auch – aber auch nur mit profess. Hilfe!- geschafft haben das zu überwinden! Ebenso wie Millionen andere Menschen auch. Aber auch nur, wenn sie sich Hilfe suchten, dann auch lernten zu sehen, *was sie alles schon getan, erreicht haben im Leben, auch für andere (und nicht nur, was nicht- das ist auch therapeutisch oft sehr, sehr, entscheidend wichtig für viele Menschen- manchmal Leben rettend!).*

Und selbst Menschen, die in Armut und Schulden gelandet sind müssen das auch fast nie aus „persönlichem Versagen“ heraus erleiden. Sondern, z. B. nach Untersuchungen deutscher Schuldnerberater, zu zumindest etwa 90% weil sie unverschuldet (!) arbeitslos wurden, krank oder was auch immer. Oder auch „nur“, selbst als Berufstätige, einfach viel zu wenig Geld zur Verfügung haben. Das ist ja aber nicht deren Schuld. Zumal gerade in Deutschland ja auf der anderen Seite die Reichen immer reicher werden (wie auch dem letzten „Armutsbericht“ der Bundesregierung wieder zu entnehmen). Vieles hier eher, gerade auch in Deutschland, *schlechten politischen Bedingungen bzw. Förderungen, Verhältnissen geschuldet ist…* Und Deutschland ja in vielen Bereichen, gerade auch bezüglich „Gleiche Chancen für Alle“ ganz weit hinten liegt zumindest in Europa, wie ja immer wieder Studien der OECD bzw. auch „PISA“ usw. belegten. Zudem wird aber gerade hier irrsinnigerweise z. B. „*Schuld*en“ so sehr, auch schon sprachlich, mit „*Schuld*“ , „Versagen“, verknüpft (und auch Menschen z. B. so sehr nur nach ihrem Beruf bzw. Verdienst gemessen, beurteilt- als ob es nicht auch noch andere, wichtigere Kriterien gäbe, *menschlichere*) . Gilt in anderen Ländern viel mehr, dass jeder halt einmal eine 2. Chance braucht, irren kann bzw. Vieles auch einfach nicht vorhersehen – und „Privat-Insolvenzen“ oder dergleichen z. B. in 1-2 Jahren abgewickelt sind ohne große Nachwirkung- fühlen sich deutsche „Schuldner“ –zu unrecht- fast immer wie im Büßer-Hemd, mindestens 6-7 Jahre, oft für immer „abgestempelt“. Während z. B. in England und den USA viel mehr gilt, dass um Erfolg zu haben eben auch etwas riskieren dazu gehört, was natürlich auch nicht immer funktionieren kann. Was also in der Natur der Sache, auch „no risk no fun“ liegt, nicht in „persönlichem Versagen“. Und dass man ja auch oft erst durch „Niederlagen“ richtig lernen kann… Aber in Deutschland gelten oft nach wie vor noch (ungute) „preußische“ Tugenden. Bzw. sucht man auch, auch nach Hitler- Zeiten, noch gerne Sündenböcke. So z. B. in den „Schuldnern“ das Problem. Statt in schlechter Politik, die erst zu Massen- Verschuldungen führt. Von Wirtschaftskrisen verursachenden Managern, die dafür meistens kaum „büßen müssen“ ganz zu schweigen… Die laufen meistens weiter im feinen Zwirn herum statt im –hier gerechtfertigt- Büßer-Hemd… Bzw. machen, ebenso wie viele Banken, aus Not, Leid unzähliger Menschen sogar noch ein Geschäft, profitieren davon… Bzw. erzeugen das erst durch falsche Beratungen (bzw. solche viel mehr im eigenen Interesse, auch Kredite usw.). Andererseits gehört in kaum einem anderen Land so sehr zum „erfolgreich arbeiten", dass man am Ende des Tages ausgepowert sein „muss". Von der Arbeit aber auch sonst, z. B. auch der Erziehung von Kindern. Sonst hat man ja angeblich nichts geleistet. Warum das denn? Ist Arbeit, Erziehung gut und erfüllend, gibt es dort anständige Bedingungen, Methoden, Abläufe sollte man daraus ja sogar gestärkt hervorgehen können, das auch zumindest zu großen Teilen genießen können. So wird das auch in vielen anderen Ländern gesehen. In Deutschland „muss" man heute ja aber fast schon „Burn-out" bekommen bei der Arbeit und z. B. auch Erziehung, wenn man nicht als faul oder „schlechte Eltern" gelten will- selbst wenn man gute Arbeits-Bedingungen oder genug Zeit und Geld für Kinder hätte, was ja auch kaum die Regel ist… Dazu kommt ja auch noch der Mythos vom *angeblich* so tollen Sozialstaat, Bildungs-und Gesundheitssystem in Deutschland. Schafft man es da nicht „etwas zu werden" fühlen sich sehr viele Menschen heute immer noch wie „Versager", weil sie es unter „so tollen Umständen" dann doch nicht so weit bringen. Aber auch zu Unrecht- denn die Bedingungen und soziale Gerechtigkeit sind ja, siehe oben, gerade auch in Deutschland wahrlich nicht optimal, *für die Mehrzahl der Menschen nicht!* Das ist auch vielen Menschen rational bewusst. Aber un(ter)bewusst wirkt immer noch enormer Druck wie „wer es im Wirtschaftswunderland Deutschland zu nichts bringt ist ein Versager"… Obwohl diese „Wirtschafts-wunderzeiten" nun ja schon viele Jahrzehnte her sind. Das belastet aber unzählige Menschen, gerade auch Männer, enorm (ebenso wie wenn es einem noch recht gut geht manchmal auch die – auch schwere- „Qual der Wahl" in diversen Fragen). Bzw. auch Unklarheiten, Unsicherheiten. Nicht zuletzt auch für Männer heute. Auch das Titelthema des Spiegels 1/2013 widmete sich so eben sogar diesen, die –wie auch dort zu lesen- fast jeden Mann heute betreffen mit „Oh, Mann. Das starke Geschlecht sucht seine neue Rolle". http://www.spiegel.de/spiegel/0,1518,ausg-6410,00.html).

Mit auch Hinweisen darauf, dass die meisten Männer bzw. Jungen in Schule, Beruf, Familie usw. aber heute gar nicht so stark sein können, wie sie es gerne hätten – bzw. wie es von ihnen erwartet wird, von wem auch immer.
Und auch generell ist die persönliche, individuelle „Sinnfindung" im Leben – für sich und auch z. B. für Kinder- bzw. Überleben und Antworten auf alle möglichen Fragen des Lebens in der Gesellschaft heute oft viel schwieriger für Menschen als früher, wie z. B. auch Rauschenbach beschreibt, in der von ihm so benannten „Risikogesellschaft", seinen Studien dazu. Teilweise auch als Zeichen des Fortschritts, auch der Wissenschaft. Aber je mehr, auch alternative, Erkenntnisse es gibt umso mehr Informationen kann – aber auch muss, zumindest teilweise- man ja haben (bzw. muss man lernen hier selektieren zu können, was man braucht und was nicht in Informationsfluten, auch mittels neuer Medien- alleine das bedarf schon oft guter Beratung). Wenn es zudem mehr Weltanschauungen oder Anschauungen auch für unzählige „alltägliche Fragen" gibt bzw. man die enorm viel schneller (im WWW) abrufen kann als früher hat man ja auch mehr, was oft ja auch gut ist, Wahl.. Aber eben auch oft die Qual (der Wahl... was auch extrem belasten kann, zumal wenn alle Alternativen nicht besonders gut sind bzw. auch alle große Nachteile haben). Zweifel. Ohne die – Zweifel- gibt es nach einem indianischen Sprichwort zwar auch keinen Fortschritt bzw. Sicherheit– diese haben also (zumindest auch) ihr Gutes. Leichter machen sie das Leben aber natürlich auch nicht immer. Wie ja z. B. auch bei Goethes „Faust" zu lesen, mit Mephisto dort (trotz dessen, „Geist der stets verneint", eben auch positiver Seite von Zweifeln, s. oben). Ohne Unterstützung dabei, bei Bedarf auch fachmännisch, kann man vielleicht auch sonst wirklich *ver*zweifeln.
Oder man hat zwar *theoretisch* die Wahl, steht einem *theoretisch* „die Welt offen"- mangels Zeit, Geld (und oft auch fehlender bzw. schlechter Beratung zu seinen Möglichkeiten inkl. derer Risiken) usw. aber oft kaum wirklich die Möglichkeit so zu handeln, leben wie man es gerne möchte... In einer auch nur „freien" Gesellschaft, wenn man auch faktisch, materiell, finanziell, zeitlich die Möglichkeit hätte diese

Möglichkeit, „Freiheit“, „Chance“ zu nutzen! „Yes you can“ hat ja – das weiß auch schon ein nach kurzer Amtszeit sichtlich ergrauter Mr. Präsident (Obama)- doch oft seine äußeren Begrenzungen (bzw. die Chancen dazu – was gerade in Deutschland ja aber bekanntlich – spätestens seit den „PISA-Studien“ – und auch nach solchen z. B. eben der OECD- noch viel zu viel von der, auch sozialen, Herkunft abhängt). Aber nur weil es in Deutschland nun keine Mauern mehr gibt sind die Möglichkeiten für „freie Selbstbestimmung“ („grenzenlos“) für die meisten Deutschen ja doch noch *sehr* begrenzt! Selbst als „Mittelständler“, Akademiker usw. hat man heute ja meistens zu wenig Zeit bzw. Geld, zumal mit – bzw. für die- Familie. Vielleicht (bzw. hoffentlich) findet man zudem auch gut, dass wir nicht mehr Bedingungen und Anschauungen, auch was ein „guter Mann“ ist, wie noch im Mittelalter, zu Zeiten von Kaiser, Hitler,... haben. Auch ein doch besseres Frauenbild wie damals. Nur hatten Männer damals eben auch einfacher zu wissen, was von Männern erwartet wird, wie sie mit „Frauen umgehen sollen“ usw. Das ist heute ja glücklicherweise doch zumindest etwas für fast jeden Mann anders... Aber halt nicht nur. Immer noch verdienen Männer durchschnittlich meistens mehr als Frauen, was sie oft (ökonomisch und damit auch teilw. generell) stärker macht, ob sie wollen oder nicht (auch wenn nicht immer.. Verdient die Frau mehr ist das für viele Männer oft auch peinlich, wenn natürlich unnötig. Und Unterschiede zwischen Männern und Frauen sind zudem sicher weniger eklatant wie die zwischen „sozialen“ Schichten – die „Welt“ einer Groß-Unternehmer*in* ist wohl z. B. der eines Groß-Unternehm*ers* viel näher als der einer Fließband-Arbeiter*in* ... Denn ja, wie auch z. B. in der GEW- Zeitschrift „Erziehung und Wissenschaft“ 2/2013 zu lesen, etwa zwei Drittel der Schulabbrecher und drei Viertel der Sonderschüler sind heute männlich, auf Gymnasien sind Jungen hingegen in der Minderheit! Das hat auch Gründe und könnte auch geändert werden, teilweise recht leicht. Wie dort z. B. beschrieben ergaben Studien, dass heute in Schulen eher „weibliche Formen des Lernens und Gestaltens“ im Unterricht genutzt werden. Und Jungs z. B. bei Diktaten viel besser abschneiden, wenn dort mehr Jungs interessierende Worte benützt werden *würden* als heute (mehr Mädchen interessierende). Bzw. in Deutsch überhaupt, wenn z. B. mehr Jungs Interessierendes als heute genutzt werden würde – z. B. Comics, Abenteuerbücher, Fantasygeschichten. Usw. (weitere Beispiele folgen hier auch noch). Trotzdem gibt es auch nach wie vor noch mehr andere Unterschiede, alles nur auf das – männliche- „benachteiligte Geschlecht“ (Focus) zu schieben bzw. auf „Emmas Opfer“ (Wirtschaftswoche) greift zu kurz. *Soziale Herkunft und ethnische Zugehörigkeit sind weiterhin, wie auch dort belegt, noch entscheidendere Faktoren* (als das Geschlecht) für Bildungs(miss)erfolg! Viele männliche Jugendliche aus „gehobeneren Schichten“ haben demnach z. B. weit über dem Durchschnitt – auch von weiblichen Jugendlichen aus anderen „Schichten“- liegende Noten. Das ist ein ganz wichtiger Aspekt, der hier aber nicht im Vordergrund behandelt wird. Auch wenn er nach wie vor horrend ist- selbst heute noch leben Menschen aus „höheren Kreisen“ durchschnittlich etwa 10 Jahre länger in Deutschland als „Normalverdiener“ – unfassbar aber leider war! Und auch während der Lebenszeit gibt es da ja zumindest 2 Klassen-Systeme in Deutschland, ja auch z. B. im Gesundheitssystem, Bildungssystem usw....). Und selbst wenn man etwa gleich viel oder wenig verdient weiß man(n) halt oft, dass man „anders“ sein soll und will wie zu Kaiser-und Hitler-und Nachkriegszeiten ... Nur, aber, *wie* denn? Klare Antworten, eindeutige, gibt es kaum... Die „(19)68 er“ warfen z. B. viele Fragen auf, gaben viele Antworten... Aber hinterließen wohl auch noch mehr, auch neue, Fragen bzw. Zweifel... Wenn überhaupt nur unzählige, verschiedene, teilweise widersprüchliche... Zum Glück, nötigerweise, gab es für Frauen ja dann auch noch eine „Frauenbewegung“ (auch wenn es auch da ja viele unterschiedliche Richtungen und oft auch Widersprüchliches, Irritierendes gab – und auch viele Frauen Probleme haben beim Finden von „my way“, „I am what I am“ – aber *was, wie, wer ist man bzw. sein ganz individueller Weg denn eigentlich*?). Nur fabrizierten die auch noch viele neue, oft widersprüchliche Forderungen an Männer... Und gab es eben noch keine allzugroßen Hilfen für Männer dafür und auch keine „Männerbewegung“, auch zur eigenen Identitätsfindung – und sind sehr viele Männer erst recht ziemlich ratlos, allein gelassen mit „wann ist ein Mann ein Mann“ … Bzw. ihrem „my way“, „I am what I am“ (finden). Nicht nur ehemalige DDR-Bürger, die heute nicht mehr so eindeutig gesagt bekommen, was bzw. wie ein guter Mann (bzw. Bürger) ist. Das betrifft natürlich auch „im Westen“ aufgewachsene (wie z. B. auch mich) bzw. lebende Menschen. Wie es z. B. auch in einem Lied der (männl.) britischen Gruppe „Supertramp“ heißt, dem „Logical song“- hier ein frei übersetzter Ausschnitt davon: „Als ich noch jung war, da schien mir das ganze Leben so wunderschön, ein Wunder, einfach schön war s, so magisch. Und alle Vögel sangen so glücklich, freudig, verspielt, mich beobachtend. Dann haben sie mich fortgeschickt, um vernünftig, logisch, verantwortungsvoll, brauchbar zu werden. Und dann zeigten sie mir eine Welt in der ich so verlässlich sein könnte. Eine klinische, intellektuelle, zynische Welt. (...) Würdest du mir bitte, bitte nicht sagen was wir gelernt haben. Ich weiß es klingt lächerlich, würdest du mir bitte sagen wer ich bin (...)“. Das ist ja aber nicht lächerlich…

Und dieses „I am what I am“ , wie von Gloria Gaynor besungen und schon für viele z. B. ganze Frauen- und Homosexuellen- Bewegungen sehr befreiend, wichtig – teilweise existenziell- ist eben sicher auch für Männer wichtig, auch erst einmal herauszufinden wer, was sie – ganz speziell, individuell- sind, möchten, brauchen usw. … Und dazu stehen zu können, zu all seinen guten und schwächeren Seiten… Für Selbstbewusstsein muss man sich ja erst einmal seines „Selbst“ bewusst sein lernen (wie bin ich, wie kann und will ich werden usw.). Zu dem was man gut findet, mag, ist… Wie es dort- oder auch ähnlich im Lied „Junge“ von den „Ärzten“ heißt mögen viele Leute das vielleicht nicht schön finden, was man mag oder tut. Eventuell auch für unnütz, z. B. auch Hobbys usw. Aber man(n) selbst findet das eben gut, wichtig, nützlich… *Das zu entdecken bzw. verteidigen ist heute oft ein Haupt-Problem,* bedarf auch oft psychologischer Beratung bzw. (therap.) Hilfe. Dass man „einfach“ sein kann, wie man will (bzw. das erst einmal herauszufinden, auch seine Ressourcen, Talente, Träume usw.). Was erschreckender weise wirklich sehr, sehr viele- auch ältere- Menschen heute kaum wissen. Was an manchen Schulen nun schon dazu führte das Fach „Glück“ einzuführen- um auch sein persönliches

besser (heraus) finden bzw. verwirklichen zu können. Das ist ja auch viel sagend, dass es so etwas geben muss, man heute sonst kaum dabei gefördert wird (während in anderen Ländern- die als weltweit glücklichste gelten- z. B. das Recht auf Zufriedenheit und Glück in der Verfassung ganz klar als Ziel definiert ist, dementsprechend auch mehr gefördert, geholfen werden kann. Auch ohne das erst alleine suchen zu müssen). Da ist kein Wunder, wenn man in Deutschland mehr Rat bzw. Beratung braucht, wenn man hier sonst ja kaum Hilfe, Rat bekommt..
Und es gibt heute ja unzählige Möglichkeiten, Ideen bzw. Erwartungen, wie man sein könnte bzw. sollte als Mann. Wenn man dazu überhaupt das Geld, Zeit usw. hätte- in einer Zeit, wo selbst die Kindheit oft ja nicht mehr so unbeschwert ist, in Deutschland nach Studien schon jedes 3. Grundschulkind (!) über zu viel Stress klagt (auch wenn gerade auch Jungen bzw. Männer unschöne Kindheitserlebnisse oft verdrängen, was aber manchmal später wieder „hochkommen“ kann und ggf. – spätestens- dann therap. Hilfe bedarf). Allerdings auch eben mit unzähligen, teilw. auch widersprüchlichen, Erwartungen an sich. Selbst von dem, was theoretisch möglich wäre. Von Frauen, Frauenzeitschriften... oder nun auch Männerzeitschriften, Bekannten, Verwandten usw. Von der Theorie, Erwartung, vermeintlichen Chancen, Plakaten auch der Regierung, dass z. B. männl. Erzieher gesucht werden bzw. Erziehungszeit von Männern gefördert wird... Und der Praxis, Realität, die teilweise völlig anders ist und theoretisch „Mögliches“ oft unmöglich macht- alleine dadurch, dass z. B. der Chef das weniger gut findet mit der Erziehungszeit. Oder der Mann mehr verdient, deshalb eher weiter arbeiten muss. Klar, es gibt oft Rechte für irgendetwas... Aber was passiert wenn man die umsetzen will ist ja eine andere Sache... Gerechtigkeit oft noch eine andere. Überall gibt es z. B. auch angeblich tolle Arbeitsplätze... Das sieht in der Realität dann aber auch oft anders aus. Von sinnlosen, irrsinnigen Gesetzen, Normen, Ansichten usw. oder zu wenig Rechten und Möglichkeiten einmal ganz abgesehen. Oder wenn man in der Praxis von männlichen und weibl. Bekannten, ggf. auch Verwandten usw., gehänselt wird wenn mans tut, z. B. „Hausmann“ wird... Oder wenn man sich als männl. Pädagoge bewirbt oft noch sehr kritisch

beleuchtet wird... Auch warum man sich für den Job interessiert. Z. B. (mehr oder weniger unverblümt gefragt) man sich auch rechtfertigen muss, warum einem Arbeit mit Kindern Spaß macht,… Was Frauen wohl *sehr* selten müssen. Die auch sehr selten sich so durchleuchten lassen müssen, als ob sie vielleicht nur Kinder missbrauchen wollen in dem Job… (das tun ja auch nicht nur, und natürlich auch nicht alle, Männer). Wie noch zu sehen sein wird gibt es hier auch nach wie vor sehr tief sitzende (Geschlechts-) Rollen –Klischees. Übrigens nicht zuletzt in der „Gewalt-Frage“ (auch von wegen die Tät*er* sind (fast) immer männlich, die Opf*er* fast immer weiblich). Was so keineswegs stimmt. Was hier auch näher beleuchtet werden wird, auch mit einem Schwerpunkt darauf. Weil es auch sehr viel sagend bzw. symptomatisch für viele hier relevante „Männer“- Themen ist – nicht nur aber natürlich auch für männliche Opfer von Gewalt, die es leider unglaublich, unfassbar zahlreich gibt. Bzw. die Schwere darüber oder anderes Leid, Probleme zu reden von, für Männer. Da das in diversen Formen bis hin zu jeden 2ten Jungen bzw. Mann betrifft wird dies auch deshalb hier ausführlicher behandelt. Auch um hier etwas zu helfen „Tabus“ bzw. falsche Mythen aufzubrechen, auch für Betroffene selbst (aber auch deren Umfeld und auch Berater, Fachleute usw.) – um damit auch Reden darüber besser zu ermöglichen. Wie schwer so etwas (ansonsten) ist zeigt ja z. B. auch, dass sich immer noch kein homosexueller Fußball- Profi in Deutschland zum „Coming-out“ traute. Da ja kein starker Mann sich zu so etwas „Schwachem“ (?) zu bekennen traut. Angst vor Reaktionen hat, auch in einem nach wie vor nur sehr mäßig toleranten Land wie unserem. Auch wenn z. B. der Bürgermeister unserer Hauptstadt sich ja dazu bekannte („und das ist auch gut so!“)- allerdings auch eher unfreiwillig. Und Berlin ist ja schon, unterm Strich, eine der tolerantesten Städte. Anderswo sieht das teilw. ja (noch) viel schlimmer aus, wie ich z. B. auch aus meinen Beratungen weiß. Nicht nur in Russland, wo Homosexualität nun wieder verboten ist (nachdem dieses Land zeitweise Vorreiter für Rechte Homosexueller war- es wird wirklich auch nicht immer alles besser auf der Welt…).

jeder Mann hat, zumindest nicht ausreichend- redet man mit dem auch oft eher nicht wirklich oder zu wenig über Probleme, Schwächen und dergl.). Was für alle Menschen aber ja natürlich extrem wichtig und oft nötig sein kann… Darauf basierte ja auch z. B. im Wesentlichen eben eine erste Richtung der (Psycho-) Therapie. Einer derer Mit- Begründer, Siegmund Freud, sprach davon ja sogar eben auch als „*Rede*-Kur"… Die er auch mit einer Frau begann, Männer hätten das wohl auch damals als „unmannhaft" empfunden. Und dass ein Mann so etwas erfand – bzw. das ja auch schon auf Gedanken von Männern wie Platon, Aristoteles usw. zurück geht – ist ja auch eher kein Zufall…
Aber auch bei Fachleuten, selbst männlichen (die oft auch Probleme haben zu ihren eigenen Schwächen zu stehen) finden Männer oft wenig Verständnis, zumal auch Fachleute oft viel zu wenig diesbezüglich kompetent sind. „Geschlechtsspezifisches" wird, wenn überhaupt, oft auch an Hochschulen – oder auch Erzieher- und auch Altenpfleger-Schulen und dergleichen- nur wirklich gelehrt um speziell „Weibliches" berücksichtigen zu können. Aber Männliches? Im Studium – in Pädagogik, Psychologie und Soziologie- und anschl. Fortbildungen musste ich dazu z. B. nicht unbedingt etwas belegen. Als ich das in einem Seminar freiwillig, auch eher zufällig- nur weil es in meinen Zeitplan passte- tat, gab es dort auch nur einen Mann- mich. Sonst *nur* Frauen. Die auch Frauen-Themen mehr interessierten. Ebenso wie die Dozent*in*. Auch über Gewalt gegen Männer, Jungs, auch Missbrauch usw. gegen sie (aber auch Mädchen, Frauen) habe ich nur relativ zufällig etwas mitbekommen – und ich hätte z. B. auch beim Jugendamt, Gesundheitsamt oder dergl. landen können schon mit meinem 1. Studium – ohne also wirklich Ahnung zu all diesen ja sehr wichtigen Themen… Auch unzähligen Missbrauchs-und Gewalt-Fällen gegen junge und, auch viel, ältere Männer, auch männliche Kinder und Jugendliche, selbst schon Babys (!). Man bekommt auch in pädagogischen Ausbildungen – selbst heute- auch als Erzieher, Lehrer usw. z. B. immer noch kaum etwas mit von z. B. Gewalt gegen Männer, Jungs. Trotz div. Studien- Abschlüssen, Fortbildungen (auch in jüngerer Vergangenheit), Jahrzehnte langer pädag., beratenden und therap. Praxis haben mich bei der Recherche hierfür gefundene Zahlen

z. B. teilweise auch sehr schockiert – selbst als Fach*mann*. Auch im Jahre 2013 schockieren mich diese Zahlen und natürlich auch noch mehr die Geschichten, Erfahrungsberichte, Schicksale bzw. Erlebnisse von Männern, Jungs auch bei Ämtern, Behörden, in Schulen usw. Nicht zuletzt auch wie damit umgegangen wird. Oder auch gerade auch unzählige Jungs und Männer Betreffendes wie z. B. „ADHS" (s. auch Folgendes dazu) bzw. völlige diesbezügliche, wohl etwa 90%, Fehldiagnosen, verheerenden Stigmatisierungen... Oder auch, apropos, dass z. B. immer noch etwa 90% der Kinder nach Trennungen der Eltern in Deutschland bei den Müttern landen... Solche Zahlen würden umgekehrt Mega-Protest erzeugen, an Verhältnisse wie bei Talibans und dergleichen erinnern. Aber in Deutschland sind doch sicher 90% Mütter besser für das Kind wie 90% der Väter, oder? Pardon, aber das kann nicht sein, das erinnert mich daran, was ich in der Schule über die „böse" DDR lernte, Parteitags(wahl)ergebnisse dort... Bei Männern ist so etwas aber „normal"? Solche Zahlen sind einfach befremdlich, können einfach nicht der Objektivität, Wahrheit entsprechen und tun das einfach auch nachweislich nicht- bzw. entstammen sehr fragwürdigen, auch antiquierten Menschenbildern... Wie auch das Kapitel zu Gewalt (auch in Familien, Beziehungen) bestätigen wird. Alleine ich kenne, auch als Umgangspfleger bzw. Verfahrensbeistand, viele „Fälle" (Kinder), die wirklich bei aller möglichen Objektivität bei der – z. B. wirklich gewalttätigen – Mutter nicht besser aufgehoben waren. Was auch nach zig *Jahren* Ämter bzw. Gerichte dann doch einmal einsahen... Obwohl von Beginn an eigentlich offensichtlich. Aber Mütter müssen halt fast nie „per se" sich rechtfertigen, dass sie gute Mütter sind. Aber Väter sind „per se" erst mal schlecht(er)? Manchmal natürlich. Fast immer sind Väter aber ja natürlich auch genau so gute oder schlechte Menschen wie Mütter. O. g. Missstand wurde z. B. auch dokumentiert, auch als alles andere als „Einzelfälle", und kritisiert in einem Artikel im „Spiegel" mit alleine schon sehr auch diesbezüglich doch Aussage kräftigem Titel (http://www.spiegel.de/panorama/justiz/kindeswohl-und-vaterleid-die-macht-der-muetter-a-469659.html). Das erinnert ja sogar auch noch an Zeiten des Nationalsozialismus- wo das „Mutterwohl" von Hitler und

Konsorten über das der Kinder erhoben wurde (in einem letztlich ja aber auch Menschen-, auch Frauen-verachtenden Weltbild). Obwohl heute eigentlich schon lange das „Kindeswohl" entscheiden soll, auch gesetzlich so formuliert. Aber die Realität... Und letztlich ist das ja auch für Frauen verhängnisvoll, wenn sie so unverzichtbar gemacht werden für Kinder sollten sie ja doch lieber zuhause, bei „Heim und Herd" bleiben- dann gäbe es ja auch weniger Arbeitslose, nicht? Außer dass das eine – schon seit Jahrzehnten, z. B. auch von Gewerkschaften kritisierte, Milchmädchenrechnung wäre sind solche „Lösungen" ja auch polit. Interessen geschuldet- bzw. zur Kaschierung von Versagen von männl. und weibl. Politikern nützlich (beim genug Arbeitsplätze – bzw. auch Kita-Plätze usw.- zu schaffen für Männer *und* Frauen).

Natürlich gibt es auch unzählige schlechte, wirklich auch das Kindeswohl gefährdende Väter... Aber ja auch Mütter. Und was da mit unzähligen dt. Männern, Vätern, zu Unrecht geschah bzw. geschieht bemängelte ja auch schon öfters der Europäische Gerichtshof für Menschenrechte (!). Auch wenn aus Angst vor diesem nun bei einigen Ämtern und Gerichten in letzter Zeit „sicherheitshalber" wohl erst einmal lieber „pro Vater" entschieden wurde. Was natürlich auch nicht richtig ist! Es muss ja so oder so möglichst objektiv entschieden werden, so schwer das auch sein mag- aber nicht aus Angst oder per se für das oder das Geschlecht... Dann wäre „Justitia" ja wirklich blind im negativen Sinn. Wie es aber leider unglaubliche, unzählige Male vorkam, mit auch brutalsten Folgen für Männer (und vor allem ja auch die Kinder, Jungs und Mädchen). Das ist z. B. exemplarisch auch sehr gut zu sehen im Film „entsorgte Väter" (ent*sorg*t hier doppeldeutig gemeint, auch bezüglich „*Sorge*-Recht genommen" gemeint). von Douglas Wolfsperger, einem international anerkannten Filmregisseur. Was dort auch viele- auch weibliche- Experten, auch von Kinderschutzorganisationen, bestätigen. So etwas kann natürlich auch – ebenso wie nach wie vor noch bestehende Benachteiligungen von Frauen in anderen Fragen – auch wütend, aggressiv machen. Aber nicht weil Männer „genetisch" brutal, aggressiv sind. Oder ist eine Frau, die aggressiv wird, wenn Talibans oder dergleichen ihr das Recht nehmen sich um ihr Kind *sorgen* zu dürfen (es geht ja nicht um „besitzen" oder dergleichen sondern um *sorgen, für es da sein, kümmern-* ja auch ein sehr menschlicher, humaner, sozialer, verantwortungsvoller, herzlicher Wunsch- von natürlich auch Vätern) – kann es viel Schlimmeres für Menschen geben? – auf einmal auch „typisch männlich"? Oder sind nicht viel mehr solche Entscheidungen, Gesetze, Normen,... wirklich Menschenrecht verletzend - (last not least ja der Kinder auf *beide* Eltern, wie auch in div. internationalen Konventionen als, natürlich, nötig und berechtigt erklärt). Von Menschenwürde, das ist ja oft noch schlimmer bzw.- ja auch im Grundgesetz eigentlich primär betont – wichtiger ganz zu schweigen. Und erst recht vom Wohl des Kindes, dessen Bedürfnissen usw. – und „by the way" eben auch der Väter. Die durch ihr „Sorgen wollen" ja auch ihre Fürsorglichkeit, Sensibilität demonstrieren (wollen). Aber das nicht ausüben dürfen (und dann kriegen „die Männer" wieder zu hören, dass sie nicht so sensibel, fürsorglich sind angeblich... aha... Männer so zu „reduzieren", deren auch positive Eigenschaften und Bemühungen gering zu schätzen selbst von Ämtern und Gerichten, ist ja auch insgesamt ein schlechtes Beispiel bzw. „Abstempeln", auch für andere Männer). Als ich zum ersten Mal, auch gegenüber Ämtern oder in Betrieben, Unternehmen, von Forderungen auch nach „Männerbeauftragten" (neben Frauenbeauftragten) hörte oder dass Männer sich diskriminiert fühlen und an Anti- Diskriminierungs- Beauftrage wenden wollen dachte ich auch sehr anders als heute... Wenn dann z. B. auch der Vater und die Mutter beim Amt oder Gericht sitzen und der Vater muss sich anhören, dass er so aufbrausend ist.. Und die ganz ruhig bleibende – aber sie hat ja auch keinen Grund zur Unruhe, sie hat ja Recht (bzw. Unrecht bzw. „das Kind") bekommen - Mutter, die arme, so laut und „aggressiv" anmacht ... Das kann die, meistens auch weibliche, z. B. Amts-Mitarbeiterin natürlich verstehen, dass so einem aggressiven Mann das Sorgerecht entzogen werden „muss(te)". Hm. Vielleicht ist der Mann ja aber „nur" so aufbrausend, weil eben das passieren soll, bzw. schon passiert ist, eigentlich ohne jeglichen wirklichen Grund? Nur weil er Mann ist? Der sonst vielleicht eigentlich total ruhig, ausgeglichen ist? Nur soll man ruhig bleiben, wenn einem gerade gesagt wird, dass man „kastriert" kein Recht haben soll ganz für auch *sein* Kind *da zu sein, es sich um es kümmern darf* (Sorgerecht) oder dergleichen? Als Mann oder, vgl. Beispiel Frauen/Talibans, auch Frau (zumal Frauen ja auch mit kleinen „Sticheleien", Bemerkungen, noch so höflich formuliert, ja auch sehr attackieren können, was Männer auch sehr verletzen und deshalb aggressiv machen kann... Dass das dann aber auch eher eine Reaktion auf die weibl. „Attacke" ist sollte eigentlich ein Fachmann bzw. Fachfrau auch beim Amt usw. wissen – bzw. wissen wollen. Und da gibt es durchaus auch viele Frauen, die sich für Gerechtigkeit – auch für Männer- einsetzen, auch bei Ämtern usw. (wie umgekehrt ja auch). Zumal ja, frei nach Brecht, wo Unrecht ist.. ist Widerstand Pflicht... Von und für Frauen und Männern. Nicht zuletzt z. B. ja auch von denen, die „Recht" – das und Gerechtigkeit sind ja wirklich oft zweierlei – umzusetzen haben. Bzw. „machen", z. B. auch Politiker und Richter. Denn „Recht" und Politik, irgendwelche Anordnungen, Vorschriften usw.- all das fällt ja wirklich nicht vom Himmel, es wird von Menschen gemacht und kann von diesen, Menschen, also natürlich auch wieder geändert bzw. weiterentwickelt werden (zumal wenn dem eigentlich nichts entgegensteht). Wäre dem nicht so hätten wir ja immer noch Gesetze, Normen, Sitten usw. wie unter Honecker, Hitler, wie im Mittelalter, der Steinzeit... Und wo einfach Unrecht bzw. nicht gleiches Recht, Maß, Maßstäbe (oder auch Schutz, Hilfen z. B. für Opfer, auch anderer Gewalt) für alle gleich gilt- auch das ist letztlich ja dann eine ungerechtfertigte Benachteiligung- muss dagegen protestiert werden, von Männern *und* Frauen. Egal ob es eine Frau – oder auch Mann- im Taliban-Gebiet, eine Frau oder einen Mann in Deutschland betrifft oder wo, wen auch immer (oder was... ja auch z. B. ein Tier. Aber für Rechte für Tiere soll man sich wohl auch nur noch als Tier selbst einsetzen dürfen, oder...). Angesichts der Umstände heute, solcher Benachteiligungen auch für viele Männer, können aber auch Männer oft hilfsbedürftig sein!

Auch wenn natürlich, auch Männer Täter sein können. Auch wenn sie „nur" der Druck immer stark sein zu sollen so unter Druck setzen kann, dass sie zur Flasche, Drogen greifen oder z. B. gewalttätig werden, auch gegen Frauen... So wie neulich z. B. den Fußballspieler R. van der Vaart- von dem das auch kaum einer gedacht hätte, seine Sylvie

und er galten ja auch als Traum-Paar… Wie gesagt, man sieht sehr oft nicht hinter den Schein, die Fassade… Auch andere, alle Menschen, Paare, Familien haben Probleme. Nobody is perfect…
Man kann ja auch nicht immer alles nur auf Umstände, Gesetze, Systeme usw. schieben, damit entschuldigen. Man hat natürlich auch Eigenverantwortung. Vor allem aber auch an verantwortlicher Stelle, Position. Z. B. auch Geschäftsleitungen (oder eben auch z. B. Vereinsleitungen im Sport) zum Schutz „ihrer" Beschäftigten gegen zu viel Druck, der dann Ventile sucht, auch im Privaten. Auch aggressiv werden lässt. Und ich kenne Familienrichter, die auch schon lange viele Sachen im „Rechtssystem" einfach nicht mehr mitmachten- und trotzdem noch im Amt sind – die, teilw. auch zumindest, in rechtl. Grauzonen entschieden, auch zugunsten der Väter. Das bedarf auch Courage – aber es geht! Selbst in großen Diktaturen widersetzen sich ja Richter, Offiziere usw., meistens auch erfolgreich. Ohne Unterstützung vieler Männer hätten Frauen z. B. bis heute wohl nicht einmal Wahlrechte). Zumal auch komisch ist, wenn man kein Recht für sein (!) Kind hat. Außer vielleicht dafür zahlen zu „dürfen". Sonst soll man aber (so gut) wie nichts zu sagen haben? Man „kann" (= soll) doch froh sein, wenn man sein Kind bzw. „Umgang" mit dem- wenn überhaupt- jedes 2. Wochenende haben darf… das sei doch schon recht viel.. Hm. Oder vielleicht ja wenig, wenn der Papa das Kind an *nur* 4-5 Tagen im Monat bei sich haben kann.. Und die Mutter etwa 25 Tage? Und auch über alle wichtige Sachen für dieses entscheiden … Wäre das umgekehrt hätte das sicher große Aufschreie zur Folge. Aber so? Männer sollen sich nicht mehr wie in der Steinzeit verhalten. In der Tat. Aber dass der Vater fast immer auf der Jagd ist, fast nie beim Kind, und das Kind fast nur bei der Mutter in der Höhle (wie in der Steinzeit) ist dann wieder ganz normal? Bevor ich so etwas nicht unzählige Male selbst in der Praxis erlebte, auch als Umgangsbegleiter, Verfahrensbeistand (in „Kindschaftssachen", was für ein Wort) hätte ich das nie glauben können. Als ich früher zum ersten Mal an einer Demonstration (in Berlin) für Väter- bzw. Männerrechte -bzw. gegen deren Diskriminierung- vorbeilief dachte ich ehrlich gesagt auch, das darfs ja wohl nicht geben… Die haben sie nicht mehr alle… Ich kam

gerade von Amnesty international, wo ich mich für unterdrückte Frauen in div. Ländern engagiert hatte, nochmals da gehört was die zu erleiden haben... fast immer von Männern. Und dann eine Demo für „Männerrechte“? In Deutschland, einem doch so fortschrittlichen, sozialen Land, wo auch immer noch Männer oft mehr zu sagen haben, mehr verdienen für gleiche Arbeit usw. usf.? Nun, wie gesagt, ich habe mit der Zeit mein „Weltbild“ – auch bezüglich Deutschland - doch leider teilweise zumindest sehr relativieren müssen, auch als Therapeut mit vielen therap. begleiteten männlichen Opfern von – auch anderer - Gewalt usw. Die meistens noch mehr als an der- beileibe schon brutalen- Gewalt selbst am „Umgang“ damit litten bzw. am Nicht-Verständnis dafür, für sie, männliche Opfer... Und alleine, dass man wenn man sich auch für Männer einsetzt, denen helfen will (selbst offensichtlichen Gewalt-Opfern) es ratsam ist gleich dazu zu sagen, dass man das natürlich – s. auch oben- auch für Frauen tut, weil man sonst oft sehr kritische, fragende Blicke sieht, ist ja schon sehr bedenklich. Ich habe mich Jahre lang, teilw. auch noch heute, natürlich auch für mehr Rechte von Frauen, für weibl. Gewalt-Opfer, eingesetzt und denen (auch ehrenamtlich) geholfen. Denken Sie, dass ich dafür *einmal* einen kritischen Blick/Fragen bekam „aber was ist mit den Männern? Helfen Sie denen auch?“. Niemals ... Aber umgekehrt sehr oft... Das ist doch auch viel sagend ... Mehr dazu wird hier auch gleich noch zu finden sein ...

Und "Generalisierungen" sind in der Tat ja fast immer auch gefährlich, unzutreffend. Wenn aber z. B. ein Wort („Opfer-Abo“) von Hr. Kachelmann zum „Unwort des Jahres“ (2012) bestimmt wird weil er damit sagte, dass Frauen eher geglaubt wird in Deutschland bezüglich Gewalt (-Verbrechen) zwischen Frauen und Männern... Nun ja. Natürlich wird *viel* zu oft auch noch weiblichen Opfern viel zu wenig geglaubt. Gibt es auch viele widerlichste männliche Täter, auch Gewalt, Missbrauch, Ausnutzung, Ausbeutung usw. durch Männer und auch z. B. „nur“ dummes Angemache von Frauen ist natürlich alles andere als nur ein „Kavaliers“ (?!)- Delikt, *ist absolut zu verurteilen, ohne jegliches „wenn und aber“.* Dazu gäbe es natürlich auch viel zu sagen, viele Beispiele usw. (das ist hier ja nur nicht das Haupt-Thema). Nur

einige Beispiele, die ich hier nenne, widersprechen o. g. These – einmal dahingestellt, ob sie im „Fall Kachelmann“ konkret selbst zutrifft oder nicht, das kann ich nicht beurteilen- ja auch nicht gerade (sehr). Und es werden gleich noch einige folgen… Jedenfalls: Warum durften unzählige Frauen immer "alle Männer als potenzielle Vergewaltiger" bezeichnen ohne dass das mal "Unwort" oder wenigstens mehr hinterfragt wurde? Kritik, *natürlich auch gegen Männer*, wo nötig *gerne, bitte*. Nur so kann man ja auch dazu lernen. Frauen und Männer. Aber bitte wirklich auch allseitig! Zumal nicht immer aber oft ja doch beide Seiten zu Beziehungs-Konflikten beitragen. Auch wenn Gewalt, Vergewaltigung (und falsche diesbezügl. Vorwürfe) natürlich immer unakzeptabel sind! Auch egal "wie kurz ein Rock war" oder was auch immer. Und da sollten sich Frauen und Männer auch nicht auseinander dividieren lassen sondern viel mehr gemeinsam etwas tun gegen Täter, für Opfer bzw. vorbeugend, auch gegen Umstände oder auch Bilder (auch in Medien, der Werbung usw.) die so etwas zumindest mit verursachen - bzw. das von Verantwortlichen verlangen in der Politik usw. Zumal ja unzählige Frauen und Männer-Opfer bei Weitem nicht so eine Öffentlichkeit haben wie Hr. Kachelmann bzw. seine Ex-Freundin, bzw. keine große "Lobby". Und auch nicht zuletzt in Deutschland ja, siehe oben, noch viel eher nach – auch sozialer bzw. teilw. auch ethnischer- „Herkunft“ geurteilt bzw. abgeurteilt wird.
Letztlich wäre natürlich ja auch viel besser und erfolgreicher sich Gedanken über *Lösungen* zu machen, die *für alle Beteiligten* (last, but not least natürlich auch Kinder) – beiden Geschlechts- hilfreich sein können. Die gibt es ja auch meistens, wenn leider aber immer noch viel zu wenig umgesetzt bzw. eingesetzt. Wie z. B. auch zu sehen in "Das Kind kriegst du nicht!" -
Eltern im Scheidungskampf. Einer sehr wichtigen ARD-Dokumentation 2012 (auch kostenlos zu sehen auf http://mediathek.daserste.de/sendungen_a-z/799280_reportage-dokumentation/12123936_-das-kind-kriegst-du-nicht-eltern-im).

Im ARD- Programmtext dazu hieß es unter anderem (Auszug):
„Etwa eine Million Kinder in Deutschland haben keinen Umgang mit ihren Vätern oder Müttern, weil der andere Elternteil dies nicht zulässt.

Der Film erzählt vom Schicksal der Eltern, die nach der Trennung vom Partner die gemeinsamen Kinder gar nicht oder nur sehr selten sehen dürfen. (…). Eine existenzielle Lebenskrise, vor der die Betroffenen fassungslos und ohnmächtig stehen. In neun von zehn Fällen sind es die Mütter, die von den Gerichten – gemäß alter Rollenklischees – das Aufenthaltsbestimmungsrecht zugesprochen bekommen, und damit die Macht haben zu entscheiden. Oft sind es gekränkte Gefühle und Rachegelüste, die - bewusst oder unbewusst – auf dem Rücken der gemeinsamen Kinder ausgetragen werden. Mit oft tragischen Folgen. Wissenschaftliche Studien zeigen: Kinder, die im Machtkampf der Eltern instrumentalisiert werden, erleiden schwere seelische Schäden, die sie häufig bis ins Erwachsenenalter verfolgen". Und, als Fazit: „Damit sich Eltern bei der Trennung nicht im eigenen Gefühlschaos verlieren und das Wohl ihrer Kinder im Auge behalten, plädieren Experten dafür, den Scheidungspaaren professionelle Hilfe anzubieten. Anstatt juristischer Beschlüsse setzen mittlerweile viele Familiengerichte auf Mediation – mit gutem Erfolg, wie der Film zeigt". Mehrere Experten bestätigen in der Dokumentation auch, dass das Vorenthalten des Kindes von einem Elternteil i. d. Regel später auch immense Probleme der Kinder mit dem „vorenthaltenden" Elternteil ergibt! Und div. Experten- weibliche und männl. Psychologen, Pädagogen, Familienrichter usw.- aber auch betroffene Kinder!- appellierten hier auch eindringlich für

1.) Pflicht- Mediation bzw. (Familien-)Therapie, ausreichend, für beide Eltern *mit ganz klar angekündigten und umgesetzten richterl. Konsequenzen,* wenn ein Elternteil hieran nicht teilnimmt (dann auch umgehend Entzug Aufenthaltsbestimmungs- bzw. Sorgerecht).

2.) Auch unterstützt von Anwälten, die auch demnach aufhören sollten „Öl ins Feuer zu gießen" sondern viel mehr 1.) unterstützen

Mehrere Psychologen und Juristen, auch Richter, Frauen und Männer, bestätigen dort, dass fast immer nur (!) das dem Kindeswohl – das sonst i. d. R. furchtbar leidet- helfen kann. Juristen, auch Richter, geben dort auch zu, dass es ihnen oft schwer fiel hier so, weniger „juristisch zu arbeiten" (bzw. arbeiten zu lassen)- auf für sie auch ungewohntem (psycholog./therap.) Terrain. Aber das dies unbedingt nötig sei für das Wohl der Kinder und die *Erfolge dem auch ganz klar Recht geben...* Und dieser Punkt, dieses Thema ist wirklich auch sehr exemplarisch für Vieles, um das es hier geht (und ich kann hier auch nur einige exemplarische Beispiele zeigen, auch wenn es jeweils noch viel mehr gäbe bzw. auch noch mehr dazu zu sagen, was hier aber den Rahmen sprengt). Auch für andere Bereiche, wo (auch) Männer vielleicht nicht ganz so stark Opfer von Gewalt sind. Aber eben auch Probleme haben und – verständlicherweise, wie gleich auch nochmals zu sehen - große Hemmungen, darüber zu reden bzw. sich Hilfe zu suchen- und auch nur so finden, bekommen können (denn wenn sie Hilfe suchen und dann so darauf reagiert wird, selbst in ganz üblen Fällen, wie auch gleich weiter beschrieben, überlegt man sich natürlich, ob man das nochmals, zumal bei „kleineren Problemchen"- oft aber auch schlimm genug- tut). Was ja auch alles andere als ein „Makel", Schwäche ist. Im Gegenteil. Denn, nochmals, in der Tat: *„Nichts vermittelt ein größeres Gefühl von Stärke als ein Hilferuf"* [G. Mac Donald].

Was allerdings oft passiert, wenn Männer heute um Hilfe rufen, teilweise wirklich sogar schreien... Sehen Sie das Folgende dazu [Möglichkeiten, besser Hilfe zu finden, werden hier im Folgenden aber auch noch genannt werden, unter anderem in der Anlage. Denn, aber, nochmals: Ein Buch kann *niemals* eine fachmännische Beratung, Untersuchung und evtl. auch, dann auch im Konkreten, mit auch konkret passenden Hilfen, ggf. Behandlung ersetzen! Das kann nur ein guter Fachmann, Arzt Ihres Vertrauens im persönlichen Gespräch (und Untersuchung) bieten! Zumal es schon unzählige Menschen gab, die Jahre und oft sogar Jahrzehnte lang auch z. B. wegen „ADHS", Unruhe, Aggressivität, Depressivität usw. behandelt wurden, auch psychotherapeutisch... Bevor sie einmal genauer untersucht wurden (ärztlich, organisch). Und dann endlich dabei heraus kam, dass sie z. B. an – meistens recht harmlosen und leicht behandelbaren – Stoffwechselerkrankungen litten. Die auch aggressiv, ängstlich, „depressiv" usw. machen können. Deshalb bitte nicht den Weg zum Arzt scheuen. Oder auch zu mehreren, wenn einer nicht helfen konnte oder Zweifel- auch am Arzt oder Therapeuten, auch „nur" menschlich-

bleiben. Auch wissenschaftl. Studien belegen, dass auch die „Chemie“ zu diesem ganz wichtig ist, stimmen muss (sonst lieber weiter suchen). Man kann sich, wenn man noch keinen guten kennt, heute ja z. B. im Internet auch über diese etwas informieren, auch Bewertungen anschauen. Oder auch sogar bei Bedarf Spezialisten für „Angstpatienten“ suchen- auch Therapeuten, Ärzte, Zahnärzte [in akuten Notfällen, welcher Art auch immer, übrigens bitte nicht lange überlegen – sondern in ganz Deutschland die "110" oder „112“, den Notruf wählen!]

II.

Leiden von Männern werden oft kaum ernst genommen (oder „sind Männer fast immer Täter, Frauen Opfer“?)

„Würde ich für Tiere Spenden sammeln – kein Problem. Aber für Männer? `Warum das denn`werde ich da fast immer gefragt, völlig verständnislos angeschaut…“. Das sagte sinngemäß einmal ein Initiator des (wohl ersten) „Männerhaus“- Projektes in Deutschland. Eine Erfahrung, die ich inzwischen teilen kann. „Ja, natürlich möchte ich auch, dass es auch für Frauen noch mehr, bessere Unterstützungen gibt“ stelle ich inzwischen schon voran, wenn ich über das Thema etwas sage. Obwohl man, wenn man sich z. B. für Frauen, Kinder, Tiere (-Hilfen) einsetzt kaum einmal umgekehrt gefragt wird, sich rechtfertigen muss „ja, aber was ist denn mit den Männern?“.

Es gibt aber ja auch viele weibliche Vergewaltig*er*, Stalk*er* usw. – bzw. viele männliche Opfer davon…

Und etwa 400 Frauenhäusern in Deutschland stehen bisher nur 2- allerdings auch nicht geförderte- „Männerhäuser“ entgegen. Obwohl Männer auch z. B. nach dem Gender Datenreport des

Bundesfamilienministeriums von körperlicher Gewalt in heterosexuellen Paarbeziehungen wohl quantitativ in annähernd gleichem Ausmaß wie Frauen betroffen sind (und zudem ja auch noch anderer Gewalt, Missbrauch usw.). Dem will auch eine deshalb von mir gestartete Initiative mit einem nach und nach wachsendem Netzwerk für mehr Männer- bzw. Familienhäusern begegnen, das auch diese Problematik mehr der Öffentlichkeit bekannt machen kann. Bzw. diese - und auch Männerhäuser bzw. Bemühungen dafür bzw. gegen diesbezügliche Gewalt- überhaupt. Denn:

Auch nach Berichten vieler anderer Berater, Therapeuten und Betroffenen (- Verbänden) sowie Untersuchungen ist der große Bedarf an "Männerhäusern" oder ähnlichen Einrichtungen offensichtlich. Studien belegen, dass Männer, männl. Jugendliche und Kinder etwa genauso oft Opfer häuslicher Gewalt sind wie Frauen. Zusätzlich noch oft außerfamiliärer physischer, psych., seelischer Gewalt, Folgen auch von Trennungen - auch für Kinder- usw. (und Männer- auch z. B. als Soldaten- sind insgesamt ja am Häufigsten Gewalt-*Opfer* auf der Welt, nicht nur Täter). Es fehlt aber an, analog zu Frauenhäusern, entsprechenden `niederschwelligen` Anlaufstellen, Zufluchtorten. Und überhaupt an mehr Verständnis für dieses Thema, Gewalt gegen Männer- bzw. deren Leid. Für diese auch als Leid*tragende* bzw. auch als Opfer, auch von Gewalt. Was an diesem Beispiel eben besonders, exemplarisch, offensichtlich wird. Und auch zeigt, warum es Männern auch grundsätzlich, verständlicherweise schwer fällt über ihr Leid, Probleme zu reden (wenn schon extreme Gewalt gegen sie oft nicht ernst genommen bzw. bagatellisiert wird- welcher Mann traut sich dann noch über kleinere Probleme zu reden- die aber auch schon sehr bedeutend sind bzw. ohne Hilfe werden können?). Und deshalb auch Hilfe dabei brauchen. Individuell aber auch mit Öffentlichkeitsarbeit, auch z. B. durch Bücher wie (hoffentlich) auch dieses- damit auch mehr öffentliches Bewusstsein, Verständnis geschaffen wird, auch bei Frauen und Fachleuten- damit Männer sich überhaupt mehr trauen können sich Hilfe zu suchen ohne sich dabei – *zu Unrecht*- als völliger Außenseiter, „Sonderling“, Schwächling oder dergleichen zu fühlen. Denn wenn ich der einzige Mann in Deutschland wäre, der Probleme hat bzw. Opfer von Gewalt wird fühle ich mich natürlich anders, sehe das Problem auch eher „in mir“, als wenn bekannt ist, dass das Hunderttausende, Millionen Männer betrifft. Alleine schon nach bekannten „Fällen“. Und dann aber wohl sicher noch viel mehr „Dunkelziffern“.

Zumal gerade auch bei Männern kaum darüber geredet wird- vor allem nicht gegenüber Frauen, die aber oft Beratungen für Gewaltopfer leiten. Beim Berliner "Opferhilfe e. V" melden sich z. B. nur 5-10 männl. Opfer häuslicher Gewalt pro Jahr. Zahlen der Kriminalstatistik entsprechend müssten es aber etwa 1750 sein. Das bestätigte in Interviews (z. B. mit der Süddeutschen Zeitung vom 5.9. 2012) auch der Berliner Polizeisprecher Tönnjes, der dort ergänzte "Männer werden als Opfer nicht ernst genommen. Ein Mann, der sich meldet, weil er grün und blau geschlagen wurde, dem glaubt man nicht. Die Gesellschaft kann es sich nicht vorstellen, also gibt es das auch nicht".

Solche Aussagen klingen natürlich erschreckend. Sind es auch. Aber das ist nun einmal die Realität, die auch so benannt werden muss (gerade auch von offizieller und auch medialer Seite wie dort). Damit sich-nur dann- ja auch etwas ändern kann. Alleine so ein Statement kann ja schon sehr viel helfen, auch Betroffenen. Denn auch viele Polizisten haben wohl männl. Gewalt-Opfer schon eher belächelt, wenn die in ihrer Not sich dorthin wandten. Nach viel zu viel Unverständnis, zu wenig Hilfe- nicht einmal von der Polizei- kann so etwas ja aber fatale Folgen haben, bis hin zum Suizid oder sonstigen extremen Folgen. Nun kann man ja aber immerhin- auch bei anderen Stellen- auf den Berliner Polizeisprecher verweisen, dessen Aussage. Auch an anderen Orten, Stellen, bei anderen Menschen, falls nötig.

Wie zudem auch z. B. die Kriminalstatistik 2011 belegte geht immer mehr häusl. Gewalt von Frauen aus, Tendenz steigend. Fast jeder 4. Tatverdächtige war weiblich. Auch nach einer Studie der Bundesregierung, des BMFSFJ ("Gewalt gegen Männer") erfuhren bereits 23 % der dort untersuchten Männer körperl. Auseinandersetzungen oder sexualisierte Gewalt in Partnerschaften;

9% schon 4x oder öfters. Und hört sich „4 %“ bzw. 9% vielleicht noch relativ gering an so ist das in absoluten Zahlen ja schon etwas anders, bei über 40 Millionen Männern in Deutschland betrifft das demnach über 1,6 Millionen (!) bzw. 3,6 Millionen Männer. Mindestens. Also etwa die Einwohnerzahl z. B. ganz Berlins... Wie auch dort zu lesen sind aber "Dunkelziffern“ wahrscheinlich viel höher. Das betrifft natürlich auch nicht „Weicheier" - als solche fühlen sich Betroffene leider auch oft, reden deshalb nicht darüber- zumal es leider auch negative „Frauenpower“ gibt. Männer werden auch kaum seltener oder weniger schwer verletzt von ihren Partnerinnen (wie z. B. schon in einem Gutachten des Bundestags-Rechtsausschuss von Universitäts-Professor Bock bereits vor vielen Jahren zu lesen). Wie gegenwärtig auch (aber nicht nur) z. B. in Berlin oft berichtet bedarf es bis 4 austrainierte männl. Polizisten auch für eine sehr aggressive Frau, z. B. unter Alkoholeinfluss. Und auch im häusl. Alltag werden ja auch, auch körperlich, starke Männer verprügelt, mit z. B. Pfannen oder Messern beworfen, geschlagen, auf div. Arten psychisch gequält bzw. misshandelt (wie z. B. auch in der "Zeit" vom 8.3. 2009 mit Beispielen und wissenschaftl. Untersuchungen belegt. Mit Fazit "Männer sind Täter, Frauen Opfer. Dieses Klischee stimmt nicht mehr. Auch Frauen üben Gewalt aus. Die Bereitschaft, darüber zu reden, ist allerdings immer noch gering")! Männer selbst reden auch selten darüber, wehren sich kaum- da „man Frauen nicht schlägt". Ja. Aber natürlich muss auch allen Betroffenen, Männern und Frauen, geholfen werden damit richtig umzugehen, Auswege zu finden – oft auch aus eskalierender, gegenseitiger Gewalt, Konflikten, hochgekochten Emotionen- auch solchen, die Männer (mit) gestartet haben (mit oft Selbstvorwürfen dafür, was reden darüber noch weiter erschwert). Denn sonst schluckt man Konflikte, Aggressionen in sich hinein und irgendwann sucht sich das ein Ventil, entweder in Aggressionen gegen sich selbst, selbstzerstörerischem Verhalten, psychosomatischen Beschwerden, Sucht usw. oder eben auch Gewalt-Ausbrüchen. Dazu bedarf es vieler u.a. therapeutischer Angebote- aber eben auch Frauen-und Männerhäusern, da andere Angebote zunächst kaum aufgesucht werden können. Zumal immer mehr Menschen auch alleine wohnen und nicht einmal zuhause

Ansprechpartner haben, auch über „nur" Alltags- oder auch noch größere Probleme, keinen der sich dort um sie kümmert bzw. man sich dort austauschen kann – Deutschland ist inzwischen weltweit nach Schweden das Land mit den wohl meisten Ein-Personen- Haushalten…

Nach Peter Thiel, Initiator des Berliner Männerhauses, in einem Interview mit der SH.Z im Oktober 2012, liegt alleine dort der Bedarf bei "rund 1000 Fällen im Jahr, in denen Situationen derart eskalieren, dass es für die Männer richtig gefährlich wird". Das Männerhaus dort ist, ähnlich wie das andere in Oldenburg, völlig überlaufen und zeigt so auch in der Praxis enormen Bedarf. Der ja auch erst richtig offensichtlich werden kann, wenn es solche Anlaufstellen gibt, Männer sich dorthin wenden bzw. auch (anonym) "outen" können. Die Scham sich an andere Stellen, auch Polizei, zu wenden ist sonst fast immer zu groß, zu große Schwelle. Auch für Opfer anderer, auch außerhäusl. Gewalt. Lapidare Auskünfte einiger auf Landes- bzw. kommunaler Ebene Verantwortlichen, dass kein Bedarf wäre bzw. genügend andere Möglichkeiten zur Hilfe gehen leider an dieser Realität vorbei, zumal diese anderen Möglichkeiten auch nicht benannt werden können. Ebenso wird von diesen oft darauf hingewiesen, dass "Fachleute keinen Bedarf sehen". Ohne diese Fachleute (?) zu benennen ... Deren Ansicht auch o. g. Realitäten, Erfahrungen von Betroffenen und Studien, Gutachten ja sogar von bzw. im Auftrag der Bundesregierung bzw. des Bundestages widersprechen würden, auch Studien über die Situation in ganz Deutschland (fühlen sich zumindest 14 Bundesländer -ohne Männerhäuser- nicht dazu gehörig, in Gewalt-freien Zonen? Wird dort auch immer noch behauptet, dass die Erde eine Scheibe ist? Wenn es, für Betroffene, nicht so ernst wäre ist das ja fast zum Lachen). Der Bund verweist aber oft auch auf Zuständigkeit der Länder und Kommunen hierfür ... Und umgekehrt. Oder überall zu wenig Geld… All das erinnert an Diskussionen und Verantwortlichkeiten hin und her schieben wie vor (endlich damals) Entstehen von Frauenhäusern, deren Notwendigkeit zuvor oft auch mit solchen "Argumenten" (?) generell bestritten wurde, der offensichtlichen Realität widersprechend. Selbst die über 400 Frauenhäuser heute sind noch meistens überlaufen, kaum ausreichend ... Aber erst seitdem es diese gibt konnte der Bedarf –

zuvor auch unzählige Male bestritten - ja auch ganz offensichtlich werden, erst dann hatten auch Betroffene erst die Gelegenheit sich dorthin zu wenden, konnten auch den Mut dazu haben ... Und landeten so auch nicht in viel teureren, bis hin zu psychiatrischen, Einrichtungen. Und selbst wenn der Bedarf für Männer nicht ganz so groß wäre - 2, zumal nicht geförderte, Männerhäuser für ganz Deutschland sind sicher nicht genug! Wenn für Frauen nicht einmal über 400 reichen und Männer sicher zumindest ja nicht 200x weniger betroffen sind!

Und dass Männer sich kaum melden bei Beratungsstellen selbst für männl. Gewaltopfer - es also "anscheinend kaum Bedarf gibt" ist natürlich auch eine schlaue (?) Behauptung einiger Verantwortlicher... Wenn diese Beratung meistens von Frauen angeboten wird. An die sich betroffene Männer ähnlich oft wenden werden wie z. B. eine gerade vergewaltigte Frau an einen männlichen Berater.. (auch das eine Parallele zu früher, wo es angeblich auch keinen Bedarf für Frauenhäuser gab. Weil sich betroffene Frauen zuvor auch kaum an - damals meistens männliche - Berater gewandt haben ... So eine "Argumentation" ist doch nur noch Hohn und Spott für die Opfer!).

Einige Betroffene und wir, Fachkräfte mit, auch leitender, Erfahrung in Einrichtungen und (auch als gemeinnützig anerkannten und von div. Ministerien empfohlenen) Projekten für Opfer von Gewalt, selbstverständlich auch gegen Frauen- starten nun deshalb wieder an mehreren Orten ehrenamtl. Initiativen für Männerhäuser, die – wie in Berlin und Oldenburg – auch in Wohnungen untergebracht werden könnten, von Ehrenamtlichen (auch Fachkräften) betreut, durch Spenden finanziert. Bei länger dort verbleibenden Männern, Jugendlichen und ggf. deren Kindern durch Mietbeteiligungen, ggf. auch über Ämter finanziert. Wenn sich in der Praxis großer Bedarf zeigt sollen -nötigerweise- Stadt und Land als weitere Unterstützer gewonnen werden - wie auch in Berlin und Oldenburg angestrebt. Dafür werben wir dort, in Medien usw. und helfen soweit uns möglich auch vor Ort beim Aufbau von weiteren "Männerhäusern" oder ähnlichen Einrichtungen mit.

Es werden hier frühere diesbezügl. Initiativen aufgegriffen, mit denen wir auch in Kontakt stehen. Ebenso wie mit dem einzigen Männerhaus der Schweiz (das dort auch nun öffentl. bzw. kirchl. Förderung bekommt - das sollte in Deutschland also auch möglich sein, wie ja auch für die meisten Frauenhäuser), das die Initiative – ebenso wie div. Organisationen, auch für Väter, und Parteien- begrüßt. Unsere Initiative ermöglicht künftig auch diesen und ähnlichen Initiativen im deutschsprachigen Raum sich kostenlos hier noch besser vorstellen, vernetzen zu können, durch damit auch mehr möglicher Zusammen- und Öffentlichkeitsarbeit (ggf. auch für polit. Forderungen, wie etwa mit meiner öffentl. Petition an den Deutschen Bundestag bzw. in ähnlicher Form an alle Landtage mit o. g. Zielen 2012/ für die „Gewalt gegen Männer -Problematik") - leisten zu können (deren Notwendigkeit wird auch schon in o.g. Studie der Bundesregierung bestätigt). Zudem sollen dort auch Infos, Tipps weiter gegeben werden können zur Initiierung weiterer Einrichtungen bzw. mehr Erfahrungsaustausch ermöglicht. Und last not least sollen durch diese Seiten („Maennerhaeuser.de„) auch Betroffene besser Männerhäuser und ähnliche Einrichtungen bzw. Anlaufstellen,Tipps finden können.

Unsere Initiative setzt sich, für uns selbstverständlich, auch dafür ein, dass es für betroffene Frauen, Mädchen noch mehr Angebote gibt, die unterstützt werden. Nur wird aus o. g. Gründen zunächst auf männl. Opfer der Schwerpunkt gelegt. Im Gegensatz zu Hunderten Frauenhäusern dort gibt es Männerhäuser in 14 (!) Bundesländern bisher überhaupt nicht. Trotz Jahre langer Forderungen div. Organisationen dafür, die seit vielen Jahre unzählige jüngere und ältere Männer bzw. männl. Jugendliche in Notsituationen ehrenamtlich, in privaten Wohnungen unterstützen bzw. schützen. Was aber natürlich auf Dauer nicht ausreicht und Ehrenamtliche auch überfordert.

Für die weitere Entwicklung finde ich zudem die Anregung des Soziologen Gerhard Amendt sehr Diskussionswert, der statt nur Frauenhäusern (und Männerhäusern) „Familienhäuser" vorschlägt- in denen auch nicht nur von häuslicher Gewalt Betroffene jeden Geschlechts Zuflucht finden, sondern die auch eine profess.

familienorientierte Aufarbeitung der Geschehnisse und ihrer Hintergründe durch alle Beteiligten ermöglichen. Für Diskussionen darüber und Weiteres sind wir offen, ebenso natürlich für Unterstützung jeglicher Art. Zumal wir immer wieder auf männliche Gewalt-Opfer treffen, die sagen, dass sie nie wirkliche Hilfe bekamen… und sich manchmal gewünscht hätten ein (z. B.) geprügelter Hund zu sein… Um den hätten sich sicher viele gekümmert… Aber um einen (nur?) geprügelten, gequälten Mann… Das sagt ja doch auch, sehr, viel aus… (bei weiterem Interesse zu dieser und zur „Väter-Problematik“ ist auch hierzu der Artikel im „Spiegel“ sehr lesenswert, der auch o.g. Ungleichgewicht in Deutschland bestätigt- zu finden auch im Internet unter http://www.spiegel.de/panorama/justiz/kindeswohl-und-vaterleid-die-macht-der-muetter-a-469659.html) .

Ebenso wie, dass Männer ja nach wie vor in den meisten Ländern deutlich früher als Frauen sterben. Der Preis dafür heute vermeintlich ständig „stark“, „funktionierend“ sein zu müssen ist für viele Frauen aber gerade auch die meisten Männer hoch- mit zuvor ja oft auch schon großen gesundheitlichen Beschwerden, Herzinfarkt, Schlaganfall usw. und z. B. auch Drogen-Problematik als Folgen von zu viel Druck (auch für die Männer, die scheinbar „problemlos“ bzw. „modern“ mit ihrem „Männerbild“ umgehen). Dieser Druck wird heute auch als ein (psychologischer) Hauptgrund für das frühere Sterben gesehen (wie z. B. bei einer Vorlesung „Entwicklungspsychologie/Alter“ mit diesbezüglichen Untersuchungsergebnissen an der Freien Universität Berlin schon im Januar 2001 zu hören – mit eher steigender Tendenz zu Zeiten unserer in den letzten Jahren noch zunehmenden „Generation Burn-out“, mit immer mehr Betroffenen, nun auch schon unter Nicht-Berufstätigen).

Und die Geschichten, individuellen Schicksale, persönliche Leiden hinter den nackten Zahlen sind natürlich noch brutaler. Alleine schon diese sind aber schon brutal, erschreckend bzw. widerlich genug. Z. B. auch zu „Missbrauch“- unter anderem auch, dass dieser meistens in schon sehr jungen Jahren beginnt (auch schon im *Säuglingsalter*!). Fast alle Täter sind auch Wiederholungstäter , missbrauchen oft mehrere (manche - z. B. auch als Kinderarzt/ Therapeut (!) - *Hunderte* (!) Opfer. Sie planen die Taten und ihr „sauberes Image“ oft jahrelang). Viele tauschen hierfür, sogar auch international (!), Tipps aus. Das zeigt also auch wie raffiniert, brutal die Methoden und auch Tarnungen der Täter sind- also alles andere als leicht zu erkennen, für Opfer und oft auch Fachleute nicht, die auch besser hierfür geschult werden müssen.

Sehr wichtig für Opfer, dass ihnen geholfen wird ist- das und anderes trifft sicher auch auf andere Gewalt-Opfer zu- behutsam darüber reden zu können, dass auch geglaubt wird,... Stabiles soziales Umfeld, unterstützende Bezugspersonen und Beratung/Therapie, die selbst bei sehr üblem Missbrauch helfen kann. Das und Weiteres dazu ist z. B. belegt bei Ursulas Enders „Handbuch gegen sexuellen Missbrauch - zart war ich bitter wars“ – auch sonst sehr interessant und mit vielen Tipps und auch Mut machendem-wie auf S. 170ff. dort: „Viele betroffene Mädchen und Jungen, denen geglaubt wird und die Hilfe bei der (therapeutischen) Aufarbeitung ihrer Erfahrungen erhalten, entwickeln sich zu sehr selbstbewussten Kindern und Jugendlichen“ . Aber eben auch nur *wenn* denen (möglichst!) früher oder später geglaubt wird... *Mit* Hilfe! Allen der sehr, sehr vielen Opfer.

Genaue Zahlen dazu sind auch sehr unklar. Mit auch heute noch sehr hohen Dunkelziffern (bis zur Renaissance galt Sexualität mit Minderjährigen auch sogar noch als normal, erste Missbrauchs-Statistiken gab es erst ca. 1980! Und auch heute gibt es diesbezügl. noch viele „Tabus“ und relativ geringe Anzeigebereitschaft, u. a. aus großer Scham des Opfers bzw. auch viele „Vertuschungen“– also große „Dunkelziffern“, auch sicher sehr viel mehr Opfer als bekannt sind).

Die zuvor - da alleine- meist erfolglose Gegenwehr wird vom Opfer oft verdrängt/vergessen, auch wegen Ohnmachtsgefühlsschmerz oft sogar versucht Verständnis für den Täter aufzubringen. Oder sich „ich wollte es ja auch“ auch eingeredet um die Schwere der Tat und damit der Ohnmacht so zu „lindern“. Wird der Täter so „entlastet“ gibt sich dann das Opfer aber oft zwangsläufig selbst wieder (Mit-)Schuld an der Tat und hat so noch mehr Angst und Scham vor dem über die Tat reden/anzuzeigen (bzw. wird auch vom Täter oft erpresst, bedroht z. B. mit „dann bringe ich dich um“- oder Mama, Papa, Geschwister, Kinder

oder mit sonstigen, ggf. auch beruflichen Konsequenzen usw.). Bzw. fühlt sich gar nicht wirklich „im Recht“ dazu.
Nach Schätzungen in den USA (Zahlen in Europa sind wohl vergleichbar) haben bis 1/3 (!) aller Kinder/Jugendlichen sex. Erfahrung mit Erwachsenen. In Deutschland: Angezeigt nach §176 StGB /Sex. Missbrauch gegen Kinder ca.12-15000 jährl. Fälle in den 1990 er Jahren, geschätzt werden ca. 300 000 (z. B. nach Untersuchungen des kriminolog. Forschungsinstitutes Niedersachsen im Auftrag der Bundesregierung 1992). Dabei ca. jedes 4. Mädchen (!) / jeder 12. Junge(!) sexuell missbraucht. Mindestens ... Was bei über 40 Millionen Männern in Deutschland ja auch wieder –mindestens- über 3 Millionen (!) auch männliche Opfer zusätzlich, hiervon, bedeutet... Bei einigen Personengruppen sogar deutlich mehr, z. B. bei „Behinderten“(!) wahrscheinlich jede/r 2. ! Das belegt alleine ja auch schon die enorme Wichtigkeit, Dimension – und Grausamkeit für Betroffene und denen Nahestehende – dieses Themas.
Zumal oft auch noch Taten miteinander verknüpft werden (z. B. zu sex. Missbrauch genötigt wird mit der Erpressung ansonsten (weiter) Mobbing-Opfer zu werden. Oder eben auch Mobbing betrieben wird mit tatsächlicher oder vermeintlichen sex. Veranlagungen, z. B. auch homosexuellen oder mit was auch immer an vermeintlichem „Makel“- den man ja auch bei *jedem* Menschen finden kann, *nobody* is perfect, *kein-* ja auch „Mängelwesen“- Mensch!).
Und dass jetzt ja erst enorm viele Missbrauchs-Fälle gerade auch gegenüber Jungen erst nach Jahrzehnten publik werden, denen man früher zumindest teilweise nicht glaubte (auch „da es so was ja nicht gibt“- doch, doch, doch, leider...) , spricht ja auch Bände. Wir stehen da wohl erst am Anfang, da wird wohl noch viel nach und nach an die Oberfläche kommen ... Auch (erst) je mehr Anlaufstellen (s. oben) bzw. Unterstützung, Öffentlichkeitsarbeit es für diese Opfer gibt!
Zumal ja auch die Frage ist, inwieweit das wirklich allseitig gewollt ist. So hielt z. B. im Berliner „Tagesspiegel“ vom 10. 1. 2013 der Direktor des Kriminologischen Forschungsinstitutes Niedersachsen, Christian Pfeiffer, an seinem Vorwurf fest, die katholischen Kirche habe die Arbeit seines Instituts zensieren wollen. „Die katholische Kirche wollte

offenbar ein Gutachten ganz nach ihrem Geschmack", sagte Pfeiffer demnach der „Passauer Neuen Presse". „Es hat den Versuch der Zensur unserer Arbeit gegeben"... Die Deutsche Bischofskonferenz hatte einen Vertrag mit dem Kriminologischen Forschungsinstitut gekündigt, das die Missbrauchsfälle in der katholischen Kirche umfassend wissenschaftlich untersuchen sollte. Die Bischofskonferenz bestritt dies. Es folgen Kritiken an Pfeiffer ... Auch wenn beides vielleicht teilweise nachvollziehbar ist: Hier muss, kann sich wohl jeder selbst sein Urteil bilden. Dass aber in der Vergangenheit oft Vieles von vielen Verantwortlichen vertuscht wurde ist wohl unbestritten...
Immerhin waren ja, auch in o. g. Artikel zu lesen, seit Ende 2009 alleine schon innerhalb weniger Monate Tausende Fälle (!) sexueller Gewalt vor allem an Kindern und Jugendlichen (!) in mindestens 20 von 27 Bistümern (!) Deutschlands bekannt geworden. Die Kirche hatte demnach zunächst über eineinhalb Jahre versucht, diesen Skandal zumindest zu verharmlosen (daraufhin traten allein 2010 über 188.000 Katholiken aus der Kirche aus und ihre Glaubwürdigkeit geriet in eine tiefe Krise ... Das zeigt aber auch, dass mit genug Protest auch viel erreicht werden kann, bzw. auch mit Solidarisierung mit Opfern).

Mit für Betroffene oft fatalen Folgen. Das nicht über Probleme, Leid, Gewalt reden können bzw. dürfen ist dabei nicht selten sogar noch mit das Schlimmste. Bzw. hat auch alleine schon verheerende Folgen für die Betroffenen, die meistens ja doch auch profess. Hilfe bedürfen. Das zeigte z. B. ein Bericht eines Mannes 2012 auf ZDF „Neo". Der Jahre lang in einem Kinderheim missbraucht wurde, völlig schändlich und abscheulich, grausam- auch von angeblich (nach Außen hin) „Ehren werten" Menschen. Ein Wunder, dass er das überlebte, eine Riesen-Leistung. Allerdings auch nur dadurch, dass er – bzw. sein Gehirn - das alles erst einmal verdrängte. Eine Zeit lang überlebens-notwendig, sonst hätte ihn dieses Schreckliche überflutet, wäre er wirklich „verrückt geworden", weil mit ihm ja auch Verrücktes, Perverses gemacht wurde. Hier wäre aber doch einmal eine Therapie nötig gewesen, wo der auf das Geschehene „draufgemachte Deckel" nur ganz sacht etwas aufgemacht worden wäre, ganz behutsam

– und so nicht überwältigend, überflutet – das nach und nach hätte etwas unterstützt verarbeitet werden können. Oft ist das doch nötig (natürlich bei schweren Taten- aber auch „leichte" sind ja mehr als schlimm genug, zumal wenn es dafür von alleine oft noch weniger Hilfe, Unterstützung, Verständnis gibt- was es letztlich noch brutaler machen kann...). Sonst kocht das doch an irgendeiner anderen Stelle wieder hoch, bekommt man irgendwo – z. B. auch in der Beziehung, Arbeit usw. – Probleme oder psychosomatische Erkrankungen, psychische oder andere Probleme. Auch noch lange Zeit danach...
Dieser Mann bekam z. B. (erst) im Alter von über 60 Jahren eine komplette Amnesie – die ganzen schrecklichen, Jahrzehnte lang aufgestauten Gedanken ließen sich einfach nicht mehr verdrängen, so dass dem Gehirn nur noch eine „komplette Löschung" zum Selbstschutz möglich war! Das wurde in einer anschl. Therapie und ärztlichen, auch neurologischen Behandlung, herausgefunden und auch teilweise behoben. Ganz war aber nicht mehr möglich. Es empfiehlt sich also doch, wie gesagt, immer schnellstmöglich einen Fachmann aufzusuchen um mit dem Beschwerden bzw. Probleme zu besprechen. Dann kann auch gemeinsam überlegt werden, inwieweit man etwas erst einmal etwas „ruhen" lassen kann oder doch auch behutsam aufarbeiten bzw. behandeln sollte. Und das auch- i. d. R. auch therapeutisch sehr wichtig- anzeigen. Unbedingt wichtig ist aber wirklich sich klar zu sein wie schwer man es hatte bzw. hat, auch aus o. g. Gründen (auch der Erkenntnis, dass man nicht „allmächtig ist", auch Sachen „alleine hinzukriegen" – um nicht überhöhte, unmenschliche und überfordernde Erwartungen zu haben an sich oder andere Menschen – was man fast immer hat!). Man darf nicht vergessen, was man da als „Gepäck", „Rucksack" mit sich herumschleppt.

Etwas auch jeder von uns, auch „nur" durch den Alltag, immensen Stress da. Auch „nur" – bzw. auch noch zusätzlich zu Sonstigem- durch ständige, alltägliche Belastungen heute für fast alle Menschen! Die auch wirklich, auch stärkste Menschen, schwach, k. o., depressiv, aggressiv machen können! Laut einer Untersuchung der TK und dem F.A.Z.-Institut (zitiert z. B. in der „TK aktuell" 3/2012), empfinden heute bereits „Acht von zehn Personen ihr Leben als stressig. Jeder

dritte Befragte steht unter Dauerdruck und jeder Fünfte leidet bereits unter gesundheitlichen Stressfolgen wie Schlafstörungen“ (auch alleine Schlafentzug kann ja aber schon sehr aggressiv bzw. depressiv machen!). In unserer eben „Generation Burn-out“-wo Themen wie Burn-out oder dergleichen, auch „nur“ Erschöpfungszuständen, eben wahrlich nicht nur „Außenseiter“, „Schwächlinge“ betreffen sondern eine ganze Generation, nahezu alle Menschen! Nicht zuletzt eben auch Männer, die meistens besonders stark sein sollen, also noch höheren (Erwartungs-) Druck haben.
Wie auch andere große, sehr leidvolle Themen bzw. Probleme, Leiden. Laut einer aktuellen Forsa- Umfrage wird so heute z. B. auch bereits jedes 8. (!) Kind in Deutschland gemobbt, auch mittels des Internets (das wären bei über 80 Millionen Deutschen auf Dauer ja also auch über 10 Millionen (!) Menschen, mehr als Einwohnerzahlen ganzer Bundesländer!). Mit oft gravierenden Folgen. In der Hamburger Morgenpost“ vom 1. 9. 2012 erklärte so z. B. eine Betroffene: „Kein Mobbing-Opfer wird je vergessen, was ihm angetan wurde“- sagte sie dann, 40 Jahre (!) nach den Taten. Denn ja, in der Tat: Die Zeit ist eine mächtige Meisterin, heilt einige Wunden – aber meistens ja doch auch nur, wenn sie auch zumindest etwas versorgt wurden! Das gilt natürlich gerade auch für seelischen – aber auch noch psychosomatischen, körperlichen – Schmerz, auch durch z. B. Mobbing- auch in Form von Verunglimpfungen bzw. Stigmatisierungen von Menschen (auch z. B. mit Burn-out oder was auch immer – aber auch z. B. von „Ausländern“, „Behinderten“, „Ossis“ oder teilweise, siehe oben, eben auch „Männer“ allgemein). Und gerade auch in Deutschland verbreiteter Unfug wie „Was uns nicht umbringt ... „ oder „Indianer kennen keinen Schmerz“ (was natürlich völliger Unsinn ist) verhindern eben oft, dass sich sogar schwer Leidende Hilfe suchen, z. B. eines Arztes oder Psychotherapeuten. Wie sehr nötig- bzw. hilfreich, Lebens rettend- das sein kann beschreibt aber ein anderes der o. g. Mobbing-Opfer: „Ich habe drei Selbstmordversuche hinter mir, bin seit einem Jahr in Therapie“. Und das beschreiben ähnlich auch viele Menschen, gerade auch Männer, die mehr oder weniger deutlich immer wieder darauf hingewiesen haben, dass sie –warum auch immer- überfordert sind mit

Ansprüchen, Anforderungen an sie, privat oder beruflich, bzw. Gewalt-Opfer - aber nie richtige Hilfe bekamen bzw. sich diese (fachmännisch) suchten aus o. g. Gründen.
Richtige Hilfe empfand von o. g. Mobbing-Betroffenen auch kaum jemand (zumindest nicht von außerhalb der Familie). Wie etwa eine Mutter bezüglich der Peinigerin (ja, es gibt natürlich bei fast jedem Thema auch weibliche „Täter" bzw. weibliche Formen auch für nicht so schöne Worte bzw. Begriffe) ihres Kindes, die im wahrsten Sinne der „das Leben zur Hölle machte" berichtet: „Von der Schulleitung bekam das Mädchen ein „Du, du, du- das darfst du nicht" zu hören. Das war s. Meine elfjährige Tochter weiß jetzt ganz genau, was eine `Nutte` und `fette Prostituierte` ist. Sie denkt sie wäre hässlich, dumm und fett". Selbstzweifel, die ohne Hilfe nicht selten viele Jahrzehnte anhalten, auch Leben lang! Und viele solcher Kinder, Jugendlichen, Menschen bekommen dann nur lange Medikamente wegen ihrer Unruhe, Konzentrationsstörungen, Auffälligkeiten (natürlich macht so etwas aber ja auch unruhig, unkonzentriert, traurig, wütend usw.). Statt auch gegen eigentliche Ursachen bzw. die – männl. oder weibl.- Täter etwas zu tun! Die ja dann auch weiterwirken können, was viele – männl. oder weibl.- Opfer dann bis hin in den Suizid trieb oder auch „nur" in immer stärkere Medikamente, Drogen usw.- mit natürlich auch verheerenden Folgen. Oder auch „nur" Medikamenten wegen A(D)HS, oft Jahre lang, dann auch noch gegen Nebenwirkungen davon… Alles völlig am eigentlichen Problem vorbei. Und das ist wahrlich auch überhaupt kein seltener Fall, leider…
Und dass z. B. aggressives, „störendes", unruhiges usw., vermeintliches „A(D)HS"- Verhalten von Jungs in Kita und Schule wohl nahezu immer viel eher darauf zurückzuführen ist, dass es noch viel zu wenig an „geschlechtsspezifischer", gerade auch männlich-spezifischer, Pädagogik gibt in der Praxis kann man leicht erkennen wenn man- vgl. bei Interesse Weiteres dazu dort- z. B. Astrid Kaiser dazu liest (vgl. auch die Kapitel hierzu). Das ist nämlich wohl fast immer *nicht* Folge von „A(D)HS" – sondern unter anderem Folge von zumindest teilweise oder völlig falschem Umgang mit „jungenspezifischem" bzw. „männlichem" Verhalten bzw. Verkennung,

was das wirklich ausdrückt – z. B. Unsicherheiten, Ängste, Überforderungen usw. Alleine bei Kaiser sind hier aber auch unzählige Beispiele, Hinweise zu finden, wie man dem methodisch gut begegnen kann. Auch ohne großen- bzw. gar keinen – Aufwand, teilw. auch „nur" durch besseres Verständnis. Diesbezügliche Fortbildungen für Pädagogen würden aber weitaus weniger kosten als sonstige „Maßnahmen" bzw. Medikamente usw. für die Kids - und wären viel, viel, viel wirksamer, auch an eigentlichen Ursachen ansetzend, die eben nahezu nie „in" den Betroffenen liegen! (Weiteres dazu hier auch später).

Ein heute 31 jähriger berichtet in o. g. Artikel zudem z. B. auch von brutalem Mobbing inkl. Hänseleien, Körperverletzungen usw. vor ca. 20 Jahren: „Die Täter agieren nicht alleine und decken sich gegenseitig. Die Lehrer haben dann immer den anderen geglaubt und dachten ich spinne und alles sei nur ausgedacht (...). Obwohl ich das Opfer war, wurde ich zum Schuldigen erklärt" (und wurde dann natürlich auch unruhig, unkonzentrierter, „depressiv", ggf. aggressiv... Aber warum?). Gerade das, diese Verdrehung – aber auch andere beschriebene Abläufe – hat sich bis heute, wie auch viele andere unzählige Beispiele nicht nur dort zeigen, kaum geändert! Brecht könnte wirklich heute geschrieben haben „Der reißende Strom wird gewalttätig genannt. Aber das Flussbett, das ihn einengt, nennt keiner gewalttätig". Und auch generell kann ja Vieles im „Main-Stream", -Strom, Status quo einer Gesellschaft, Umgebung, Umwelt ja auch sehr einengen, beschränken, teuflisch sein- gerade auch für eigentlich besonders gute, auch tolle, interessante Menschen, auch (positiv gemeint) vielleicht „*Paradies* (!)-Vögel"… Vielleicht ja wirklich auch Vorboten besserer, spannender Zeiten bzw. Welt(en)… Denen nur andere die „Hölle heiß machen". Einfach so, aus Spaß an der „Freude"… oder auch nur Neid, Missgunst. Weil die vielleicht auch etwas „aus der Rolle fallen". Ja aber auch außergewöhnlich *gut*… Dann aber auch noch mit immer noch mehr Verdrehen der Rollen bzw. Tatsachen, der Opfer und Täter- wie er, das Opfer, auch beschreibt: „Mir wurde angelastet ich sei faul und schlösse mich aus der Klassengemeinschaft aus". Tja – und schon hat man auch noch eine „A(D)HS-typische" soziale Phobie, Angstzustände usw.?

(oder ist ein „Weichei“, muss man sich doch wehren? Gegen so eine (fiese) Übermacht braucht man aber natürlich auch Unterstützung, Hilfen!).
Aber warum wohl, eigentlich- bei natürlich so berechtigter, völlig normaler extremer Angst vor Mitschülern, Tätern, Schule? Ohne ausreichend oder auch nur etwas Unterstützung, Schutz ... Zig Tausende, Millionen Deutsche – und ganz sicher nicht die „Schlechtesten“ (von ihrer Leistungsfähigkeit und Persönlichkeit) bekommen so große Probleme in der Schule und somit im Leben bzw. Beruf – wenn sie dann überhaupt noch einen finden. Auch wenn besagter Mann dies trotz allem tat – auch als positives Beispiel (ebenso wie es auch Millionen andere Menschen gab, die Mobbing, Burn-out , A(D)HS usw. mit Hilfen überstanden haben).. Er nennt aber auch Beispiele, dass selbst ohne Kosten in anderen Ländern, als Beispiele auch für Deutschland, noch viel mehr an wirkliche Ursachen gegangen wird, bzw. wirkliche Hilfen: „In England zum Beispiel gibt es Guardian Angels – Ehrenamtliche, die an Schulen Präsenz zeigen, auf Opfer zugehen und helfen. So etwas sollte auch bei uns eingeführt werden“. Ja, in der Tat, Opfer –gerade auch männliche- brauchen auch mehr Angebote, auch an Hilfe, die auf sie „zu kommt“, die Hand reicht (bzw. auch, siehe oben, niederschwellige inklusive öffentliche Bekanntmachung derselben zum besseren Finden. Denn „Frauenhäuser“ kennt z. B. heute fast jeder, kann das schnell im Internet oder Telefonbuch finden. Aber Angebote für Männer? Und es muss auch viel mehr Öffentlichkeit dafür geschaffen werden, dass eben auch Hilfen für Männer absolut nötig und legitim sind, kein „Schandfleck“ für die!). Denn für diese ist Hilfe suchen, finden, annehmen bzw. danach klar erkennbar rufen alles andere als einfach! Dass aber hier und generell bei diesem Thema bei Weitem nicht nur Mit- Bürger in die Pflicht genommen werden müssen ist auch klar. Es geht bei alldem natürlich auch um die Verantwortung von Politik, Wirtschaft, auch Behörden, Ministerien, Schul-und Geschäftsleitungen und anderen Verantwortlichen. Verantwortlich ist man ja wahrlich nicht nur „für das, was man tut, sondern auch für das, was man nicht tut“ (Laotse) – das gilt ja nicht zuletzt auch hier, bei diesen. Zumal

wenn die Notwendigkeit von all dem ja schon seit zig Jahren bekannt ist, ja auch durch offizielle Studien, Gutachten usw.
Und „schwache Menschen" gibt es nicht – viele schwachsinnige, überfordernde Umstände, Bedingungen im Alltag, Schule, Ausbildung, Beruf usw. und überhöhte Erwartungen, Forderungen an Menschen bzw. zu wenig Schutz, Unterstützung, Förderungen aber durchaus! Auch das ist ja auch Gewalt, Krieg gegen Körper und Geist.
Das trifft natürlich auch gerade besonders fleißige, ehrenwerte, sozial, kollegial eingestellte Menschen. Also eigentlich solche mit sehr guten Tugenden. Denen fällt es dann aber auch schwerer „nein" zu sagen (ja ein wahres – aber oft wahrlich nicht leichtes - Zauberwort z. B. gegen Burn-out und auch Mobbing, gegen überfordernde bzw. schlechte Umstände, Anforderungen, Menschen ...!). Weil sie auch sehr hohe – oft auch soziale – Ansprüche an sich haben. Ja auch aller Ehren wert. Nur eben leider auch gut auszunutzen, zu überfordern (mit auch, dann immer viel im Kopf natürlich auch mehr möglicher Unkonzentriertheit als wenn man immer nur „sein Ding" im Kopf hat, nur seine Interessen usw.) Zumal wenn man immer nur mit „besonderen" Leistungen zufrieden ist. *Heute ist es ja aber normalerweise schon alleine eine ungeheuere positive Leistung „nur" zu überleben, den Alltag zu überstehen* (der ja auch wie gesagt fast alle Menschen unruhig, gestresst usw. macht). Das bitte nie übersehen! Es ist unbedingt, existenziell nötig das nicht nur als „Selbstverständliches" zu sehen. *Das als nicht nur „selbstverständlich" zu sehen kann Leben retten!* Denn wenn man das, „Alltägliches", gar nicht mitrechnet bei dem, was man alltäglich leisten muss, leistet, wird man seine verbleibenden Kräfte für „Sonstiges" (besondere, außergewöhnliche Leistungen, Anstrengungen) völlig überschätzen und damit diese, sich früher oder später ruinieren- natürlich auch zunehmend mehr unruhiger, nervöser bzw. depressiver, ggf. aggressiver usw. werden (bzw. auch nicht als verständlich sehen können, dass man öfters gereizt, unkonzentriert, überfordert, Ruhe bedürftig usw. ist). Und man sollte sich zudem, deshalb, auch genug Ruhe- und Erholungszeiten einplanen ... (bzw. diese ruhigen Gewissens genießen, nutzen- bzw. sich dazu, ggf. auch

therapeutische, Hilfe suchen). *Was sonst wirklich tödlich enden kann, auch schon bei jüngeren Menschen*!
Nach dem neuesten offiziellen „Stressreport" macht in Deutschland aber zumindest jeder Vierte keine Pausen bei der Arbeit, leidet zumindest jeder Zweite an zu viel Stress… Und auch der stärkste Motor bzw. Körper, Geist brennt bei ständiger Überforderung ja aus, man wird nervös usw. Das Beste geben – gut. Aber bitte nur das *Menschen*mögliche! Wir sind leider – oder zum Glück - keine Götter oder unverwundbare Superhelden, Maschinen, Roboter... Jeder Mensch wird auch gebraucht, kann wertvoll sein– aber ohne sich dafür kaputt zu machen (lassen)! Anerkennung bei anderen Menschen- privat, im Job usw. nur durch Leistung suchen zu wollen (und vielleicht auch noch mit ständig viel zu hoher oder unangemessener)– und nicht auch „nur" einfach wie man ist (bzw. auch „nur" *angemessene, passende* Leistungen) führt auch zwangsläufig in den „Burn-out" bzw. Nervosität, Depressivität, Aggressivität, Schlaflosigkeit usw. Zumal man als „Belohnung" für gute, immer bessere und größere Leistungen auch oft nur immer noch höhere Messlatten bekommt – die irgendwann auch stärkste Menschen überfordern. Man ist ja auch mit Burn-out oder z. B. auch A(D)HS ja auch kein „Versager" – sondern *Kräfte, Körper, Nerven, Geist versagen natürlich bei viel zu hohem, langem Druck, Anforderungen, Stress und auch zu wenig Schutz dabei*!
Zumal kranke Gesellschaften – wie sicher auch zu großen Teilen unsere – ja (gerade auch) die besten, stärksten Menschen krank machen (zumal die ja auch oft nicht so gelernt haben sich Hilfe zu suchen, weil sie ja wirklich auch Vieles gut alleine können. Aber natürlich auch nicht immer und alles, das kann ja *kein* Mensch). Und in Deutschland ist das Gesundheitssystem ja auch nicht immer sehr hilfreich – sondern oft eher, s. oben und noch Folgendes dazu, eine Haupt-Problem-Ursache… Hilfe dort zu finden oft auch nicht gerade einfach, leider.
Man sollte aber auch wirklich nie die Hoffnung aufgeben. Auch beim Bewältigen von z. B. auch Burn-out oder was auch immer: Man wächst, mit Unterstützung dabei, auch hier mit den Aufgaben, Übung macht den Meister ... Aller Anfang ist schwer dagegen, es sieht oft unmöglich aus – aber dann wird es, mit guter Unterstützung, auch

leichter. Und man hört oft gerade dann auf zu gehen, wenn man kurz vor dem Durchbruch steht. Z. B. sich einen Termin bei einem Arzt oder Therapeuten geben zu lassen. Natürlich brauchen Betroffene auch sofort Hilfe – und können nicht darauf warten, bis sich gesellschaftlich bzw. politisch genug geändert hat an Umständen in Schule, Beruf, Alltag usw. Auch wenn hieran natürlich auch gearbeitet werden muss.
Zumal ja spätestens seit Hitler- Zeiten gerade auch in Deutschland bekannt ist, dass es praktisch ist „Sündenböcke" zu haben. Früher Juden. Heute, wenn natürlich auch nicht in so krasser Form, aber auch wieder- vergleiche Sarrazin und Co.- die „kulturellen" Gene? Oder das Geschlecht? Auf das, die man das schieben kann?
Dass es Gewalt, auch in krimineller Form, gibt, hat ja aber seine tiefer gehenden, nicht zuletzt *politischen bzw. soziale Ursachen.* Auch heute, zumindest viel mehr als kulturelle oder „geschlechtliche". Diese sollte man sich ja genauer anschauen. Oder kamen z. B. Deutsche zu Hitler- Zeiten als Hitler- Jungen und –Mädchen zur Welt? Natürlich nicht. Das waren ja auch eklatante politische Fehler bzw. deren Folgen, dann auch in der Erziehung, die dazu führten: Der Beginn des 1. Weltkrieges des Kaisers. Dann aber auch dem besiegten Deutschland so hohe Reparationszahlungen abverlangend, dass dort Armut und Not vorprogrammiert war, als Nährboden für die rechten „Rattenfänger". Dann die Unterschätzung Hitlers usw. Mit einer anderen Politik der Siegermächte nach dem 2. Weltkrieg wurde dann aus „Nazi-Deutschland", „teuflischen" Männern und Frauen dort aber auch als Tätern (und Opfern, ja auch jeweils beiderlei Geschlechts!), plötzlich ein für viele andere Länder vorbildliches demokratisches Land... Auch dank vieler weibl. und männl. deutschen Humanisten, Demokraten, auch zuvor gegen Hitler und Konsorten widerständischen Männer und Frauen... Auch aus Deutschland und auch dem Ausland, mit insgesamt ja auch *zig Millionen männlicher Opfern und aber auch Widerstandskämpfern, Soldaten gegen das NS-Regime usw.* Man muss da wirklich schon unter die Oberfläche schauen, statt z. B. dem Geschlecht, der Hautfarbe oder dergleichen von Menschen schuld zu geben... Und schon 1997 ergab so z. B. auch eine durchgeführte Analyse für die Europ. Union zur Entwicklung der Jugendgewalt (und

Erkenntnisse von Untersuchungen europäischer, auch deutscher, kriminolog. Forschungsinstitute) eine zentrale Schlussfolgerung: „Die Zunahme der Jugendgewalt – nicht zuletzt von männlichen, aber auch weiblichen Jugendlichen bzw. Kindern- steht in engem Zusammenhang damit, dass unsere Gesellschaft immer mehr zu einer winner-loser - Kultur wird. Vor allem junge Migranten geraten dabei in ein soziales Abseits". So sind demnach auch z. B. die Eltern von Migranten doppelt so oft von Arbeitslosigkeit betroffen bzw. beziehen Sozialhilfe und dergleichen... Je weniger privilegiert eine Gruppe ist (bezüglich Schulbildung, u. a. deshalb auch Zukunftsaussichten u. a.) umso höher das Jugendgewaltrisiko- und am geringsten privilegiert sind sozial Schwache, vor allem Migranten... Wie ja auch PISA-Studien dann belegten haben also weniger privilegierte „Schichten", Menschen bestimmter Herkunft in Deutschland weniger, auch Bildungs-, Chancen. *Das* (!) führt – bei solchen Deutschen und „Ausländern", männlichen (aber auch weiblichen) – zu Kriminalität (und wohl auch teilweise Aggressivität, Unruhe, Gereiztheit usw.). Da die meisten „Ausländer" ja i. d. R. noch weniger Chancen haben werden sie auch noch (etwas) krimineller (wie z. B. auch eindrücklich, auch mit den Gesichtern hinter diesen Geschichten und warum in der Tat vor allem männl. Jugendliche betroffen sind, bei Metin Gürs „warum sind sie kriminell geworden" zu lesen). Das hat ja aber natürlich nichts mit „genetischen", „geschlechtlichen" oder kulturellen „vor-programmierten", determinierten Besonderheiten, Schwächen zu tun. Sondern o. g. strukturelle bzw. gesellschaftlichen, polit. Ursachen (oder z. B. auch pädagogische, methodische Mängel, z. B. auch Jungen-bzw. Männer-spezifische Bedürfnisse in Schulen, Ausbildung usw. zu verkennen- was diese auch oft eher zu vermeintlichen „Losern" oder auch „verhaltensauffällig" bzw. kriminell werden lässt, vgl. auch die folgenden Kapitel dazu). Oder waren doch früher die Juden schlechte Menschen – und nicht auch die Bedingungen, Umstände und (Juden-) Gesetze, Normen etc. bis 1945?

Aber auch Ansichten heute, selbst bei Ämtern, Gerichten usw. sind einfach auch äußerst zu hinterfragen, schüren teilweise auch erst Konflikte bzw. Aggressionen (und von einigen betroffenen Männern hörte ich wirklich auch schon, dass sie denken, dass dort noch, wenn auch nicht bewusst, sehr alten und unguten „Leitsprüchen“ gefolgt wird wie dem sogar aus Hitler-Zeiten, dass „nicht die Sorge für das Wohl des Kindes in erster Linie ausschlaggebend sei, sondern das ethische Recht der Mutter auf das Kind". Zumindest in nett klingender, vielleicht oft auch gut gemeinter, innerer Überzeugung „bei Mama ists für das Kind am Schönsten, Besten“… Obwohl nach aktuellen Gesetzen ja da *Kindes*wohl ganz klar im Mittelpunkt stehen sollte, muss… Bzw. *dessen* Recht, auch nach div. internationalen Konventionen, auf *beide* Eltern. Natürlich können heute viele Männer auch noch nicht ganz so gut mit Kindern umgehen bzw. auch „sensibel sein“ wie Frauen, weil das ja auch Jahrtausende lang fast nur zur „Frauensache“ erklärt wurde. Was ja theoretisch geändert werden soll… Praktisch werden die Männer aber dafür, bisher zu einseitigen Männerbildern/-Förderungen, Folgen davon/Schwächen deshalb auch noch bestraft… Statt endlich mehr Hilfe, Rat zu bekommen, dass sie es auch (noch) besser können? Und auch hier macht ja *Übung* Meister…).

So war ich selbst z. B. kürzlich auch wieder Augen- bzw. Ohrenzeuge eines Termins bei einer städt. Erziehungsberatung, wo Sorgen und Kritiken der Kindesmutter am Kindesvater über 10 Minuten gehört wurden von der Beraterin. Mitfühlend kommentiert und blickend. Dann wollte der Vater etwas dazu sagen, zeigen. Eine ganz kurze E-Mail, dass zumindest eine Aussage der Mutter nachweislich nicht stimmt- was ja evtl. auch andere Aussagen von ihr fragwürdig erscheinen lassen würde. "Das bringt nichts" sagte die Beraterin kühl, ließ das nicht zu- ebenso wie sonstige Erwiderungen von ihm zu dem, was ihm vorgeworfen wurde. Was er ungut fand am Verhalten der Mutter wurde auch sofort immer unterbrochen. Das bringe nichts. Und man müsste ihm ja auch mal auf den Zahn fühlen. Ok- aber warum bekam die Mutter keinerlei (!) kritische Nachfragen, nur der Vater? Der Vater, zuvor ganz ruhig, wurde im Gespräch dann tatsächlich auch wütend, aufbrausend… Aber warum denn? Wegen seiner „geschlechtlichen Veranlagung“ – oder solchen Abläufen (die wie gesagt leider auch alles andere als seltene Ausnahmen sind!)?

Die sogar auch von Männern, auch Anwälten und Richtern, mitgetragen werden... So wie z. B. einem Anwalt, der einer Mutter sagte „er kenne alle zuständigen Richter beim Familiengericht, sie braucht sich keine Sorgen zu machen, dass da in ihrem Sinn entschieden wird, gegen den Vater, das wäre abgemachte Sache"... Das fand – glücklicherweise- diese Mutter aber selbst auch nicht gut, denn sie wollte selbst eine „nur" richtige, gute, objektive Entscheidung – und kein Geklüngel, Gemauschel,... - für ihr, ein Kind, dessen Wohl! Und wie dieses Beispiel auch zeigt: Es hängt ja wirklich nicht vom Geschlecht ab, ob ein Elternteil- oder Anwalt, Richter, usw., wer auch immer- „gut oder schlecht" ist, handelt. Sondern vom Charakter! Und da gibt es sicher Milliarden Frauen und Männer mit sehr gutem. Aber leider auch unzählige mit schlechtem, auch beiderlei Geschlechts...

Besonders freuten uns in unserer Initiative für männl. Opfer von Gewalt diverser Art zuletzt so auch sehr viele positive Feedbacks auch von besonders vielen Frauen. Die ebenso wie wir Gewalt gegen Frauen *und* Männer (und natürlich auch Kinder..und Tiere) verurteilen - natürlich auch aus allen Ländern, Kulturen usw. Und das sehen diese und wir auch als wahre (menschliche) "Emanzipation" - von Frauen und Männern. Es geht hier ja auch einfach "nur" um den Einsatz für Menschlichkeit, Würde des Menschen - *unabhängig von Geschlecht, Herkunft usw.* Zumal, wirklich:

„Es gibt keine großen Entdeckungen und Fortschritte, solange es noch ein unglückliches Kind auf Erden gibt" (A. Einstein). Und ja auch noch zudem viel zu viele ältere Opfer ... jeweils auch weiblich und männlich!

Und die ganz große Mehrzahl der Frauen und Männer, die das nicht hinnehmen möchten, sollten dagegen ja auch lieber *gemeinsam* etwas tun. Ja auch ansonsten für mehr Frieden, Gerechtigkeit, Schutz der Natur, gegen Armut auf der Welt - für eine bessere Zukunft eben nicht zuletzt für unsere aller Kinder, Mädchen und Jungs. *Gemeinsam* sind wir stark. In diesem Sinn: Wir freuen uns auf weitere Unterstützer! Und jeder Mann kann sicher oft- wie jede Frau auch- im „Kleinen", Privaten bzw. auch fachmännisch auch Unterstützung, Rat, Trost,

Zuspruch brauchen. Auch „nur" ein offenes Ohr für auch „nur" alltägliche Sorgen. Bitte also suchen- bzw. geben, gönnen Sie sich und Mitmenschen das auch oft genug!

III. „ADHS" als Beispiel für Verkennung bzw. Unterdrückung von Bedürfnissen, Problemen aber auch Stärken (gerade auch von Jungs und Männern)

Wie bereits angedeutet- auch dass dies eben ein weiteres sehr exemplarisches, Aussage kräftiges Beispiel für das ganze Thema hier ist: A(D)HS wird viel, viel zu oft falsch diagnostiziert, gerade auch bei Jungs, Männern und männlichen Jugendlichen – und betrifft (gerade) auch besonders tolle Menschen [auch z. B. Einstein, Edison und Mozart wurde wohl ADHS - Ähnliches attestiert. Ebenso wie evtl. sogar Martin L. King, Gandhi usw.]

„A(D)HS"- ADS bzw. ADHS- ist ja auch ein ganz großes Thema heute, gerade auch für Jungen und Männer. Und auch ein gutes, exemplarisches, Parade-Beispiel für fast immer völlig unsinnige Erklärung von Problemen als „individuelles", persönliches bzw. „genetisches" Problem. Bzw. nur „geschlechtliches", auch wenn es hauptsächlich ein „Geschlecht" betrifft. Die Frage ist ja aber wiederum warum- und ob das wirklich stimmt. Es ist aber fast nie so etwas oder auch z. B. persönliche „Schuld" der Betroffenen, Eltern usw. und auch nicht nur ein „persönliches Problem" der Kinder bzw. Betroffenen (im Sinne eines Makels oder dergleichen).

Es ist auch ein zunehmend großes, riesiges Thema des therapeutischen, psychologischen und pädagogischen Alltags. Mit sicherlich auch für andere Themen, Probleme vergleichbaren bzw. Aussage kräftigen Aspekten. Und auch erschreckend hohen Zahlen, inzwischen auch im Millionen-Bereich – sowohl von Betroffenen sowie aber auch der nur eventuell (oder gar nicht) Betroffenen! Denen A(D)HS nur fälschlicherweise attestiert wurde. Mit oft fatalen, nicht selten auch sozialen, Folgen. Und ohne richtige Diagnose ist ja auch keine richtige Beratung bzw. Behandlung möglich… Mit falscher Diagnose kann nicht wirklich geholfen werden, es kann ja sogar großer Schaden angerichtet werden. Nicht „nur“ durch evtl. Nebenwirkungen z. B. dann auch unnötiger, sinnloser Medikamente sowie Stigmatisierungen usw.– sondern weil eigentliche Probleme, deren Ursachen, ungehindert weiter wirken können. Mit manchmal oft verheerenden Folgen! Deshalb gilt es hier wirklich sehr wachsam zu sein. Wie auch bei anderen sehr häufigen Fehl-Diagnosen wie z. B. bei Schizophrenie – oder auch sehr oft nicht erkannten Depressionen, Burn-out usw.

Alleine die so große, auch zunehmende, Zahl der A(D)HS- Diagnosen ist aber auch Beleg dafür, dass auch das nicht (nur) ein einzelnes, persönliches Problem, eine „Persönlichkeitsstörung“ oder dergleichen (auch nur von „Außenseitern“) sein kann. In unserer „Generation Burn-out“ sind vielmehr Menschen aber ja heute schon von Kindheit an Bedingungen ausgesetzt, die unglaublich stressen, krank und auch unruhig, aufgeregt, auch aggressiv (oft dann als mehr oder weniger unverblümt auch „typisch männlich“ beurteilt) bzw. depressiv (dann auch oft noch wieder mit Vorwurf, dass das „unmännlich“ sei) machen können**.** Bzw. auch nur vermeintlich depressiv, z. B. auch einen halt nur etwas, eigentlich ganz normal, ruhigeren Jungen… (was dann oft aber auch wieder als – angeblich- nicht „normal“ gilt, selbst im Land der „Dichter und Denker“…). Außer dass z. B. in Kitas und Schulen heutzutage auch sonst oft kaum zumutbare Bedingungen sind geht z. B. aber auch die CO2-Konzentration schon in Schulgebäuden über das gesetzlich erlaubte Höchstmaß hinaus! Das berichtet der Leiter des Instituts für interdisziplinäre Schulforschung in Bremen, der Erziehungswissenschaftler H. G. Schönwälder (in der Zeitschrift „Erziehung und Wissenschaft“ 12/2011, S. 2). Um nur ein Beispiel zu nennen… Alleine das stresst natürlich- auch körperlich. Es macht reizbar, müde, lässt Leistungs- und Konzentrationsfähigkeit sinken. Also eine große Grundlage auch zum Entstehen von AD(H)S. Und auch die dort berichtete Lärmbelastung mit 65 bis 75 Dezibel in zwei Drittel der Unterrichtstunden entspricht etwa *dem Lärmpegel in der*

Umgebung des größten deutschen Flughafens in Frankfurt am Main! Was natürlich auch reizt, unruhig macht … Allerdings in der Schule ohne jeglichen Lärmschutz. Der günstig einzurichten wäre. Das kostet auch Geld, ja. Aber was kosten denn körperliche und psychische Folgen, Leiden einer so ja zwangsläufig „sozialisierten Generation Burn-out" bzw. zunehmend auch „ADHS"? Von Anfang an, o. g. Belastungen gelten schon bei Grundschülern! Und auch Kitas, Kindergärten (und auch Ausbildungs-und Arbeitsstätten, Universitäten usw.) sind heutzutage ja sicher nicht immer optimal. Meistens auch viel zu überfüllt, stressend. So dass auf einzelne Kinder, Jugendliche, Erwachsene gar nicht richtig eingegangen werden kann, auf deren Schwächen aber auch auf individuelle *Stärken* (beides hat ja auch *jeder* Mensch). Es fehlt dann an ausreichend *Aufmerksamkeit* (für die Menschen)- *da sind Defizite* – die *Defizite liegen meistens aber (zumindest auch) an den Umständen.* Betroffene „sind" heute meistens nicht das (Haupt)-Problem- sie *haben* Probleme bzw. *bekommen* die *durch zu wenig Aufmerksamkeit für ihre individuellen Stärken und „Schwächen", zu wenig individuelle, auch geschlechts-spezifische, Förderung* (die ja auch der beste Lehrer, Erzieher, Ausbilder, Dozent usw. nicht leisten kann bei viel zu vollen Klassen, Kitas, Hörsälen usw.). Sind *Opfer* davon. Das trifft grundsätzlich alle Menschen. Dass einige besonders stark darauf reagieren – z. B. eben auch mit (starkem) AD(H)S – muss natürlich aber auch nicht heißen, dass das besonders dumme, schwache, kranke, … sind. Meist sind es – im Gegenteil - gerade ja besonders sensible, im positiven Sinne, die dann auf o. g. Belastungen aber auch besonders sensibel reagieren… (und männliche, werden auch noch außergewöhnlich oft „Betroffene", allerdings meistens nur aus, auch unten noch weiter, genannten Gründen) .

Nicht zuletzt wurden ja z. B. Menschen wie Einstein oder Mozart in Ecken geschoben, die heute als „A(D)HS" bezeichnet würden. Waren, sind das besonders dumme, schlechte Menschen? Oder eher – *positiv-besonders* aktive, begabte, lebensfrohe, – ja auch etwas sehr Positives – die dann aber durch diese Bedingungen besonders aufgepuscht bzw. „eingedämmt" werden. Viel zu einengende, unkreative, unsoziale Strukturen, Abläufe, auch Gebäude usw. in Kitas, Schulen, Unis usw.

engen zudem natürlich auch gerade besonders kreative, soziale Menschen besonders ein- die dann auch dadurch besonders unruhig werden... *Das heißt also, dass Opfer (!) von AD(H)S-erzeugenden Bedingungen gerade auch Kinder (Jugendliche, Erwachsene) mit besonders positiven (!) Eigenschaften bzw. o. g. Merkmalen werden können, nicht solche mit irgendwelchen negativen*! Insofern machten auch deren Eltern i. d. R. nichts falsch bzw. haben „schlechte Gene" und müssen auch kein schlechtes Gewissen oder dergleichen haben (natürlich ist Nobody perfect, kein Mensch- auch Eltern nicht. *Jeder* macht auch Fehler. Diese sind aber sicher nie alleinige Ursache am Entstehen von A(D)HS! Und Eltern, z. B. bei Furman belegt, machen sich fast immer auch viel zu viele Vorwürfe). Fatal ist nur, dass die Bedingungen nicht immer noch mehr, auch bei Themen wie A(D)HS, mit im Mittelpunkt stehen und geändert werden, damit nicht immer mehr (z. B. auch) A(D)HS- Opfer produziert werden – und Eltern mit schlechtem Gewissen bzw. berechtigtem Widerstand gegen unterschwellige Schuldzuschreibungen bzw. Stigmatisierungen ihrer Kinder. Denn, wie z. B. der Verfasser eines Standardwerkes, Lehrbuches an deutschen Universitäten, „Psychologie", P. G. Zimbardo, völlig zu Recht klarstellt (auf S. 588 dort): „Der Diagnostiker sollte stärker als bisher erkennen, dass der Mensch, den er durch eine Diagnose beschreibt (...) in seinem aktuellen Handeln und Erleben genauso durch die derzeitige Lebenssituation beeinflusst wird wie durch „überdauernde" Merkmale". Das bedeutet also auch, dass bei anderen, besseren Umständen – z. B. auch besserem, geschlechts-spezifischerem Unterricht bzw. auch besseren Einstellungen bzw. weniger Vorurteilen, auch bezüglich „typisch Mann"!- viel bessere Leistungen möglich sind, bzw. Kinder und auch ältere Menschen weniger Probleme bzw. mehr Möglichkeiten, Ressourcen, Stärken haben – vgl. auch dazu Zimbardo (S. 578 ff.). Und *deshalb* auch weniger Probleme „machen" (brauchen)! Wenn also z. B. die o. g. Umstände geändert werden würden, auch Schulklassen wieder deutlich kleiner würden... Mit 30 oder mehr Schülern in einer Klasse, zu großen Kita-Gruppen usw. kann ja auch der beste Pädagoge nicht auf jeden so individuell eingehen, fördern, wie es sein sollte. Gerade eben auch auf etwas sensiblere (positiv gemeint), kreativere, auch lebensfrohe bzw. lebendigere Kinder- die dann wohl kaum noch „A(D)HS“ oder andere „Auffälligkeiten“ bekommen würden. Sondern eher starke wären, auch mit weniger Problemen. Bei bisherigen Bedingungen mögen diese Kinder therapeutische (div. Art) und manchmal medikamentöse Unterstützung gebrauchen. Aber eben nicht, weil sie „Problemkinder“ sind – im Gegenteil – sondern weil *die Begleitumstände* meistens eher das Problem sind ... Bzw. nicht optimal.

Der Wechsel einer Kita(-Gruppe), Klasse (auch in eine höhere!) alleine machte schon sehr oft aus einem „A(D)HS“- Kind ein einfach „nur“ positiv lebendiges, aufgewecktes, ... bzw. ruhigeres, sensibleres- auch schön.

Oder auch „nur“, weil z. B. ein männlicher – oder weiblicher- Pädagoge dazu kam, bzw. eine(r) mit anderer Einstellung, mehr Erfahrung oder auch mehr Jugend... Oder innovativeren Ansätzen, die ja auch in höherem Alter noch umsetzbar sind. Selbst z. B. „Mathe“- Erfolge, ob man sich darauf konzentrieren kann, hängt nach neuen Studien primär von *Spaß*, *Motivation* dafür (z. B. durch Lehrer) ab, nicht Intelligenz oder gar „Geschlecht“! Denn Jungs können ja angeblich schlechter Mathe, auch Deutsch/ Sprachen. Oft auch tatsächlich. Aber warum denn? An einigen Schulen wird z. B. nun zunehmend auch Rap, Hip-Hop und dergleichen, auch Spaß Machendes, zum Erlernen mathemat., auch grammatik. usw. Regeln genutzt- für viel bessere Leistungen aber auch weniger Aufmerksamkeits-Probleme, auch „A(D)HS“! Nicht zuletzt auch bei Jungs, die eben auch solche Musik meistens (noch) mehr mögen...

Und auch andere Dinge, die zunächst als „Teufelswerk“ bzw. asozial, schädlich, „unnatürlich“ galten, gerade auch für Jungs (wie z. B. Jeans- aber auch generell Hosen für Mädchen und Frauen- oder die „Pille“ , Rock-Musik etc.) sind heute ja Allgemeingut- auch an Schulen, dort sogar pädag. Mittel z. B. in Musik- AGs. Was auch nicht zuletzt Jungs hilft, auch gegen nur *angebliche* „Teufel in ihnen“ (auch bei ADHS usw.). Wobei selbst Teufel –wie Mephisto in Goethes Faust- ja teilweise auch ihre Berechtigung haben können, zumindest als Hinterfragung unmenschlicher, unguter, teuflischer, höllischer, krank und unglücklich machender Umstände (siehe oben).

Dann kann es ja aber nicht im, „am“ Kind (Jugendlichen, Erwachsenen) gelegen haben, zumindest nicht primär. Ungut war dann ja nur, dass zuvor „unbedingt A(D)HS- Medikamente“ nötig waren... Für Menschen, *die nach dem Wechsel der Klasse, Gruppe, Pädagogen, Methoden, Stelle, ggf. auch Stadt, Umfeld usw. sogar plötzlich als vorbildlich(!) für andere galten... Das sollte ja doch sehr, sehr bedenklich stimmen- und zu mehr allseitiger, ganzheitlichen Betrachtung bewegen.*

Gegen einen ausnutzenden, völlig überfordernden Chef, Chefin oder auch eine, einen „mobbenden“, schikanierenden (oder auch Kollegen, Mitschüler, Lehrer usw.- oder auch z. B. einen solchen Partner) hilft ja aber sicher kein Ritalin oder dergleichen. Natürlich kann hier auch, auch je nach persönlich bevorzugter Methode, (psycho-) Therapeutisches helfen. Das konnte ich auch schon mit meiner Arbeit sehen. Aber in der Regel ja nicht nur. Und je mehr, unzählige, Menschen in Beratung kommen, die viel mehr Opfer von Mobbing, Burn-out oder auch einfach ungesunder Beziehungen bzw. Bedingungen sind mit –nur vermeintlichem – A(D)HS... Umso mehr muss da wirklich auch zur Vorsicht geraten werden. Natürlich kann Mobbing oder ständige Ausnutzung, Stress, wirklich auch Ausbeutung, Schikanierung usw. krank, auch „depressiv“ oder „aggressiv“ machen, auch zu Konzentrationsstörungen, großer Nervosität usw. führen. Dann aber ja nicht als Zeichen für –auch noch mutmaßlich „genetisch / geschlechtlich bedingtes“ A(D)HS- sondern für o. g. Umstände. Um die man sich dann natürlich auch zumindest vorrangig mit kümmern muss. Im Privaten kann hier ggf. noch eine Paar- oder Familienberatung helfen. Bei bewussten, böswilligen Schikanierungen, wirklich Ausbeutungen muss aber auch Weitergehendes empfohlen werden, ggf. wirklich auch Trennung bzw. bei Eskalationen auch polizeiliche Beratung. Bei der Arbeit, Mobbing und dergleichen auch von Betriebs-bzw. Personalrat (bzw. Schüler-/Elternvertretungen,

Vertrauenslehrern) und ggf. auch vom Anwalt, wenn das Mobbing bzw. Ausnutzen sogar von Leitungen, Chefs, Vorgesetzten ausgeht. Und auf jeden Fall ist begleitend immer ein Arzt wichtig, da so etwas natürlich auch psychosomatisch krank machen kann, was ja auch immer ärztliche Untersuchung und ggf. auch Behandlung erfordert.

Sehr wichtig ist zudem immer auch: Vorurteilen und falschen Einschätzungen entgegenarbeiten!

Selbst wenn z. B. die Diagnose „A(D)HS“ einmal richtig ist muss auch immer wieder betont werden, dass dies ja aber dann doch zumindest zu-aller-meist nicht Folge davon ist, dass man (bzw. auch seine Eltern oder „Gene“ oder „Geschlecht“) schlecht ist. Sondern dass meistens ja gerade Menschen betroffen sind mit eigentlich wie gesagt sehr positiven Eigenschaften.

Oder z. B. auch Kinder, die recht spät eingeschult werden (oder eben auch einfach „nur“ besonders schlaue, kreative, lebendige, ja auch eigentlich etwas Positives!). Die oft Probleme bekommen, unruhig werden können– aus Langeweile, weil sie eben schon viel *weiter* sind als andere Kinder. Wie z. B. auch schon Menschen wie Einstein oder wohl auch z. B. Mozart, Edison usw. früher, denen zumindest auch A(D)HS-Ähnliches nachgesagt wurde... Auch weil heutige Schulen, gerade auch in Deutschland, ja eh nicht gerade besonders auf die Individualität des Kindes eingehen (können), alleine schon wegen zu großen Klassen aber auch sonst vielen methodischen Schwächen, schlechten Rahmenbedingungen usw. bzw. auch die Herkunft bekanntlich, spätestens seit PISA-Studien, sehr entscheidet welche Bildungs-Chancen man bekommt.

Jedenfalls, selbst wenn man zu der Einschätzung kommt, dass man Medikamente braucht, wogegen bzw. wofür auch immer- nach eben richtiger, guter, ganzheitlicher, Untersuchung und Betrachtung- ist ja wichtig, dass man auch alle Seiten sieht. Selbst wenn etwas „genetisch“ bedingt wäre ist ja immer noch entscheidend, was daraus gemacht wird. Bis vor Kurzem, bis ins 21. Jahrhundert, galten sogenannte „mongoloide“ Kinder- mit ja klar genetisch bedingter Erkrankung bzw. „Behinderung“ - ja z. B. auch als *unbeschulbar*. Bis hin zu „nicht einmal für Sonderschulen“ geeignet. Nun haben erste „solche“ Menschen ihr Abitur gemacht, studieren…

Im Rahmen z. B. auch der sogenannten „kognitiven Verhaltenstherapie“ wird viel damit gearbeitet, dass „Glaubens-Sätze“ geändert werden. Auch z. B. „aus mir wird nichts“, „aus mir kann nichts werden“. Das half auch in meiner Praxis schon vielen, mehr oder weniger, vermeintlich oder manchmal vielleicht auch tatsächlich „A(D)HS“- Betroffenen. Öfters half diesen – bzw. deren Eltern- aber noch, dass geholfen werden konnte dass bei ihren Lehrern, Ausbildern bzw. Chefs usw., manchmal auch Verwandten, einige „Glaubenssätze“ (z. B. auch „typisch männlich“- zumal dann auch noch Jungs fast nur noch, grundsätzlich als „Störer“ gesehen werden) ins Wanken gebracht wurden. Denn natürlich, wenn mir ständig eingeredet wird, dass ich zu kaum etwas zu gebrauchen bin oder zu etwas vorbestimmt, auch unsensibel, ein „Störenfried“ usw. – oder andere Schwächen haben „muss“ bzw. viele Stärken „nicht haben kann“ verhalte ich mich dann irgendwann auch so. Auf meine Schwächen reduziert. Hätte z. B. ein Jürgen Klopp, Trainer und auch Pädagoge, seiner Mannschaft so „zugeredet“ wäre die wohl abgestiegen- statt 2 mal hintereinander deutscher Fußball-Meister zu werden, den Pokal zu holen...

Letztlich werde ich, gerade auch bei „A(D)HS-lern“ und anderen (vermeintlichen, primär) „Männer-Problemen“ auch immer mehr zum Vertreter bzw. Anwender „humanistischer Therapie“ bzw. „Methoden“. Wonach Aspekten der Freiheit, Wertschätzung, Würde, Integrität von Menschen besondere Bedeutung gegeben wird. Probleme entstehen demnach, wenn äußere Einflüsse individ. Selbstentfaltung blockieren…

Was ja auch nicht nur Mitmenschen sein müssen… In unserer „Generation Burn-out“ sind vielmehr Menschen heute schon ja von Kindheit an Bedingungen ausgesetzt, die eben unglaublich stressen, krank und auch unruhig, aufgeregt, auch aggressiv bzw. depressiv machen können. Oft sind es aber auch „nur“ – oder zusätzlich-schlechte Förderer (bzw. gar keine- weshalb auch ein z. B. psycholog. Berater manchmal wirklich einer der ersten sein kann, der Betroffenen hilft auch endlich einmal mehr Positives an sich sehen zu können- selbst bei, teilweise sogar älteren, Erwachsenen erlebe ich das auch immer wieder).

Was eben gerade auch für viele (vermeintliche) „A(D)HS-ler" das Problem ist- bzw. war, wie ja auch z. B. für Einstein, Mozart usw. Die in der Schule auch schlecht waren in ihren (späteren) Parade-Disziplinen! Bis sie eben auch andere Unterstützung, Förderer, Umstände usw. bekamen. Auch einfach „nur" weniger blockierende. Um sich diese zu suchen muss man aber sich ja auch schon bewusst sein, dass man Probleme bzw. Symptome wie z. B. bei A(D)HS, Burn-out usw. heute eben sogar, siehe oben, als (besonders) toller Mensch bekommen kann. Der sich dann aber auch natürlich Hilfe, Unterstützung verdient hat- die ja auch *jeder* Mensch oft braucht. Auch z. B. im Rahmen einer psycholog. Beratung, um dann seine Stärken, Potenziale noch mehr entdecken zu können- und auch in geeigneter Form einzusetzen, ggf. auch bei Bedarf gegen Menschen, die einen „schlecht machen". Dann kann man sich auch besser, verdientermaßen und enorm wichtig, ein besseres z. B. privates aber oft auch berufliches oder schulisches Umfeld suchen, wo man auch mehr wertgeschätzt werden kann. Auch falls nötig Partner (und auch Stellen), wo man verdientermaßen auch mehr geschätzt wird- statt zu denken, dass man „nur Schlechtes" verdient hat (weil man ja selbst auch nicht gut ist bzw. „nur krank", nur ein „Problemkind", „Versager", geborener Loser usw.- was unglaublich viele Betroffene von A(D)HS oder auch z. B. Burn-out und Mobbing oder gerade auch Männer generell, leider denken- natürlich völlig zu Unrecht. Zumal natürlich *kein* Mensch verdient hat ausgenutzt oder schikaniert zu werden).

Solche Einsichten halfen z. B. auch schon sehr vielen Betroffenen in Beratungen in – auch für mich- oft kaum vorstellbar schnellen Zeiten sehr viel zufriedener, erfolgreicher zu werden. Nach oft Jahre langen wenig bringenden anderen, auch medikamentösen,Therapien. Wenn diese überhaupt nötig sind, bei beispielsweise bei „ADHS"

sehr oft – evtl. bis *90 (!)* Prozent - fatale Fehldiagnosen:

Auch bei früh eingeschulten Kindern wird besonders häufig eine „Aufmerksamkeitsstörung“ diagnostiziert, behandelt. Aber meistens nur weil ihr, im Verhältnis zu älteren Mitschülern, „unreiferes Verhalten“ auch wiederum nur *irrtümlich als krankhaft interpretiert* wird. Dabei liegt es meist eben nur am –eigentlich auch schon für Laien (!) logisch- jüngeren Alter. Wie nun auch kanadische Forscher in einer Studie mit fast 1 Million Grundschulkindern herausgefunden haben. Das berichteten Wissenschaftler im Fachmagazin „Canadian Medical Association Journal“ (doi:10.1503/cmaj.111619, auch zu finden unter / www.netdoktor.de/News/ADHSFehldiagnose-bei-frueh-1136550.html). Analysen bestätigten demnach Befürchtungen, *dass die normale Spannbreite des Verhaltens von Kindern zunehmend mit Medikamenten behandelt werde*, so der Erstautor Richard Morrow von der University of British Columbia in Vancouver. Jüngere Kinder einer Klasse würden aufgrund ihres alterstypischen Verhaltens häufig falsch „etikettiert“, stigmatisiert und behandelt. Die Studie zeigte, dass solche Kinder um 39 % wahrscheinlicher mit ADHS diagnostiziert und sogar zu 48 % eher mit Medikamenten behandelt werden! Auch wegen dieser Erkenntnisse und Zahlen warnen die Forscher davor, Kinder unnötig den potenziellen Schäden und Langzeitfolgen einer Fehldiagnose und medikamentösen Behandlung auszusetzen. Denn Mittel gegen ADHS wie Methylphenidat (/Ritalin) könnten sich negativ auf Appetit, Wachstum und Schlaf der Kinder auswirken (diese also erst richtig unruhig, „zappelig“ machen als Folge davon! Schlafentzug wird ja in einigen Ländern sogar als Foltermethode eingesetzt, da es so grausam und belastend ist). Auch das Risiko für spätere Herz-Kreislauf-Erkrankungen sei erhöht, sagen die Wissenschaftler. Außerdem verhielten sich Eltern und Lehrer gegenüber ADHS-Kindern häufig anders. Das wiederum könne zu psychischen Folgen wie einem schlechten Selbstwertgefühl bei den Kindern führen (dass all das - falsch „etikettiert“, stigmatisiert und behandelt usw., dann ja auch noch mit oft weniger beruflichen Möglichkeiten usw. und Problemen deshalb- nicht nur bei „AD(H)S“, sondern auch sehr häufig bei anderen „Auffälligkeiten“ geschieht wird z. B. auch in R. H. Largos Buch „Kinderjahre“ – Die Individualität des Kindes als erzieherische

Herausforderung" – weiter belegt und beschrieben. Und zur Individualität gehört natürlich auch unter anderem das jeweilige Geschlecht). Genauso können natürlich auch Kinder, die z. B. recht spät eingeschult werden (oder auch einfach „nur" besonders schlaue, kreative, lebendige, ja auch eigentlich etwas Positives!) Probleme bekommen, unruhig werden – aus Langeweile, weil sie eben schon viel weiter sind als andere Kinder. Wie z. B. eben auch schon Menschen wie Einstein oder wohl auch z. B. Mozart früher… Oder weil heutige Schulen, Kitas usw. gerade auch in Deutschland, ja eh nicht gerade besonders auf die Individualität des Kindes eingehen (können), alleine schon wegen zu großen Klassen aber auch sonst vielen methodischen Schwächen, schlechten Rahmenbedingungen usw. (bzw. auch die Herkunft bekanntlich, spätestens seit PISA-Studien, entscheidet welche Bildungs-Chancen man bekommt). Und eben auch zu wenig Jungen-Interessen, Bedürfnissen entsprechende Unterrichts-Methoden, -Inhalte usw. (s. oben und auch noch Folgendes dazu). Oder auch Interessen, die sicher nicht primär an das Wohl der Menschen denken. So berichtete z. B. am 12. Februar 2012 die Deutsche Apotheker-Zeitung (online) „METHYLPHENIDAT GEGEN ADHS - Ein „Goldesel" für die Pharmaindustrie". Und weiter: „Stuttgart - „Ritalin ist eine Pille gegen eine erfundene Krankheit, gegen die Krankheit, ein schwieriger Junge zu sein." Man bezieht sich hier auf einen Beitrag in der Frankfurter Allgemeinen Sonntagszeitung vom gleichen Tag. Wonach die Diagnose ADHS inflationär zur Erklärung von Schulversagen herangezogen werde und weltweit allein Novartis, Hersteller von Ritalin (Methylphenidat), einen Umsatz von 464 Millionen Dollar damit macht, die „störende Jungen „glatt, gefügig und still" mache".
Wurden vor 20 Jahren in Deutschland 34 Kilo Methylphenidat ärztlich verordnet sind es heute 1,8 Tonnen(!). Zitiert wird dazu dort auch G. Glaeske, Professor für Arzneimittelversorgungsforschung an der Uni. Bremen. Nachdem Jungen risikoreicher leben und sich erproben, wofür ihnen heute die Freiräume fehlen. Schnell gelte ein Verhalten, das früher selbstverständlich als jungenhaft akzeptiert worden sei, heute als „auffällig". ADHS ist eine „Zuschreibungsdiagnose", die unter gesellschaftlichem Druck ausgestellt werde, um die Gabe

leistungssteigernder Mittel zu legitimieren sagt er dort. Zitiert wird auch Ulrike Lehmkuhl, Direktorin der Kinderklinik für Kinder- und Jugendpsychiatrie an der berühmten Berliner Charité, die 90 Prozent (!) der ADHS-Diagnosen als falsch bezeichnet... Angemerkt wird dort auch, dass der „Erfinder von ADHS“, der amerikanische Psychiater Leon Eisenberg, kurz vor seinem Tod im Jahr 2009 gesagt haben soll: „ADHS ist ein Paradebeispiel für eine fabrizierte Erkrankung.“

Methylphenidat, von der man – so Lehmkuhl - „nicht genau wisse, wie sie auf das Gehirn wirkt“ (!) bekommen in Deutschland inzwischen alleine 250000 Kinder, in der Mehrzahl Jungen. *„Für die Pharmaindustrie ist Methylphenidat ein Goldesel“, heißt es in der FAS dazu...* Seit einigen Monaten ist der Wirkstoff auch für Erwachsene mit der Diagnose ADHS zugelassen. Tja, man braucht wohl auch neue „Märkte“..

Jedenfalls muss also auch erst einmal ganz genau (fachärztlich) diagnostiziert werden (inklusive Differenzial- Diagnose!) bevor evtl. völlig falsch behandelt /therapiert wird, am eigentlichen Problem vorbei. Nicht nur bei ADS bzw. ADHS. Alleine ich kenne aber auch unzählige Kinder und auch ältere Menschen mit z. B. mehr bestimmten autistischen Zügen, denen auch viel zu vorschnell „ADHS“ bescheinigt wurde. Gleiches gilt für Vieles andere. Zudem sollte eben auch viel mehr das Umfeld betrachtet werden. Wie sieht nicht zuletzt die Klasse aus, der Lehrer bzw. die Kita (-Gruppe) usw. beispielsweise. Was könnte da ggf. auch geändert (bzw. gewechselt) werden… Möglichst auch Pädagogen, Eltern, Ärzte, ggf. Therapeuten noch (viel) mehr an einem Strang ziehend… Zumindest auch die Sicht der Dinge „allseitiger“ statt nur in irgendeiner Form nur auf Persönliches („in“ z. B. den Kindern bzw. bei Eltern). Wenn das so gesehen wird kann man nicht nur mehr gemeinsam gegen AD(H)S-erzeugende Bedingungen tun, sondern wird zudem auch die Eltern der Kinder (bzw. auch diese oder andere Betroffene) mehr zur Zusammenarbeit in diesem Sinn, auch der Kinder, gewinnen können (auch was sie beitragen können)- anstatt dass diese sich zu Recht dagegen wehren nur zu „Problemkindern“ gemacht bzw. stigmatisiert werden! Denn o. g.

Stress in Schulen usw. führt ja nicht zuletzt auch dazu, dass heute auch kaum noch ein Lehrer gesund sein Renten- bzw. Pensions-Alter erreicht (in Hessen z. B. nahezu keiner (!) mehr!). Sind das auch alles (erwachsene) „Problemkinder"? Ja auch sicher nicht ...

Und z. B. an der bekannten Berliner Rütli-Schule wurden aus –angeblichen- unzähligen „verhaltensauffälligen", auch A(D)HS- Kids (oder „schlimmen Jungs") und –angeblich- nicht so guten Lehrern, auch weiblichen und männlichen, auf einmal äußerst viel weniger „auffällige" bzw. „schlechte"... Als dort nach gemeinsamen Protesten der Schüler, Lehrer und Eltern – weiblichen und männlichen - endlich etwas an den Umständen auch dort geändert wurde (räumlich, personell usw.). Das ersparte auch unzählige Medikamente... Die wie gesagt manchmal nötig sein können. Aber bitte nur nach –wie beschrieben- sehr sorgfältiger, allseitiger, auch kritischen Prüfung. Und auch richtig dosiert, woran es auch oft erschreckend mangelt mit ggf. fatalen Folgen. Oft ist gerade auch da „weniger mehr"... Und last, not least ist auch wichtig zu bemerken, dass ja die Mehrzahl der A(D)HS-Kinder im späteren Leben auch nicht zu „Versagern" wird, sondern auch nicht selten sogar besonders erfolgreich, gerade auch z. B. in kreativen Berufen. Wenn (!) sie entsprechende Förderung bzw. auch andere Unterstützung inkl. Wertschätzung und – last not least- *Aufmerksamkeit* bekommen, es daran nicht fehlt! Auch für ihre speziellen, auch geschlechtsspezifischen Bedürfnisse, Anliegen, auch Stärken usw.- deren Verkennung, vgl. auch die letzten Kapitel dazu hier- dürfte wohl auch ein Hauptgrund für unzählige Fehldiagnosen sein, gerade auch bei männlichen (vermeintlich) Betroffenen. Aber auch für ganz persönliche, individuelle bzw. universelle menschl.Bedürfnisse,Schwächen, Stärken.

IV.
Wir stammen doch teilweise etwas von verschiedenen Planeten, sprechen andere Sprachen... Ganz aber auch nicht (ja, auch Männer haben Gefühle, auch Angst)

Nochmals zu einem nicht ganz so harten Thema- aber wahrlich auch nicht unwichtigen, da sich solche „Kleinigkeiten“ bei Menschen oft sehr hochköcheln, auf Dauer so auch äußerst belasten können: „Frauen und Männer“ (-Klischees). Mario Barth hatte zwar nicht immer recht, kann alleine helfen. Aber oft, teilweise schon... Manchmal sollte man auch doch nicht aus Mücken Elefanten machen, hilft auch wirklich oft schon Humor... Man muss zwar in der Tat vor, auch starke Missverständnisse produzierenden, Klischees aufpassen. Oft wird mit „typisch Frau“ oder „typisch Mann“ doch auch ein eigentlich anderes Problem, siehe oben, bzw. Ursachen von Differenzen oder Missverständnissen übersehen. Ebenso wie bei „typisch deutsch“ oder was auch immer (oder auch z. B. „typisch Einzelkind“ usw.). Zumal es ja auch „männlichere“ Frauen bzw. „weiblichere“ Männer gibt und es oft entscheidendere Unterschiede gibt als (nur) die zwischen „Männlein und Weiblein“- auch noch mehr Prägungen (bzw. Benachteiligungen oder auch nur Vorurteile) z. B. familiär oder beruflich, sozial, manchmal auch doch etwas kulturell... Entscheidend ist natürlich auch hier, was daraus gemacht wird. Aber seine „Ausgangslage“ sollte einem auch bewusst sein, werden- ggf. auch mit psycholog. Beratung. Damit man, wenn man möchte, sich ja auch kritisch mit etwas auseinandersetzen kann, z. B. auch seiner Herkunft (in welcher Beziehung auch immer) und daraus ggf. ja doch auch stammenden, mehr oder weniger bewussten, (Welt-) Anschauungen, auch nicht nur „geschlechtlich bedingt“. Die Frau eines Groß-Unternehmers lebt z. B. ja wohl eher doch auch in der Welt ihres Mannes als z. B. in der einer Frau, die in dem Unternehmen z. B. am Fließband arbeitet... Kann sich aber natürlich auch mit „Unterschichten“ (welch Wort..) solidarisieren, Männern und Frauen

dort… All das muss natürlich auch berücksichtigt werden und ganz genau im einzelnen „Fall“ angeschaut werden.
Und natürlich ist *jeder* Mensch eben nicht perfekt, *Nobody* perfect.. Hat *jeder* so seine „Macken“, ist nicht „einfach“. Wir Menschen sind ja *alle* „komplizierte“- komplexe- Wesen, schon von unserer Gattung, Art her. Was ja auch grundsätzlich gut, interessant ist, Vorteile hat- teilweise weiter entwickelt zu sein als ein Affe.. oder eine Ameise usw. (wenn wir manchmal doch eben auch „nur“ recht animalisch sind… oder auch „in der Lage“ Dümmeres zu tun als Tiere). Also aber auch nicht einfach zu verstehen, kompliziert…Natürlich auch *alle* Frauen und Männer.
Nicht nur meine Eltern dachten zuvor- ähnlich wohl wie M. Barths These „Männer sind primitiv aber glücklich“- beispielsweise auch wohl, dass es mit Söhnen einfacher ist als mit Töchtern z. B. meinen beiden (super-tollen!) Schwestern zuvor... Tja. Zumindest im Einzelfall muss das sicher nicht immer so sein, können Mädchen auch viel weniger „zickig“ usw. sein. Bzw. sind die meisten Menschen ja manchmal „zickig“ – vielleicht ja auch nur, weil sie- wie jeder einmal- schlecht drauf sind oder ängstlich, verletzt, traurig, sich angegriffen bzw. falsch behandelt fühlen usw., vielleicht ja auch zu recht (viele Sachen sind auch mehr universell *menschlich,* nicht „männlich“ oder „weiblich“- Männer oder Frauen zeigen nur oft einige Sachen, auch „Zickigkeit“, aber auch ängstlich, verletzt, traurig – deshalb ggf. auch aggressiv - usw. sein nur (etwas) anders… Oft sind beide aber auch nur z. B. „zickig“ oder aggressiv aus Hilflosigkeit, Angst, Verletztheit!).
Andererseits hatten wir uns z. B. eigentlich auch eher ein Mädchen als Kind gewünscht, auch weil die nun mal „so süß“ sind. Klar, rational ist einem klar, dass das auch ein (positives- aber auch das kann Menschen ja belasten!) Vorurteil bzw. fragwürdiges Kompliment ist. Natürlich ist nicht jedes Mädchen „süß“, muss/will das sein (und jeder Junge auch nicht- oder auch „brav“). Aber was ist schon Vernunft, Rationales in zwischenmenschlichen Fragen, auch Liebe usw.? Oft ja doch nur ein geringer Faktor… Und dass Gefühle, „Herz“ da mehr sagt bzw. zu sagen hat ist ja zumindest auch nicht immer schlecht… Jedenfalls: Da war doch ein kleines bisschen Enttäuschung da zuerst- als der Arzt

sagte, dass es ein Junge wird. Sicher, Hauptsache gesund ... Aber na ja... Nur jetzt – haben wir einfach das Welt- Allerliebste, tollste Kind! Junge oder Mädchen – wirklich völlig egal.
Es kommt ja auch immer darauf an, was man aus Anlagen macht. Oder aus, Geschlechter – oder auch anderen, Rollen. Bzw. auch Rollen – Zuschreibungen. Bei Zimbardo finden sich beispielsweise auch einige Untersuchungen – von denen es noch viele mehr gibt- die zeigen wie Menschen z. B. Babys selbst heute noch völlig anders sehen, wenn sie denken, dass diese männlich sind. Mit Aussehen, Eigenschaften, Verhalten usw. „typisch Junge“ z. B.- wenn man ihnen sagte, dass das eigentlich weibliche Baby männlich wäre ...“Schön lebendig“. Andere Menschen, die wussten, dass das –gleiche- Baby weiblich war sahen in diesem ganz – bzw. nur – „Weibliches“ (z. B. „liebes Kind“) usw. Auch das zeigt ja sehr viel...
Unser Aller-Liebster wurde z. B. in der Kita auch zu Beginn (das legte sich dann auch, er musste sich halt nur erst einmal daran gewöhnen...) als sehr, evtl. zu ruhig beschrieben. Halt nicht so „jungenhaft“... Wäre er ein Mädchen gewesen wäre das wohl „ganz normal“ gewesen. Warum soll ein Junge aber nicht einmal etwas ruhiger sein, nachdenklicher... Zumal im Land der „Dichter und Denker?“. Oder ein Mädchen etwas lebendiger bzw. lauter? In unserem neuen Jahrtausend sind wir alle angeblich so „aufgeklärt“... Faktisch aber wohl noch zu großen Teilen mit Denken bzw. Vorurteilen, die ihren Ursprung vor vielen Jahren, Jahrzehnten, teilw. Jahrhunderten, vielleicht sogar Jahrtausenden haben... Das muss uns, gerade natürlich auch Pädagogen und Psychologen, Therapeuten- wirklich bewusst sein, damit man sich auch bewusst damit auseinandersetzen kann.
Solche (Miss-) Interpretationen bzw. Vorurteile gibt es natürlich auch in anderen Bereichen. Was wird z. B. Einzel- oder auch Trennungskindern aber nicht alles an „Typischem“ angedichtet, wissenschaftlich zumindest nicht ernsthaft oder zweifellos belegbar. Ein Einzelkind kann sich ja z. B. auch viel „sozialer“ entwickeln, wenn es statt Geschwistern eben umso mehr Freunde hat, findet, sich aktiv darum bemüht (bzw. das zu Beginn die Eltern tun). Oder vielleicht ja eben auch automatisch nicht ständig mit Geschwistern „abhängt“.

Deshalb auch Kontakt-suchender, geselliger wird... Zumal im Wandel der Zeit, wenn z. B. Einzel- oder auch Trennungskinder heute ja zunehmend eher die Regel werden, sich die Gesellschaft auch teilweise darauf einstellt. Und bei „den“ Männern“ und „den“ Frauen gibt es wohl auch besonders viele solche *pseudo*wissenschaftl. Gedanken, werden auch sonstige Begleitumstände bzw. mögliche Faktoren, Ressourcen zu wenig berücksichtigt bzw. genutzt. Auch solche, die man bis vor Kurzem nicht kannte bzw. erst künftig kennt... Denn selbst wenn z. B. „Frauen schlechter einparken können“ (dann bin ich übrigens auch sehr „weiblich“...) bzw. „Männer schlechter zuhören“ (dann kenne ich aber auch viele „männliche Frauen“), um mal einen sehr bekannten diesbezüglichen Buch-Titel anzuführen, wäre das ja zunehmend weniger problematisch bei nun sogar schon im Discounter erschwinglichen Einparkhilfen... Viele, viele Beziehungsstreits mit „typisch Mann/Frau“ lösten z. B. auch „Navis“ (oder auch Spülmaschinen, manchmal auch Paarberatungen usw.- die auch Männern und Frauen halfen unzählige Streits zu vermeiden und sich über Wesentlicheres, auch Schöneres unterhalten zu können, auch besser gegenseitig verstehen, zuhören zu können).

Aber dass sehr viele Frauen und Männer im Schnitt, auch sprachlich, doch etwas unterschiedlichen „Planeten“ entstammen - wie es heute ja sehr viele Menschen empfinden, mit dazu passenden vielen möglichen Missverständnissen- kann ich auch aus meiner langen Paarberatungs- bzw.- Therapie- Praxis doch auch zumindest des Öfteren bestätigen (zumal Missverständnisse in menschl. Kommunikationen ja auch *die Regel, nicht Ausnahme* sind! Was „A“ sagt kommt in der Regel fast immer nur zu ca. 40-50% bei „B“ an, auch unter 2 Frauen!). Bzw. auch dass sehr viele Männer (aber natürlich auch viele Frauen) darunter leiden, dass sie nicht so gut über ihre Probleme, Ängste usw. reden können, auch nicht so gut „beste Freundinnen“ finden können wie viele (andere) Frauen... Das ist doch in der Tat sehr oft so. Gerade auch in Deutschland mit ja auch noch extrem vielen Alleinlebenden. Sowohl in großen wie auch kleinen Städten, Orten, kann man da leicht einsam(er) werden. Da brauchen (gerade) auch Männer – aber auch Frauen- wirklich sehr oft, auch professionelle, Hilfe. Auch „nur“ für Tipps zum

Kontakte knüpfen. Dafür muss man(n) sich auch nicht schämen. Das wurde den meisten Männern einfach auch nicht so gut beigebracht, deshalb ist da – oder auch bezüglich Arbeiten im Haushalt, Umgang mit Kinderkleidung usw. (das kann wohl selbst kaum ein männl. Erzieher gut) der Bedarf an „Nachhilfe“ auch wirklich legitim, verständlich, muss nicht peinlich sein! Ebenso wie Frauen nicht. In unseren stressigen Zeiten ist ja auch grundsätzlich sehr schwer gute Beziehungen, Freunde, Partner zu finden. Bzw. Beziehungen zu pflegen. Dass sehr viele Beziehungen heute schon nach wenigen Jahren enden bzw. kriseln ist meistens auch dem geschuldet, nicht „persönlichem Versagen“ oder wem auch immer! Auch hier braucht man heute wirklich oft (psycholog.) Beratung. Auch - bzw. aus div. Gründen gerade- die besten Beziehungen, Frauen und Männer. Und echte Beziehungen, Freunde sind ja nicht solche auf (nur) „sozialen Netzwerken“. Die und E-Mails und Co. können auch hilfreich sein um Kontakte zu bekommen, haben und pflegen. Es entstehen aber auch viele Missverständnisse dadurch (und nur interaktive Kontakte, Umarmungen und dergleichen reichen ja auch nur wenigen Menschen).

Vieles zwischen Partnern wäre ja aber oft auch witzig.. Wenn es einen nicht gerade selbst betreffen würde... M. Barths Wörterbuch „Frau-Deutsch / Deutsch- Frau“ erschien ja auch immerhin im Langenscheidt-Verlag, der sonst auch wissenschaftliche Bücher herausgibt. Und in der Tat sind Barths Thesen auch zu großen Teilen wissenschaftlich, z. B. anthropologisch (vgl. dazu bei Interesse z. B. auch Wulf) erforscht bzw. begründet. Manchmal etwas – bzw. fast immer bei Barth natürlich ironisch- überzogen und nicht immer auf jeden passend... Aber oft eben doch. In Paarberatungen stößt man schon erstaunlich oft auf Probleme, die er beschreibt. Teilweise auch wirklich etwas „archaische“... Aber wir haben eben auch wirklich Ur-Ängste, teilweise wohl auch „Triebe“ bzw. Bedürfnisse und dergleichen (was ja auch nicht immer schlecht sein muss, auch z. B. selbst Angst hat ja meistens auch etwas Gutes, mahnt zur Vorsicht bzw. Wachsamkeit). Auch teilweise aber nicht so Mut machend. Dass es z. B. auf die Frage „wie gefällt dir meine neue Frisur“ und dergleichen einer Frau bisher noch keine gute Antwort gibt denke ich z. B. auch. Man(n) antwortet

da fast immer falsch. Sagt man Positives wird das wirklich fast immer interpretiert mit „aha, vorher gefiel s dir wohl nicht“. Und Negatives... nun ja. Die meisten Männer, auch ich, sagen dann lieber gar nichts mehr. Was natürlich auch nicht recht ist... Dann wieder als „Schweigen der Männer“ kritisiert, wie auch in zig ähnlichen Fällen... Aber was sollen wir „armen Tore“ denn sagen zu Sachen, für die selbst Einstein, Goethe bzw. Faust, Hamlet usw. keine wirkliche Antwort hatten- bzw. eher noch mehr offene Fragen? Zumal wirklich wohl mit die meisten Probleme in Beziehungen auch noch durch missverstandene *Komplimente* entstehen (bzw. teilweise doch auch wirklich etwas oft anderer „männlicher“ bzw. „weiblicher“ Kommunikation, auch bei sehr wichtigen Aussagen wie z. B. „tut mir leid“ oder Liebesbekundungen … Was oft wirklich erst mithilfe von Beratungen gelöst bzw. überhaupt klar, aufgedeckt werden kann…).
Vielen Männern ist z. B. die Frisur oder sonst Äußeres, Details bei was auch immer aber auch wirklich nicht so wichtig, nicht aus Desinteresse oder mangelnder Wertschätzung - sondern man liebt die Frau (fast) egal mit welcher Frisur, Kleidung etc. auch immer. Das ist aus männl. Sicht also positiv, wertschätzend (und nicht gegenteilig!) gemeint. „Wir“ sind oft bei einigen Aspekten einfach nicht so detail- verliebt (bzw. fähig oder interessiert das zu erkennen, außer bei z. B. manchmal technischen Sachen… Aber Frauen sind ja keine „Sachen“). Und selbst viele Frauen geben ja manchmal zu, dass sie sich oft selbst nicht ganz verstehen, sie wollen aber „nicht verstanden sondern einfach geliebt werden“. Und in dieser Kombination können es die meisten Männer ja auch erfüllen, wollen selbst meistens auch nicht mehr. Nur das (ganz) verstehen wäre eben auch einfach zu viel verlangt. Selbst der wohl mit klügste Mann, Einstein, sagte ja wortwörtlich dazu „Manche Männer versuchten das Wesen einer Frau zu verstehen. Ich versuchte mich da lieber an weitaus leichteren Unterfangen- wie z. B. der Relativitätstheorie“. Und, liebe Frauen, versteht ihr alle die Relativitätstheorie? Tja, und wir Männer halt meistens auch nicht ...
Und auch „die“ Männer – laut Barth ja auch recht primitive Wesen - sind sicher in vielen Fragen einfach nicht (ganz) zu verstehen. Zumindest von Frauen. Aber oft auch von uns bzw. sich selbst nicht.

Aber muss man das immer? Muss ein „Planet" den anderen verstehen? Haben nicht beide ihre Berechtigung, Reize usw.? Es gibt ja auch Multi-kulti, warum nicht „Multi-planeti"… Und auch M. Barth hat ja – wie auch meine Wenigkeit- das erklärte Ziel Geschlechter zusammen zu führen... Auch mit Humor, der, wenn nicht despektierlich oder missverständlich, missverstanden, im falschen Moment – allein schon von der Wortbedeutung her – eben auch vieles lösen kann, s. oben. Und einige von Barths Beispielen sind eben schon bei fast allen Paaren Thema in div. Varianten. Wenn er z. B. ein Paar beschreibt, das nur 15 Minuten auf einer Party war. Sie danach weiß, wer da war - und wer mit wem zusammen. Er aber nicht einmal ansatzweise auch nur ungefähr weiß wer überhaupt dort war. Frauen sind da in der Regel viel sensibler bzw. aufmerksamer, Detail- verliebter bzw. erkennender... Männer halt wirklich eher „fürs Grobe" zuständig, das auch nur erkennend (also eher nicht das Feine, auch Details). So kommunizieren sie auch oft. Liebe wird z. B. oft statt mit vielen Worten in Taten gezeigt (durch das bei der Frau bleiben, für die Familie Geld verdienen…). Und Männern Unsensibilität, Unaufmerksamkeit in zig Fragen vorzuwerfen mag sehr berechtigt sein. Aber halt nun einmal leider – ja auch für die Männer – traurige Wahrheit, auch (s. folgende Kapitel) oft „anerzogen". Aber vielleicht, zumindest manchmal oder meistens, auch nicht so schlimm? Vielleicht ist ja z. B. gar nicht so wichtig wer alles auf der Party war…

Und bei einem, nicht ganz beabsichtigten, „Feldversuch" stellte ich beispielsweise auch einmal fest, dass von gerade anwesenden etwa 10 Müttern, 4 Erzieherinnen, 1 Erzieher und 3 Vätern in der Kita meines Sohnes 14 Personen sofort feststellten, dass ich ihm zwei nicht ganz passende Socken angezogen hatte (schwarz und dunkelblau). Raten Sie mal wer... Die 4 Männer, inklusive dem Erzieher- ich hatte aus Interesse extra nachgefragt- hingegen hatten absolut nichts bemerkt, sie seien ja auch nur kurz an uns vorbeigelaufen. Das waren die Frauen allerdings auch...(die Kinder bemerkten übrigens nichts – außer einem etwas älteren Mädchen(!), die das aber auch nur „cool" fand).

Und nur weil männliche Therapeuten oder Kollegen von Frauen z. B. bei der Arbeit so aufmerksam sind sind diese es oft zuhause ja noch

lange nicht... Das merken Frauen, die sich von einem „unsensiblen“ Exemplar der „Gattung“ Mann trennen hin zu einem vermeintlich sensibleren – z. B. ja auch Therapeuten, der das aber ggf. nur beruflich ist, kaum eine andere Berufsgruppe hat ja auch höhere Scheidungsraten - oft sehr schnell, landen vom Regen in der Traufe. Sehen sich dann irgendwann auch noch selbst als beziehungsunfähig usw. Nein, das sind sie nicht! Nur gibt es da wirklich auch sehr oft andere „Sprachen“ (auch z. B. um Mitgefühl, Komplimente und dergleichen auszudrücken). Und Frauen sind einfach auch kommunikativ i. d. R. besser. So beschreibt M. Barth auch etwas 2 Frauen, die sich am Telefon sinngemäß nur „äh, ja, ok, gut, tschüss“ sagen- nicht mehr. Und beide anschließend wissen, wo und wann sie sich verabredet haben, wozu, warum... Wirklich, ganz aufrichtig gemeint: Hochachtung allen Frauen, die das können- ich kenne auch welche. Aber keinen Mann, der das auch kann, geschweige denn verstehen... Und wenn eine Frau denkt, dass das Beispiel übertrieben wäre: Fragen Sie bitte einmal Ihren/ einen anderen Mann... Problem ist nur, wenn man so etwas zu ernst nimmt. Letztlich oft auch die Männer, die sich dann selbst noch als „Beziehungsunfähig“ halten, wenn sie immer wieder mit Frauen ähnliche Probleme bekommen (oder auch umgekehrt), sich immer wieder für „unbelehrbar“ unsensibel und dergl. halten. Da kann ich meine „Geschlechtsbrüder“ doch beruhigen, aus Erfahrungen auch in meinen Beratungen bzw. aus div. Studien: Das ist ganz sicher die Regel, hört nahezu jeder Mann (zumal Studien belegten, dass man durchschnittlich etwa 100 intensivere Bekanntschaften mit möglichen Partnern braucht, um den oder die Richtige zu finden… Dass man auch nahezu immer, fast jeder Mensch, von mindestens 70-80% oder mehr aller Menschen auch einfach nicht der „Typ“ ist für eine ganz enge Beziehung, Geschmäcker sind einfach verschieden, bitte auch nicht persönlich nehmen… Zumal sehr viele Frauen und Männer ja (leider) halt auch schon „vergeben“ sind…).
Und wenn kann es ja auch etwas positiv (!) Persönliches sein… Viele wirklich ganz tolle Männer (und Frauen) kommen z. B. in psychologische Beratung/Therapie wegen „Beziehungsunfähigkeit“. Die hat aber auch kein Mensch wirklich. Und wenn dann überhaupt

eher die Leute etwas, die gar nicht so stark, klug sind auch mal selbstkritisch zu sein, dass sie an sich arbeiten wollen, können mit z. B. psycholog. Hilfe! Die sich für super-toll halten, gar nicht so viele Probleme bzw. Tiefergehendes sehen, erfahren können. Und damit auch nicht so viel Herz- aber damit oft auch Schmerz. In oberflächlicheren Beziehungen ist natürlich vieles einfacher. Oder wenn man sich gleich trennt bzw. immer den anderen allein Schuld gibt... Wie gesagt, so (dumm!) kann man natürlich einfacher selbstsicher sein, auch selbstbewusster... So auch einfacher Beziehungen finden, erhalten können... Schlauere, herzlichere Menschen haben es da natürlich- leider -schwerer... (ja, das Dumme an der Welt ist wirklich, dass die Gescheiten dann auch hier sehr oft viel mehr Selbstzweifel kriegen und die anderen weniger, oft auch Probleme- bzw. einfacher Beziehungen, ggf. auch Jobs usw.). Wer nicht immer alles nur auf andere Leute schiebt wird natürlich auch mehr Probleme bei sich finden! Aber dadurch ja kein schlechterer Mensch, im Gegenteil! Er ist halt „nur" schlauer, selbstkritischer, herzlicher... Das muss einem wirklich bewusst sein. Wenn man sich für dumm, unherzlich,... hält sucht man sich ja nur „Seinesgleichen" als Partner, ggf. auch Chef usw. Und kriegt dann natürlich Probleme mit solchen Menschen, Stellen usw.- bzw. hält eine Beziehung oder Stelle auf Dauer nicht – oder lässt sehr leiden, mit auch noch Problemen daraus! Die man dann ggf. auch noch auf sich schiebt, sich dann ggf. wirklich letztlich keine gute Arbeit, Beziehung usw. mehr als „angebracht" sieht, diese nicht mehr sucht- und dann natürlich auch nicht mehr findet... Mit dann natürlich so auch immer mehr „schlecht drauf sein", ggf. auch depressiv bzw. aggressiv.
Anstatt sich klar zu machen, dabei (z. B. auch psychologisch) helfen zu lassen, dass man ja natürlich viel Besseres verdient hätte- was man dann ja auch – selbstbewusster- zumindest viel eher besser finden kann. Ja, Bescheidenheit ist eine Zier... Nur bitte nicht zu viel davon (zumal nicht so tolle Leute ja leider meistens gerade leider nicht bescheiden sind). Sonst wird man wirklich auch so unauffällig, dass man kaum noch sichtbar ist. Nicht weil man ein „Mauerblümchen" wäre. Sondern sich selbst nur in die Ecke bzw. den Schatten stellt. Mit gesundem,

berechtigtem Selbstbewusstsein- das ist keine Überheblichkeit!- kann man dann natürlich auch eine tolle, zumindest viel bessere Beziehung, ggf. auch Stelle finden (auch wenn beides natürlich auch generell heute sehr schwer ist).

Dass zudem „nur" Liebeskummer" bzw. Single sein oder auch Probleme in Beziehungen Menschen aber auch extrem leiden lassen kann – nicht muss - wurde auch zig Mal wissenschaftlich erwiesen- bitte auch hier nicht zögern bei Bedarf, auch professionelle, Hilfe zu suchen! Das führte sonst auch schon zu unzähligen Suiziden oder anderen extremen „Folge-Problemen", depressiv bzw. aggressiv werden, Drogen usw. (weil es auch, auch wissenschaftlich belegt, ähnlich brutal schmerzen kann wie z. B. (kalter) Drogen-Entzug!).

Vielleicht hat das „typisch Mann" (bzw. Frau), soweit überhaupt zutreffend, allerdings wirklich teilweise auch etwas anthropologische Ursachen. So wie es Barth andeutet: Früher, zu Ur- Zeiten, waren die Frauen alleine zuständig für die Kindererziehung, konnten und mussten da ganz aufmerksam auf jedes Hüsterchen der Kinder achten. Der Mann konnte aber das Mammut nicht fragen, wie es ihm gerade so geht, als es auf ihn zu düste bei der Jagd... Also nicht sensibel auf jedes Detail achten... Gut, sicher heute etwas übertrieben. Selbst wir Männer haben uns seither entwickelt. Nur wurden die Männer auch in jüngerer Vergangenheit, auch zu des Kaisers und Hitlers Zeiten, gerade auch in Deutschland ja wirklich nicht sehr zum Sensiblen sozialisiert (und gerade auch das „nicht verlieren dürfen" ist nicht erst seit Hitler- Zeiten schon recht speziell oft sehr „typisch deutsch" gewesen). Und konnten auch späteren Generationen – inkl. unserer bzw. der unserer Väter – diesbezüglich auch kaum Vorbild sein. Und erst in den letzten Jahrzehnten geriet dies ins Wanken, für viele Männer aber auch eher weiter mit Unklarheiten wie „wann ist ein Mann ein Mann" - auch da steht man(n) unter hohem Druck Erwartungen zu erfüllen – die aber, auch bei und von Frauen, ja aber teilweise sehr widersprüchlich bzw. sehr schwer zu erfüllen, überhaupt klar sind ... Auch viele Frauen wissen ja auch nicht immer so ganz, was sie – auch von Männern – wollen ... Auch die Generation der Frauen bzw. Mütter zumindest vor 1968 bzw. erst anschl. Frauenbewegungen hatte aber noch wenig

Möglichkeiten zur Selbstfindung, Selbstverwirklichung ... Selbst heute oft nicht. „Männerbewegungen" gab es ja aber auch kaum ... Sodass heute gerade sehr viele Männer gar nicht mehr wissen, wie sie eigentlich sein sollen bzw. – ja noch wichtiger – sein können, möchten ... Mit unzähligen, teilweise widersprüchlichen Erwartungen an sich, auch von vielen Frauen. Und auch Frauen selbst halfen zwar viele „Frauenbewegungen". Einige davon schafften aber auch eher mehr Konfusion bzw. auch Zwietracht als Klarheit. Auch bezüglich ihrer Wünsche an Männer. Ebenso wie das diverse Filme, Männer-und auch Frauenmagazine usw. tun - die „Weisheiten" verkaufen, die wissenschaftlich aber oft überhaupt nicht nachgewiesen bzw. sogar nachweislich, zumindest im individuellen Fall falsch sind (aber es verkauft sich halt gut ... auch wenn aus Not Profite schlagen verwerflich ist). Natürlich gibt es z. B. auch dumme Blondinen. Aber natürlich auch sehr intelligente davon – und auch viele dumme Menschen, natürlich auch Männer, mit anderen Haarfarben. Aber inzwischen halten sich ja sogar viele „Blondinen" selbst für dumm, zumindest unterbewusst, wenn solche – wahrlich dummen - Vorurteile immer wieder verbreitet werden ja auch kein Wunder. Ebenso eben wie das früher, dass blonde Germanen eine überlegene Spezie bzw. gar Rasse wären... Oder aber auch, dass Männer besonders wehleidig wären. Was eben auch jeglicher wissenschaftlichen Grundlage, z. B. moderner Schmerzforschung, widerspricht. Aber als Vorurteil unzählige Männer eben auch daran hindert darüber zu klagen, wenn ihnen etwas zu viel ist, weh tut – was oft sogar Burn-out verhindern könnte oder Probleme, auch in Beziehungen, wenn diese angesprochen würden! – weil man(n) ja nicht so „wehleidig" sein möchte (deshalb kommt m. E. oft auch nur das „Schweigen der Männer" – bzw. erst späte Klagen, dann auch oft stark weil es auch dann viel, gesammelt, zu beklagen gibt ...). Dieses Vorurteil, ebenso wie das beispielsweise über „Blondinen", ist aber ähnlich „wissenschaftlich fundiert" – nämlich überhaupt nicht! – wie das z. B. von Lemmingen, die sich in Massen in Abgründe stürzen (was Lemminge natürlich nicht tun, das taten sie nur einmal in einem Film von Walt Disney – seither denken aber fast alle Menschen, ehrlich gesagt auch ich bis vor Kurzem, dass das stimmt. In einer anderen Umfrage kam früher auch z. B. einmal heraus, dass sehr viele Chinesen dachten, dass jeder Deutsche einen Chauffeur hat. Basierend auf der Serie „Derrick“, die auch in China lief – in der immer sein Chauffeur bzw. Assistent gerufen wurde für jede Fahrt ... Tja, Klischees... Schwer aus Köpfen zu kriegen...). Eine Umfrage im Auftrag der Zeitschrift „Geo-Wissen“ zeigte auch einmal wie Vorstellungen (bzw. auch wissenschaftl. Studien, die so auch wieder Vorurteile schaffen) durch Klischees manipuliert werden können. Zu einigen Themen wurden 2000 Männer und Frauen befragt, auch zur „Wehleidigkeit“. Zwei Drittel der Frauen stuften dabei zunächst Männer als wehleidig(er) ein. Anschließend bat man die Frauen hingegen über ihre diesbezügliche Meinung, Erfahrung im *persönlichen* Umfeld (Nachbarn, Kollegen usw.) oder sonst im Alltag, also *der Praxis*. Daraufhin hielt nur noch ein Drittel der Frauen „die Männer“ für wehleidig... (Quelle: http://www.3sat.de/3sat.php?http://www.3sat.de/nano/news/10286/index.htmlhttp://www.geo.de/GEO/kultur/gesellschaft/617.html?p=2&q=wehleidig).

Nicht zuletzt ist eben auch wichtig nicht zu vergessen, dass trotz aller eventuellen Unterschiede- sofern diese, s. oben, nicht sowieso nur Vorurteile, Klischees oder –zumindest im Einzelfall- zweifelhaft bzw. unzutreffend sind - in der Regel auch *gemeinsame* Bedürfnisse und Interessen wichtiger sein dürften. Es führen z. B. sicher nicht alle Männer Kriege und beuten Frauen aus, es gibt zudem auch mehr als genug Frauen, die das tun (bzw. auch mehr ausgebeutete Männer bzw. auch männliche Opfer von Kriegen). Und sicher gibt es auch sehr viele üble Männer – Frauen aber auch. Und noch viel mehr gute Frauen und Männer! Die sich auch weder im Kleinen noch im Großen zu sehr auseinander dividieren lassen sollten. Im Gegenteil. Jegliche Diskriminierung von Frauen bzw. dass diese immer noch meistens weniger verdienen usw. muss natürlich auch von jedem anständigen Mann kritisiert werden. Und auch bei Frauen ist natürlich eine Sicht schön, wie sie z. B. in einem berühmten Lied der US- amerikanischen Frauenbewegung, „Brot und Rosen“, heißt (frei übersetzt): „Wenn wir zusammen gehen, kämpfen wir auch für den Mann, weil ohne Mutter kein Mensch auf die Erde kommen kann Und wenn ein Leben mehr ist als nur Arbeit, Schweiß und Bauch, wollen wir mehr. Gebt uns das Brot, doch gebt die Rosen auch. Wenn wir zusammen gehen, kommt mit uns ein bess'rer Tag. Die Frauen die sich wehren, wehren aller Menschen Plag. Zu Ende sei dass kleine Leute schuften für die Großen. Her mit dem ganzen Leben Brot und Rosen!“. Ja, wie es ja auch in einem Sprichwort heißt „Die Grenzen verlaufen nicht zwischen den Völkern- sondern (eher) zwischen „oben und unten“… Bzw. eben auch eher als zwischen „Männlein und Weiblein“. Da ist ein mehr gemeinsames „Miteinander“ für eine bessere Welt von und für Frauen und Männer und natürlich gerade auch Kinder sicher sinnvoller… Und selbst wenn Geschlechter- bzw. auch einfach „nur“ alle Individuen- unterschiedlich sind ist ja doch ein sehr interessanter Gedanke: „Gemeinsamkeiten machen eine Beziehung angenehm, interessant wird sie jedoch erst durch die kleinen Verschiedenheiten“ (Konfuzius).

Und ein „Gegeneinander“ der Geschlechter wäre, ebenso wie eines, das nach z. B. Hautfarbe, „Rasse“ oder was auch immer Menschen selektiert ja sicher auch auf jeden Fall fatal (was ja gerade auch die deutsche Geschichte mehrfach sehr grausam zeigte), denn- wie es in einen Lied auch treffend auf den Punkt gebracht wird:

„…Kill all the blacks, kill all the reds, and if there's war between the sexes there'll be no people left…“

(aus dem Song „real men“ von Joe Jackson)

V.

Grundlagen von Geschlechtsidentität – Bewältigungsfragen männlicher Kleine (und große) Helden in Not?

Ergänzend zu dem bisher schon Ausgeführtem nun noch Folgendes- auch um besser verstehen zu können- das hilft ja schon oft alleine enorm, auch oft ent-schuld-igend- warum man(n) so ist wie man ist- bzw. „*gemacht wurde*" (und auch wieder anders sein bzw. werden könnte! Bzw. seine starken Seiten auch noch mehr sehen, nutzen). Inklusive Alternativen dazu- bzw. auch noch vielen ungenutzten Potenzialen, Ressourcen, Möglichkeiten... Hier primär am Beispiel der Arbeit mit Kindern und Jugendlichen, sinngemäß wäre das aber auch auf, auch ältere, Männer übertragbar (dann eben z. B. mit Selbsthilfegruppen- Arbeit oder auch „nur" kulturellen, sportlichen usw. Gruppen bzw. Vereinen oder auch therap. Angeboten, psychologischen Beratungen, Selbsterfahrungsangeboten usw.). Teilweise werden aber auch allgemein gültigere Hinweise, Anregungen- bzw. auch solche für „Ältere" gegeben. Diesem liegen außer div. wissenschaftlichen Studien, Büchern- inklusive auch Erfahrungsberichten dort (s. unten/ Literaturverzeichnis)- auch einige weitere (auch nicht angeführte, teilweise anonyme) „Quellen" zugrunde, wie das „Studium" auch z. B. von diversen (u.a. Frauen- und Männer-) Zeitschriften, Büchern, Ratgebern etc. und Gespräche zum Thema mit jüngeren und älteren Männern, Frauen, männl. und weiblichen Jugendlichen, Kindern sowie auch Erwachsenen, auch älteren, u.a. auch in div. (sozial-) pädagogischen Einrichtungen. Und natürlich auch eigene Ansichten / Erfahrungen u.a. Um etwas, zumindest exemplarisch, weiter zu betrachten woher viele „Männer-Fragen", Probleme eigentlich kommen – denn das zu verstehen ist fast immer, auch in psychologischen Beratungen, sehr hilfreich. Denn sich selbst und seine Probleme, Ängste, Zweifel- aber auch Stärken, Ressourcen, Geschichte usw. –

besser verstehen oder auch überhaupt erst sehen zu können kann natürlich sehr helfen damit umzugehen, quasi auch wieder mehr zum „Regisseur“ seines Lebens bzw. seiner Entwicklung zu werden, sich selbst bewusster (und damit auch selbstbewusster- bzw. auch weniger „selbstzerfleischend“ mit Selbstvorwürfen, Vorwürfen an sich die doch eher anderen Leuten bzw. Umständen gelten sollten). Bzw. auch für mögliche Lösungen, Weiter-Entwicklungen, teilweise auch einfach „nur“ Beruhigung oder besseres Selbstwertgefühl, Selbstbewusstsein, weniger Selbst-Vorwürfe oder zu hohe Erwartungen an sich... Auch Gold wert z. B. gegen „Burn-out“ bis hin zu Suizid-Gefahr oder andere fatale Folgen (bis hin zu Herz-Infarkt, Schlaganfall, schwere Depressionen usw.), viele Beziehungs-Konflikte... Dies ist für sehr viele Männer- und deren Partnerinnen, Verwandte, Bekannte usw.- und nicht zuletzt auch für Pädagogen und Therapeuten, Ärzte usw. oft sehr bedeutsam. Einerseits um aktuell Männern und männlichen Jugendlichen, Kindern bzw. deren Beziehungen, auch Familien besser helfen zu können. Andererseits aber auch vorsorglich, vorbeugend für die Männer von morgen (bzw. Kinder, Kids von heute- vielleicht ja auch eigene oder bekannte bzw. anvertraute).

Für Menschen, gerade auch Männer, ist auch ganz wichtig sich zu verstehen (natürlich nicht alles, das geht auch nicht und ist nicht nötig. Aber Einiges schon). Auch „komische“ Gedanken, Gefühle (auch „politisch nicht korrekte“). Die man aber eben oft hat.. Zumal in bestimmten Zeiten. Und wenn man weiß, dass das ggf. in der Tat wirklich etwas komisch, ungewohnt ist aber doch ganz normal, auch im Sinn von dass das eben unzählige andere Menschen auch schon hatten (und überlebt haben) ohne irgendwelche Schäden für sich und andere beruhigt das eben. Und erspart dann oft auch wirklich Besuche bei z. B. Psychotherapeuten, wo manchmal tatsächlich erst „aus einer Mücke ein Elefant gemacht wird“. So hatte ich z. B. auch das Glück als damals werdender Vater auf ein sehr gutes Buch- auch für schon ältere Väter- zu stoßen, von M. J. Goldman („Vater und Kind. Das etwas andere Baby-Buch“, München 2006, auch in vielen Bibliotheken erhältlich). Wo er- selbst auch Psychotherapeut und mehrfacher Vater- eben auch von solch „komischen“ Gedanken und Gefühlen spricht bzw. andere

Väter (und teilw. auch Mütter) darüber sprechen lässt, anonym. So etwas- oder auch „Väter-Seiten“ im Internet oder Selbsthilfegruppen vor Ort für Väter und andere Männer können wirklich Gold wert sein. Eben auch mit „Leidensgenossen“, die einen oft auch erst wirklich verstehen können. Mit denen man auch „Freud und Leid teilen kann“... Auch wenn man möchte offen. Auch anonym möglich. Und auch seine Träume, Wünsche, Bedürfnisse, Ängste, Zweifel etc. - die halt oft auch nur ähnlich Denkende bzw. Fühlende verstehen (können). Und die natürlich auch sehr wichtig sind, alleine die erst einmal (besser) herausfinden bzw. dazu stehen zu können- oft auch alles andere als einfach, gerade auch für Männer.

Denn alles andere ist eben „politisch korrekt“. Aber das sind wir Menschen, zumindest zunächst, in unseren Gefühlen und Gedanken, Träumen etc. eben auch oft nicht (was ja auch nicht schlecht sein muss, denn was „politisch korrekt“ ist war ja oft auch alles andere als gut- das wissen wir ja gerade in Deutschland nach Hitler, Honecker und Co. nur zu gut. Und was wirklich gut, das Beste ist sich länger zu überlegen, auch zweifelnd, ist so verkehrt bei vielen Fragen sicher nicht. Bzw., vgl. Beispiele zuvor, viel früher „Verteufeltes“ gilt heute ja als, oft auch besonders, gut...). Dass wir nur oder fast nur vom Unterbewusstsein bestimmt sind ist heute zwar mehr als umstritten. Dass Gefühle, die wir oft auch kaum rational erklären können, in uns sind ist aber auch klar. Bei ja auch sehr komplexen- auch positiv gemeint- Wesen (Menschen). Nicht zuletzt eben auch Ängste- was meistens ja auch gut ist. Ängste haben ja auch die Aufgabe uns zu warnen, vorsichtig zu sein, nicht blindlings ins Verderben zu rennen. Z. B. auch „nur“ mit Burn-out oder dergleichen, immer mit Vollgas ... Oft vorbei an eigentlich besten oder besseren – manchmal auch Um-Wegen, seinem Weg, Bedürfnissen, auch Träumen usw. Die nur zu unterdrücken hätte die Menschheit ja auch schon lange untergehen lassen, schon lange – schon wenn z. B. Steinzeit-Menschen „angstfrei“ Mammuts ungeschützt begegnet wären, keinen Respekt, gesunde Vorsicht vor Vielem gehabt – bzw. gelernt- hätten. Oder auch nie z. B. Sicherheitsgurte oder Airbags erfinden lassen- die ja unzähligen Menschen das Leben retten. Natürlich kann gerade auch große Angst, Panik usw. professionelle Hilfe erfordern.

Dazu muss man sich aber ja auch erst einmal solche erlauben dürfen, sich solche oder andere zugestehen, als nichts „Verwerfliches“ zu sehen (was z. B. auch aus Scham nicht oder erst sehr spät Hilfe suchen lässt- denn gerade dann wird es oft (nur) erst wirklich extrem). Ebenso wie eben auch viele andere „komische“ bzw. auch besorgende Gedanken, Gefühle,... ganz normal, zumindest erklärbar und nicht schlecht, dumm, schwach usw. sind (oder vielleicht manchmal sogar auch wirklich dumm sind. Aber Menschen sind eben auch nicht immer klug, stark...). Nicht zuletzt auch bezüglich „Männlichkeit“, auch „wann ist man überhaupt ein Mann“. Und selbst tollste, auch romantischte, sensibelste, herzlichste, schlaueste usw. Menschen haben auch oft nicht so gute Tage, Seiten. Bzw. auch dunklere Tage, Gedanken, Gefühle, Ängste, Zweifel, Schwächen, Sorgen usw. Das gehört zum Menschsein, natürlich auch guter Menschen!
Und gerade auch Pädagogen und Therapeuten haben da sicher eine große Verantwortung, Vorbild-Funktion, auch über ihre eigenen Sorgen, Ängste, Zweifel, Schwächen usw. zu reden. Und gerade nicht nur auf z. B. „starker Mann“, auch Frau, allwissend, sorgenfrei zu machen. Das ist ja weder hilfreich noch realistisch, noch ein gutes Beispiel... Das heute ja selbst z. B. Politiker, große „Staatsmänner“, meistens kaum geben. Als ich dies hier schrieb wurde gerade mal wieder ein Spitzen-Politiker wegen seiner Frauenfeindlichkeit, blöden Macho/Macker- Sprüche zerrissen- wohl da zu recht, er hat sich dann-auf gr. öffentlichen Druck auch (erst) entschuldigt. Eine Bildungs-Ministerin (!) des Plagiats, „Abschreibens“ bezichtigt... usw. (!). Fehlbar sein ist menschlich. Dazu stehn schwer- aber auch nötig.
Zum „Einstieg“ hierzu deshalb auch ein paar Gedankengänge eines männlichen Wesens, auch Pädagogen und Therapeuten – meiner Wenigkeit – aus dem „Nähkästchen“. Vor nun etwa zehn Jahren (damals Mitte, 30, immerhin schon pädagogisch und psychologisch studiert, einige Wochen bevor er sich näher mit „männlicher Sozialisation“ beschäftigte)- aus dem Bauch heraus, also nicht „p. c.“ schöngefärbt – bitte berücksichtigen, sonst wäre das natürlich doch viel besser klingend formuliert:

(* Morgens, U-Bahnhof Kottbusser Tor, Berlin-Kreuzberg :) „Oh Mann, ist das da n möchtegern-cooler Typ-Goldkettchen, Handyfarbe passend zur Lederjacke, Beine in der U-Bahn breit, schreit rum, hat den „was guckst du-willste eine auf die Fresse -Blick" drauf , schaut Frauen blöde hinterher... Ekelhaft, da geht mir echt das Messer in der Tasche auf so Typen sollte man mal eins auf die Fresse... Denk ja nicht, dass ich deinem Blick ausweiche, du... Aber die Frau da sieht auch echt scharf aus. Wenn der Typ-so stark sieht der gar nicht aus- *die* blöde anmacht kann ich ja dazwischen gehen, das findet die sicher toll von mir... und dann mich… Mensch, was macht die da ? Die lächelt dieses Machoschwein an ? Soll man(n) jetzt wieder ins Fitness-Studio und sich Aufbaumittel spritzen und auf „Macker" machen oder was?"… Und da stand ich auch mal wieder, ich armer Tor, war so (un)schlau wie zuvor… Natürlich ist auch nicht jeder Mann im Fitness- Studio ein schlechter, ich auch nicht der beste Mann usw. Nur, sicher auch nicht so untypisch (männlich), das war wirklich der Beginn einer „Sinnkrise", die sicher auch unzählige, nahezu alle anderen Männer (und Frauen) immer wieder haben, in bestimmten Grenzen auch ganz normal (nicht nur zu bestimmten Lebens-Abschnitten wie in der Pubertät, Midlife-Crisis usw. bzw. diversen Ereignissen (auch Trennungen oder z. B. bei Neu-Anfängen usw.). Und nach und nach auch immer mehr Beschäftigung mit dem Thema. Zumal ich, nachdem ich mich damit etwas „outete" bei Freunden bzw. Bekannten, Kollegen usw. hörte dass mein Problem alles andere als die Ausnahme war! Erst dann fingen viele auch mehr an wirklich von sich zu erzählen, ihren Sorgen, Ängsten usw. Und seitdem ich dann noch psychologisch bzw. therapeutisch beratend tätig wurde sehe ich wirklich einen Mann nach dem anderen mit diesem Thema. Deshalb auch dieses Buch. Und das sind auch alles Männer, jüngere und ältere, denen man sonst im Alltag ihre Ängste, Zweifel, Sorgen, Probleme usw. nicht ansieht, die auch sehr oft mit „Masken" durch die Welt laufen… Und nicht umsonst gibt es ja auch unzählige, teilweise sehr berühmte und auch Aussage-kräftige, oft auch hilfreiche bzw. Denkanstöße gebende Songs zu „Männer-Themen", wie z. B. (diese und Texte dazu, falls nicht bekannt, sind auch recht leicht und kostenlos im WWW zu finden):

. Neue Männer braucht das Land Ina Deter
. are you strong enough to be my man
Sheryl Crow
. latin lover Gianna Nannini
. sie ist weg (und jetzt bist du wieder allein..)
die fantastischen 4
. please don't let me be misunderstood Eric Burdon
. Ich will nicht werden, was mein Vater ist
Ton Steine Scherben
. ein Song namens Schunder die Ärzte
. Junge „
. I don't want to be a soldier John Lennon
. born to be wild
Steppenwolf
. real men Joe Jackson
. Männer („wann ist ein Mann ein Mann")
Herbert Grönemeyer
. Lied vom Mann sein
Konstantin Wecker

Zumindest zeigen diese, dass es sehr verständlich ist, dass gerade heute auch Männer oft nicht weiter wissen- bzw. nicht einmal wirklich wissen, wer „wir" sind, wie wir sein sollen bzw.- ja am Wichtigsten- wollen…bzw. werden wollen! Mit auch zig Anforderungen an uns…
Auch wenn man vielleicht immerhin weiß, wie man nicht werden will...

Apropos, nochmals: Nicht bestritten wird hier so, auch im Folgenden- das nur nochmals zur Erinnerung, um auch danach Folgendes richtig einordnen zu können- natürlich, zumindest von mir :

- Es gibt sehr viele schlechte Männer bzw. sogenannte "männl. Eigenschaften" zumindest vieler Männer –und Frauen
Diese müssen unbedingt der Kritik ausgesetzt werden .

- *Alle* Männer und Frauen müssen noch viel lernen und sich weiterentwickeln , natürlich auch z. B. Pädagogen, Therapeuten... Bzw. ändern, sicher nicht zuletzt im Verhältnis zu Frauen.
- Diskriminierungen, Ausbeutungen von Frauen und Vorteile für Männer aufgrund von ungerechten Verhältnissen gegenüber Frauen zu bekämpfen sollte „Ehrensache" sein, natürlich auch für Männer. Nicht „nur", weil wer andere unterdrückt selbst nicht frei sein kann und auch letztlich Männer dabei verlieren, wie auch hier zu sehen sein wird.
- Der Kritik ausgesetzt werden müssen nicht zuletzt die gesellschaftlichen Verhältnisse. Diese sind heute weltweit sicher noch lange nicht ausreichend bzw.„optimal" (auch für Milliarden Männer aber gerade auch in der „Frauenfrage" nicht). Ohne Veränderung der rechtlichen, politischen u. a. Verhältnisse können die Bedingungen/ Auswirkungen für die – diese betreffenden bzw. auch prägenden - Individuen nicht ganz „befriedigend" werden, zufriedenstellend...
- Viel zu viele Frauen werden auch heute noch unterdrückt, ausgebeutet u. a. - viele sogar doppelt (durch gesellschaftl. Bedingungen und „individuell")
- auch wenn es Fortschritte in „Frauenfragen" gab, so gibt es immer noch viel zu viele Benachteiligungen, Diskriminierungen und natürlich auch Ungerechtigkeiten, Gewalt u. a. gerade auch gegenüber Frauen, unzureichende Gesetze, zu wenig formelle und vor allem *tatsächliche* Gleichberechtigung u. a. (vgl. z. B. Engel/ Gärtner-Engel weiter dazu)
Das Alles wird hier vorausgesetzt, nur bezüglich Frauen hier nicht weiter ausgeführt- da hier ja nicht eigentliches, Haupt-Thema.

Hier dargestellte bzw. vertretene Hauptthesen bzw. Erkenntnisse/ Anliegen zu „woher kommt das eigentlich" sind ferner:

- *„Die Benachteiligung von Mädchen/Frauen bedeutet nicht automatisch die Bevorzugung von Jungen/Männern ... Männer sind in eine hegemoniale Kultur eingebunden , welche die ihre scheint aber letztlich nicht ihre ist... Mit dem Bild des „anderen Mannseins" verbinden wir die Vorstellung und die Hoffnung, dass Männer ihren Status und sich selbst nicht auf der Abwertung von*

Frauen oder auf der Unterdrückung anderer, auch Jüngerer oder im Sozialstatus Niedriger aufbauen, sondern zu ihrer eigenen Würde- mit ihren besonderen Stärken und Schwächen -stehen und sie aus dem eigenen selbst heraus in die Gesellschaft einbringen und sozial verantworten lernen" (Böhnisch, Winter S.9 ff)

-Geschlechts (/-Sozialisations)-spezifische Besonderheiten können und sollten in der *ganzen* Erziehung, Sozialisation u.a. deshalb nicht ignoriert werden (da ja auch (unbewusst) meistens bereits „geschlechtsspezifisch" erzogen wird - schon früh bekommen nach wie vor meistens Jungen/Mädchen anderes Spielzeug, andere Rollen zugewiesen etc.- allerdings nicht unbedingt wirklich ihrer Natur bzw. ganz persönlichen Individualität, ja natürlich nicht nur „geschlechtlich", entsprechende). Das also nicht nur als „ein Bereich von vielen" berücksichtigt werden Es besteht also die Notwendigkeit geschlechtsspezif. Sozialisation, auch psychologischer/pädag. Entwicklungsmodellen u.a. (entgegen z. B. Eriksons u.a. bisheriger psycholog. Lehrmeinungen, die heute vorherrschende Entwicklungs-Modelle nahezu geschlechts*un*spezifisch entwickelten). Das Geschlecht kann auch nicht nur als „1 Merkmal „unter vielen" angesehen werden, sondern es muss eine jeweils „geschlechtsentsprechende" Gesamt-Sozialisation bzw. Förderung entwickelt werden
- Darüber hinaus bzw. primär sollten aber auch gemeinsame Voraussetzungen, Interessen, Bedürfnisse und „höhere Werte" (Humanismus, Toleranz , Solidarität u.a. oder z. B. Konkurrenzstreben, Egoismus u.a.) nicht übersehen bzw. hinterfragt werden.. und Frauen/ Männer nicht „gespalten" werden, z. B. im Kampf für gemeinsame Interessen, Rechte u.a., statt im Kampf „Frau gegen Mann" gemeinsam unterzugehen. Denn Jungs/Männer und Mädchen/Frauen sollen z. B. ja beide, alle ihre Probleme und Bedürfnisse aussprechen können (heute eher „weibl. Domäne"), aber auch energisch für ihre Bedürfnisse /Rechte u. a. (auch z. B. politisch) streiten können (selbst heute noch eher eine „männl. Domäne"). Zumal es „den Mann" und „die" Frau ja nicht gibt, es gibt viele u. a. nationale-, und vor allem „Schicht"- u.a. bedingte Unterschiede. Und auch wenn

es z. B. viel mehr reiche / ausbeuterische/ unterdrückende/ kriegstreibende etc. Männer als Frauen gibt, so gibt es ja auch reiche ausbeuterische/ unterdrückende/ kriegstreibende Frauen- von denen sich Männer sicher nichts „abgucken sollten“- und arme, ausgebeutete, unterdrückte, ... Männer... Das soll auch den Kampf für auch natürlich ebenso berechtigte „besondere“ Fraueninteressen natürlich nicht verhindern, im Gegenteil... Männer sollen diesen Kampf unterstützen, nicht „nur“ aus Solidarität, denn (vgl. „Brot und Rosen“), in der Tat- *ohne die Befreiung der Frau kann es keine befreite Gesellschaft geben- ohne die des Mannes aber auch nicht* (hierzu und zu dem ganzen zuletzt angeführten siehe auch bei weiterem Interesse „Neue Perspektiven für die Befreiung der Frau..., unter anderem S. 13 ff/ Einleitung und S. 335 ff, S. 183ff. u.a.).

Dies alles ist wichtig zu klären, auch nichts zu bagatellisieren aber auch nicht überzubetonen- denn Erziehung ist ja *immer* geprägt von individuellen, aber auch gesellschaftlichen Ansichten, Normen, Strukturen u. a. (vgl. z. B. Gudjons, Herbert, Pädagogisches Grundwissen, S. 173(ff)- “Denn mit Erziehung ist untrennbar Normativität verbunden. Versuchen Sie mal ein Kind zu erziehen ohne Vorstellungen von „gut“für das Kind /schädlich für das Kind, Ziele, Normen, Werte!“). Auch was „ein guter Mann“ bzw. ein „positives Männerbild“ ist, hängt von der jeweils ganz persönlichen „Weltanschauung“ ab, auch was z. B. unter „Gleichberechtigung“ verstanden wird. Dementsprechend wird Mann/ Frau jeweils auch erziehen. Und z. B. die Erzieher(innen), die Frauen/Männer als (potenzielle)„Gegner“ ansehen werden Mädchen/ Jungs sicher anders erziehen als die, die sie als (künftige) potentielle Partner ansehen... Hier muss man auch immer wieder eigene Welt-Bilder bzw. Erfahrungen/ Rückschlüsse daraus hinterfragen! Nicht zuletzt natürlich als Pädagoge- aber auch Therapeut, Politiker usw.
Solange die gesellschaftlichen Verhältnisse inkl. der „Frauen/Männer-Fragen“ nicht besser /gerechter/... werden kann u.a. die „Frauen/Männer-Frage“ auch nicht ganz (ausreichend) gelöst werden. Trotzdem ist *jeder (individuelle)* Einsatz für Verbesserungen wertvoll,

gerade auch für die „Mitformer“ von Kindern und Jugendlichen (also der neuen Generationen, der Zukunft der Gesellschaft)... Gerade auch von erzieherisch und auch politisch, medial usw. tätigen Menschen. Und der aktive Charakter des Subjekts im Prozess der Sozialisation , den die neuere Sozialisationsforschung zumindest teilweise betonte (vgl. z. B. auch K. Ottomeyer, 1991) bedeutet durchaus auch, dass die Kinder/Jugendlichen selbst aktiv an einer besseren Gesellschaft inkl. ihrer Rolle/ihrem Verhalten, ihrer positiven Verwirklichung darin beteiligt sein können.

Im Folgenden sollen dementsprechend einige (ausgewählte) spezifische Punkte angesprochen werden, d. h. (hoffentlich) auch Anregungen zur Diskussion zu dem „ganzen Thema“, inkl. Schlussfolgerungen/ praktischen Konsequenzen u.a. darüber geben (es sind aber hier auch wiederum nur „Anhaltspunkte“ möglich, die oft auch nur ganz „exemplarisch“ angesprochen sind).

VI. Ein vernachlässigtes Thema ... „Traditionelle“ und neue Probleme des (angeblich) „starken“ Geschlechtes

Ein (männlicher ?!) Indianer kennt keinen Schmerz , ein echter Mann hat keine Angst .... Oder doch ...(kleine) Helden in Not?
Probleme, die (vor allem) Männer *machen* interessieren immer mehr. „Zwangsläufig“, denn z. B. bilden Jungen i. d. R. die (teilw. sehr starke) Mehrheit von „Fällen“ von z. B.
-Gewalt an der Schule u.a.
- Drogen/Spielsucht/Suizidopfer / und, und , und...

Nach Neutzling/Schnack (S.133 ff) sind nicht nur die große Mehrzahl aller „hyperaktiven Kinder“ (85%), sondern die Mehrzahl *aller* „schwierigen Kinder in unserer Gesellschaft Jungen“, ohne dass über diese Tatsache weiter nachgedacht oder geforscht würde. Beschrieben wird z. B. eine groß angelegte („Spiegel-“) Studie mit über 50 Variablen, die Einfluss auf die Häufigkeit von Schulstörungen haben können- ohne die über 2000 befragten Kinder auch nur ein mal nach Geschlecht zu differenzieren. Auch wenn das Geschlecht nicht das alles entscheidende ist, sein muss- so unentscheidend ist es nun doch auch wieder nicht. Natürlich kann- und muss- es auch nicht immer so sehr beeinflussen. Das trifft ja aber auch auf fast alle der anderen 50 Variablen zu... Und die Fakten sprechen ja doch von großen Auffälligkeiten. Zumal es viele weitere bedeutende Beispiele gibt: Jungen haben meistens z. B. eben auch schlechtere Noten, wiederholen Klassen öfters, haben keinen Schulabschluss oder kommen in die Sonderschule (zu 61%, an die für Verhaltensauffällige Kinder zu 79%)
So gibt es auch viele Veranstaltungen, die sich z. B. mit der „Eindämmung“ von Gewalt, eben vor allem von Jungen , beschäftigen, oder „gegen Drogenabhängige, vor allem Jungen“ usw.
Die Konsequenzen /Ursachenforschung, damit auch bessere mögliche Hilfen sind aber dann nicht mehr „geschlechtsspezifisch“ . Warum

gerade Jungen „Betroffene“ sind, Probleme *haben* (nicht – bzw. wenn meistens nur deshalb- „machen“) wird kaum untersucht. Was ihre speziellen Probleme aber auch Bedürfnisse, Potenziale sind, warum sie Aggressionen oft falsch „verarbeiten“, große Probleme haben überhaupt Gefühle zu zeigen u.a. Auch was für besondere Rollen oder *spezifische* Auswirkungen z. B. Drogen oder sexueller Missbrauch oder auch Angst, Sexualität usw. für Jungen haben wird kaum untersucht (warum z. B. Jungen viermal so oft stottern wie Mädchen wurde noch kaum konsequent untersucht.. Sicher auch vielsagend- ja auch buchstäblich auch dafür zu sich stehen zu können, dass Vieles Probleme macht bzw. Druck. Fehlendes Verständnis der Umwelt oder auch Probleme beim reden über auch schwierige Dinge usw.).

Es ist grundsätzlich problematisch, dass u.a. Untersuchungen, Ratgeber u.a. zu Erziehung, Sozialisation u.a. nicht oder kaum –oder falsch- auf „geschlechtsspezifische“ Themen eingehen bzw. diesen fast immer nur als „einen Punkt unter vielen“, aber nicht als für viele Bereiche prägend ansehen und entsprechende Schlussfolgerungen ziehen, auch praktische Ratschläge geben etc.

Die“ Frauenbewegung“ hat sicher , auch diesbezüglich, viel Positives erreicht bzw. erstritten (auch wenn es „die“ Frauenbewegung ja auch nicht gibt, die Frage ist ja auch hier, welche Ziele es jeweils gibt- z.B. mit den /oder gegen „die“ Männer kämpfen,... Es gibt ja auch z. B. „bürgerliche“ Frauenbewegungen oder die von Arbeiterinnen usw. mit durchaus zumindest teilweise auch anderen Interessen bzw. Forderungen. Ebenso wie verschiedene „Männerorganisationen“ usw., wie auch z. B. bei Engel/Gärtner –Engel ausführlicher dargestellt).

Oft ging dies, zurecht, „auf Kosten“ patriarchischer Strukturen/ individueller „männlicher“ Privilegien. Einer Würdigung aller positiven Seiten widerspricht aber nicht der Hinweis auf einen (zumeist ungewollten) für viele Männer (teilw.) negativen „Nebeneffekt“ : Die „Frauenprobleme“ gerieten -natürlich gerechtfertigter weise- mehr ins öffentliche Bewusstsein. Spezielle „Männerprobleme“ im Umgang mit ihrer durch gesellschaftliche Strukturen zugewiesenen (zumeist aber auch nicht „natürlichen“, gewollten) „Rolle“ wurden in der Vergangenheit aber nur sehr wenig angesprochen , mit dem

Aufkommen der „Frauenbewegung“ teilw. noch weniger (vielleicht auch teilweise aus Angst davor, dass man auch noch nach Rechtfertigungen dafür sucht, warum („alle“) „Männer Schweine“ , Unterdrücker,... sind . So gibt es heute kaum empirische Untersuchungen, weshalb Vieles in diesem Bereich nur „thesenhaft“erfolgt, was z. B. auch Böhnisch/ Winter bedauern. Außerdem gibt es viel weniger Bücher über männl. spezifische Sozialisation, Erziehung u.a. Und auch viel weniger Bücher, Internet-Seiten usw. wo Jungs, Männer über ihre Gefühle, Sorgen u. a. berichten, auch auf „sozialpädagogisch relevantem“ Bereich. Z. B. gibt es kaum Bücher, wo Jungs über Suizidversuche, Drogenprobleme oder „normale“(allgemeine) Jungen-bzw. Jugendprobleme reden, auch hier fehlt es an „Vorbildern“ bei der Suche nach Bewältigungsstrategien.
Heute werden „Männerprobleme“ nicht zuletzt wiederum auch durch „frauenbewegte“ Untersuchungen langsam stärker betont. Denn natürlich „profitieren“ nicht zuletzt auch Frauen von „anderen“ Männerbildern, die nicht Diskriminierungen, Gewalt u.a. gegenüber Frauen fördern. Zudem ist ein Kampf gegen die Missachtung “weiblicher“ Tugenden auch bei Männern ja auch ein Kampf für die Anerkennung positiver „weiblicher Werte“ an sich.
Jungs und Männer sehen in der Werbung , TV, Medien , ... zudem fast überall nur „starke“ Männer. Die nicht Schwäche zeigen (dürfen),... Aber auch Jungs (/ Männer) haben natürlich viele Schwächen, Probleme,“dürfen“ diese aber im Gegensatz zu Mädchen oft selbst heute nicht *wirklich* „ausleben“, zeigen... Wollen sich ausprobieren, fragen sich „bin ich männlich“, bekommen aber immer Antworten von außen aufgedrückt - es wird von ihnen *erwartet,* stark zu sein.. Zumindest in vielen Bereichen. Stark zu *sein* bzw. mit Problemen mit der Ausübung ihrer Rolle bzw. generell mit allen Problemen des Lebens umzugehen, das – wie das „immer“ geht - bekommen sie aber nicht oder kaum gezeigt (es ist ja auch nicht machbar!). Im Fernsehen u.a. sieht man kaum schwache Männer bzw. wie Männer mit „inneren“ Problemen umgehen. -> Es fehlen „Vorbilder“ für Bewältigungsstrategien, oft auch in der Familie ... Die ganze kindliche Umwelt ist zumindest zunächst überwiegend von Frauen geprägt

(zunächst die Mutter, und auch heute noch erfolgt Erziehung zumeist durch weibl. Personen -in Familie, Kita, (Grund-) Schule, vor allen in ersten, oft prägenden Jahren... Die Frauen projizieren auch noch eine ambivalente, „widersprüchliche" Erwartungshaltung an die Jungen-einerseits die, Stärke zu zeigen, alles selbst regeln zu können („im Leben bestehen"), andererseits „erwünschte männl. Eigenschaften" (gefühlvoll,...) und erleichtern es Jungs damit auch nicht unbedingt. Die Mütter sind meistens die Hauptbezugsperson von Jungen von Geburt an. Und „im zarten Alter von zwei Jahren sind Jungen einem Identitätsbruch ausgesetzt. Je weniger sie ihnen angemessene Möglichkeiten finden sich von der Mutter positiv abzugrenzen und sich in ihrer Geschlechtlichkeit zu erleben, umso verbissener werden sie Größenphantasien nachhängen" (Neutzling/ Schnack S. 134).
Sinnvolle männl. Identifikationsfiguren gibt es kaum, dafür z. B. („lonely") Cowboys, Indianer (die ja angeblich keinen Schmerz kannten), Polizisten oder Soldaten. Der Vater ist oft nicht da (geht, noch öfters, arbeiten) oder „verarbeitet" seine Probleme auch nur alleine, weil er es auch nicht anders erlebt, gelernt hat. Er lebt nach außen meistens auch nur seine starken Seiten vor, was dem Jungen wieder unter Druck setzt, weil er den Vater nur stark und kaum schwach sieht (Papa ist immer stark und nie schwach- warum bin ich so oft schwach? Ich darf nicht schwach sein...). Es fehlt also ein Vorbild, wie man (auch als Mann) mit Problemen umgeht, meistens wird Männern beigebracht, Probleme alleine , nach *i n n e n* zu lösen / Frauen dagegen kommunikativ, nach Außen, offen- was natürlich meistens viel „heilsamer", „befreiender" ist.
„Der Mythos des angstfreien Helden gehört schon unter Vierjährigen zum gesicherten Wissen über das Wesen des Mannes. Viele Jungen sind mit diesem Konzept überfordert. Anstatt Jungen beizubringen, dass Niederlagen, Angst und Kummer auch zu einem männlichen Leben dazugehören, möchten viele Erwachsene Jungen lieber in Zustände vermeintlicher Großartigkeit und Rücksichtslosigkeit hineinmanövrieren" (Neutzling/.. S. 134).

Der Vater wird nach wie vor oft auch nur als starker/ Entscheidender/ Mächtiger/"letzte" (Straf-u.a.-Instanz) u.a. erlebt, oft auch gefördert durch Mütter („warte mal, bis Papa kommt"). Die dominierende Frauenzahl während der Erziehung, inkl. (Ur-)Ängste (s. unten), verleitet meist nicht zum das „weibliche Nachahmen", bereitet eher mehr Ängste. Später - in gemischten Cliquen wird Frauenabwertung eher noch wichtiger (Gruppenzwang) als in reinen Männercliquen (auch wenn die auch ein Hort dafür sind, vor allem wenn tradit. "Männerwerte verkörpernd", z. B. auch die Bundeswehr. Bei „Einzelgängern" ohne „Clique ist es meistens sogar noch schlimmer (!), da extrem wenige weibl. Begegnungen (abstrakte Ängste da, gesellschaftl. Zwänge durch TV, Werbung u.a. erlebt, aber positive Erfahrungen nicht). Am besten schneiden die ab (bezügl. nicht so ausgeprägter schlechter „männl." Züge), die nicht so stark in Cliquen sind aber viele weibl. Bekannte/Freunde, Verwandte haben. Das haben aber viele Männer auch nicht, auch z. B. keine Schwestern. Aber auch Geschwister können ja zudem auch manchmal Nachteile haben).
U. a. Rainer Strotmann weist nach, wie ein ideengeschichtlicher Zusammenhang von nicht gerade „positiver" Männlichkeit heute mit den Erziehungsideen Rousseaus und Pestalozzis bis zu „modernen pädagog. Klassikern" besteht (vgl. Strotmann , u. a. S.216 ff.) und es so nicht verwundert, dass erzieherisch tätige Menschen selbst heute noch entsprechende Bilder – oft Jahrhunderte alt- „verinnerlicht" haben, auch (unbewusst) „weitertragen" (deshalb steht bei ihm -auch aufgrund von Erfahrungen aus von ihm (päd.-psycholog.) betreuten Männergruppen- auch an erster Stelle für Pädagogen u.a., zuerst eigene „Leitbilder" zu reflektieren…).
Und nicht zuletzt Männer geben auch „Männerbilder" weiter, z. B. an ihre Söhne, Schüler,... bewusst oder unbewusst: „Zum perfekt inszenierten Mann gehört der Verlust der Erinnerung, das Vergessen, das man selbst einmal klein, abhängig und verletzlich gewesen ist... das Heldenschwert, das der Vater seinem Sohn in die Hand drückt ist in der Regel unbenutzt... Wer nicht anders kann, als Frauen ständig abzuwerten, dem fehlt vor allem ein Gefühl für den eigenen Wert als Mann" (Neutzling/Schnack S. 134). Aber auch tolle Vorbilder, z. B.

Väter, auch sehr liberale, liebe usw. setzen eben auch- durch ihr gutes Vorbild- hohe Maßstäbe. damit Druck , vom wem auch immer, denen man einfach oft auch nicht immer entsprechen kann –oder will! Zumindest oft auch eben nicht.

Je mehr die (männl.) Bedürfnisse aber aus dem selbst heraus verwehrt sind, und in der Erziehung und der sozialen Umwelt als „Feinde der sozialen Anpassung“ (und damit des gesellschaftlich anerkannten Sozialisationstypes) abgestempelt werden, je mehr gelernt wird, dass im Grunde nichts in einem selbst ist und nichts aus einem selbst heraus kommt, desto eher beginnt man diese eigenen Bedürfnisse zu unterdrücken und zu fürchten. Es entsteht die Angst vor der Lebendigkeit der eigenen Bedürfnisse... (vgl. Böhnisch, Winter S.26 f.). Man verlernt dann auch zu wünschen, träumen, Bedürfnissen zu folgen- was natürlich auch Probleme schaffen und auch z. B. aggressiv oder depressiv werden lassen kann. Ein Auto ohne Benzin „stockt“ ja auch… Oder stottert auch… Bekommt Probleme diverser Art.

Das heißt, dass Jungs eigentlich nicht hilflos bzw. dominant/aggressiv (zur Kompensation dieser Hilflosigkeit, Angst u.a.) sind bzw. sein wollen, sondern dazu *gemacht werden*, weil sie ihre Schwächen nicht zeigen, ausleben, bewältigen können/dürfen, das lernen. Sie lernen, dass sie alles alleine klar kriegen müssen, dass selbst reden über Probleme Schwäche zeigen bedeutet. Sie lernen Hilflosigkeit zu hassen (bei sich und „projizierend“ anderen), können mit diesen Gefühlen (Hilflosigkeit, Hass) wiederum nicht umgehen, projizieren das deshalb auf andere (werden gewalttätig gegen andere Hilflose bzw. die die solche zeigen-so baut sich in u. a. „Jungencliquen“ eben wieder Gewalt gegen Hilflose, Schwache, Schwäche Zeigende auf, gilt als stark, wer laut, auch aggressiv u.a ist. Oder es folgt Aggression gegen sich selbst, z. B. auch so Depressionen, Drogen usw.). Gerade für Männer- aber auch Frauen- gilt :„Die Gesellschaft muss erkennen, dass nicht die Abstraktion / Substitution von menschlicher Hilflosigkeit Stärke bedeutet, sondern ihre Anerkennung“ (Böhnisch, S. 30.).

Der biograf. Prozess der männlichen Sozialisation bewegt sich in einem wechselseitigen Spannungsverhältnis von soziogenen (Gendering) und psychogenen (Dilemma der Autonomie) Faktoren auf

(vgl. Böhnisch,... 31ff). Autonomie ist dabei (nach Gruen, vgl. Böhnisch, Winter S.23(ff) „derjenige Zustand der Integration, in dem ein Mensch in voller Übereinstimmung mit seinen eigenen Gefühlen und Bedürfnissen ist, beinhaltet die Fähigkeit ein Selbst zu haben, das auf den Zugang zu eigenen Gefühlen und Bedürfnissen gründet".
Heute aber steht dies nach wie vor im Widerspruch für nahezu alle Männer- was deshalb so oft auch profess. Hilfe erfordert- sich ständig „neu beweisen" zu müssen mit Eigenschaften, die gar nicht so „natürlich sind" wie Machtgehabe u.a. In sehr frühen Gesellschaften war es meistens tatsächlich so, dass Männer für „Dinge nach *außen*" zuständig waren, Frauen eher für die „nach innen", und Männer hauptsächlich ihre Kraft („Stärke") u. a. einsetzten. Auch laut, auch aggressiv sein. Dies war allerdings zu „Jäger-/ Sammler"-(Ur-) Zeiten, damals war aber das „nach Außen" (beim Jagen u.a.) „aggressiv werden" ja der männliche Anteil sogar an *fürsorglichen und empathischen Tugenden* der Männer im „gesamtmenschlichen Gefüge", der Mann/Frau-Rollenverteilung (ihr Teil des sich um die Familie kümmern). Zu späteren Zeiten wurden diese Eigenschaften aber durch gesellschaftliche Entwicklungen entfremdet und zumindest teilw. in ihr Gegenteil verkehrt- so z. B. von der Sorge *für* die Frau bzw. gesamte Familie in die Machtausübung ihr *gegen*über ! (vgl. Böhnisch, Winter S.25 ff und auch „Neue Perspektiven für die Befreiung der Frau". Bei beiden Quellen wird der Zusammenhang mit der Entstehung des Kapitalismus bzw. von Klassengesellschaften (durch die Entwicklung von Privat- statt gesellschaftlichem Eigentum) herausgearbeitet. Demnach war z. B. bereits im „alten Rom": "Die römische Familie war der vollendete Typus der patriarchalischen Familienform, die Miniaturform der Sklavenhaltergesellschaft. Das Wort familia stammt von den Römern und bedeutet ursprünglich die Gesamtheit der einem Mann gehörenden Haussklaven (lateinisch : Famulus)..." (Neue Perspektiven... S.47). Demnach ist die heutige bürgerlich-kapitalistische Familienordnung als Basis der Gesellschaftsordnung nur die „konsequente Fortsetzung" davon. Während Böhnisch/ Winter auf Erfolge durch Reformen innerhalb kapitalistischer Systeme hoffen vertritt die „Neue Perspektive..." , dass grundsätzliche, letztendlich

entscheidende Änderungen nur in einer von (kapitalist.) Ausbeutungsstrukturen „befreiten Gesellschaft"möglich sein werden , wofür man/frau sich einsetzen sollte..). Unbestritten sein soll jedenfalls, dass auch viele Männer von dieser „Machtausübung" profitieren. Allerdings noch viel, viel mehr auch nicht- und würden wohl die meisten gerne anders leben. Der Preis, ständig stark, dominant u.a. sein zu müssen ist für alle Männer hoch (auch oft für die, die scheinbar „problemlos" mit ihrem „Männerbild"umgehen.). Und dieser Druck wird eben heute auch als (psychologischer) Hauptgrund dafür gesehen, dass Männer deutlich früher als Frauen sterben (laut z. B. einer Vorlesung „Entwicklungspsychologie/Alter", Untersuchungsergebnisse von Frau Dr. S. Zank, dort, an der FU Berlin im Januar 2001). Die meisten Jungen/Männer bezeichnen sich heute auch als „stark" . Das aber meistens eher aus „Selbstschutz"/um ihr Selbstbildnis zu schützen. (vgl. „Koedukation mit Jungen", S. 140 ff.). Sie fühlen sich oft ganz anders. Auch wenn die meisten Männer heute gerne dominant, stark u.a. wären, ist es sicher ein grundsätzlicher Unterschied, zu denken dass sie „von Natur aus so sind"- oder dass sie „dazu gemacht werden" . Bzw. dass sie nur wegen empfundener Ohnmacht- s. oben- gerne mehr Macht hätten, sich „aufplustern"... (dass natürlich aber nicht ein Mann, wenn er Schlechtes macht, sich immer nur als „Opfer der Verhältnisse" herausreden kann, d. h. durchaus individuelle Verantwortlichkeit gegeben ist sollte m.E. auch unbestritten sein).Auch wenn gegen gesundes Selbstbewusstsein, auch gerechtfertigterweise, natürlich auch nichts sprechen würde (bei Männern und Frauen)! Das gilt es ja fast immer sogar erst bzw. mehr zu fördern, gerade heute...

VII. Ein Bild im Wandel..ausreichend und (nur) „erleichternd“ für Männer?

Bilder im Wandel.... Z. B. auch in der Werbung: Ein weiblicher Cowboy/ „nachdenklicher, sensibler Mann“ in Werbungen... Diese Werbungen sind wohl „moderner“ als früher, sicher auch ein Zeichen für (teilw.) gesellschaftl. Wandel (bzw. auch, dass hier viele einfach einen neuen Markt sehen mit „Männer-Themen“, was aber oft auch nicht Hilfreiches bietet, oft sogar nur „Abzocke“ bzw. noch mehr Verwirrendes). Aber ist der „Wandel“ „ausreichend“ genug ? Hat sich an „grundsätzlichen“ Strukturen ausreichend viel geändert ? Ganz klar: Nein!

Es gibt sicher positive Entwicklungen/Möglichkeiten (z. B. dürfen Jungs und Männer heute wohl schon mehr Schwäche zeigen,...). Aber ja auch neue Probleme /Anforderungen. Z. B. Magersucht, Essstörungen (sehr oft als Mit- Hauptgrund für sehr viele, ggf. sogar die meisten, auch Suizide) - früher fast nur ein „Mädchenproblem“- die auch immer mehr Jungen betrifft, ebenso wie der ganze dumme Schlankheits-/ „Schönheits“-Wahn. Neutzling/Schnack stellen aber dar, wie überraschend- und das kann ich aus meiner Arbeit, auch mit Jugendlichen und Erwachsenen wirklich bestätigen- „jahrhundertealte“ Frauen/Männerbilder heute selbst schon, noch Kinder haben. Und, ja : „Moderne Vorstellungen, wie ein Junge sein soll, scheinen dem traditionellen Jungenbild nur zugefügt worden zu sein. Heute sollen Jungen nicht nur stark, überlegen und durchsetzungsfähig, sondern auch noch sensibel, konfliktfähig und sozial eingestellt sein...“ (S. 135ff). In „Frauenzeitschriften“ gibt es heute sicher zudem über 100 verschiedene, teilw. widersprüchliche Erwartungen an Jungen/Männer... Unerfüllbar. Und wussten diese früher „wenigstens“ noch, dass sie „stark“ sein sollen, nicht so viel Gefühle zeigen,... sollen sie heute einmal Softie, einmal Macho, meistens beides (gleichzeitig)/irgendwas – aber was?- dazwischen sein, Schwäche und Stärke gleichzeitig zeigen können, und, und , und.

Jungs/Männer sollen oft Gefühle / Schwäche/...zeigen u.a., haben das aber oft nicht gelernt. Oder die Eltern erziehen sie dazu, in Kindergarten/Schule/Arbeit/teilw. auch von Frauen, in Beziehungen usw. wird dann doch oft wieder irgendwo, irgendwann „der starke Mann“ erwartet, zumindest „wenns drauf ankommt“, wird man(n) sonst als Softie/Weichei/Schwächling/wehleidig angesehen... Selbst heute noch ist auch Studien zufolge die vorherrschende Reaktion für einen Jungen, der hingefallen ist und weinend Trost bei seiner Erzieherin sucht- meistens im Gegensatz zu Reaktionen bei Mädchen- „ein Indianer kennt keinen Schmerz/du bist doch ein Junge/ trage es wie ein Mann“ (!) oder dergleichen. Jungen lässt man auch oft nur „unter sich“ spielen, weil die „eh so laut sind und sich austoben wollen“. Mädchen werden vor diesen „Rabauken“ quasi auch geschützt – Frauen bekommen also auch von früh an unschöne „Männerbilder“. Mädchen werden andererseits Jungen - was diese endgültig irritiert- oft quasi als „Muster*knaben*“ gegenübergestellt („so vernünftig solltest du auch sein“)- also sollen sie anscheinend lernen mehr „weiblich“ zu sein (als *männl.* Wesen?!). Allerdings auch ohne zu fördern, dass das wirklich erreicht werden kann- sie also durch Ausgrenzung noch mehr an diesbezügl. (kommunikativen, kooperativen,..) Fähigkeiten verlieren, dadurch wieder mehr „auf sich aufmerksam machen müssen, „störend“ *gemacht* werden, dadurch noch mehr ausgegrenzt, usw., ... (vgl. „Männl. Koedukation“ S. 12 ff.). Oder es gibt „moderne“ und „traditionelle“, oft zumindest teilweise widersprüchliche, Erziehungsstile in Kita, Schule, zuhause usw. gleichzeitig... Auch im „Berufsleben“ werden immer mehr „weibliche“ Eigenschaften (Kreativität, Kommunikationsfähigkeit,...) gefragt, was ja positiv ist, aber Männern, die das ja i. d. R. weniger gut können, gelernt haben, auch (neue) Probleme bereitet/Angst macht... Ebenso wie „emanzipiertere“ Frauen und Männer, die in der Öffentlichkeit Gefühle zeigen- das ist zwar ein positives “Vorbild“, aber ohne Hilfe, dies „nachzuahmen“ verstärkt sich aber eher noch der Druck („*der* kann das, soll ich das jetzt auch tun? *Ich* kann das aber nicht...“). All das verschärft innerpsychische, emotionale Instabilitäten (die sich in weiterer „nach Außen“ gezeigter Stärke als Kaschierung tatsächlicher

Ohnmachtsgefühle zeigen, und somit wieder Druck auf andere Jungs, Männer „stark zu sein", auch über Gefühle (nicht)zu reden ausübt). Ein Teufelskreis also. Andererseits ist eine Krise ja fast immer auch die Möglichkeit für einen „Wendepunkt", das „Ausbrechen" aus alten, nicht (mehr)funktionierenden Mechanismen... Und so u.a. ein psychologischer, politischer und nicht zuletzt (sozial-) pädagogischer bzw. therapeutischer Ansatzpunkt. Das bedarf dann aber zumindest auch sehr oft solcher Hilfe!

[Beispiel, Exkurs- Ein weinender Mann :
Hand aufs Herz : Empfindet man/frau diesen immer positiv ?
Oder hat man, Sie (auch) Angst davor (als Mann), das man das auch als Schwäche auslegt -oder aber „abverlangt", man es aber gar nicht (öffentlich) so gut kann ... Oder hast man Angst davor (als Frau), dass die Männer jetzt „zu sehr Softie" werden ? Mit zu wenig „starken Schultern", auch zum daran anlehnen,... Mal „Ausheulen"? Das ist (nur aber immerhin) auch in den meisten Paar-Beratungen letztlich weiterhin doch ein Haupt-Wunsch von Frauen Männern gegenüber... Erfüllen Männer irgendwelche Erwartungen nicht- wird ihnen dann nicht doch aber auch selbst heute noch meistens irgendwie, zumindest durch die Blume, mangelnde „Männlichkeit" vorgeworfen, auch Durchsetzungs-und Entschlusskraft usw.? Ist das aber nur ein „männliches Problem" (bzw. Stärke, Dominanz)?. Und: Wäre es (wirklich) z. B. auch für die Mehrheit in Deutschland kein Problem, einen Sohn zu haben, der sehr sensibel ist, vielleicht sich so –vermeintlich- nicht „durchs Leben boxen" kann. Oder einen, der seine Homosexualität auslebt? Oder wär dann doch ein (noch einigermaßen sympathischer) „latin lover" /Macho lieber ? „Nötigerweise", damit man(n) „bestehen kann" im Leben heute?
Oder: Was halten Sie- ehrlich- von einer Frau, die einen Kopf größer als ihr Mann ist, lauter spricht als er, mehr verdient, im Restaurant für beide bezahlt,.. Hat man (Mann und Frau) damit wirklich kein Problem? Andererseits: Ist es z. B. gut, dass viele Männer sich heute wohl nicht mehr trauen bei „den" emanzipierten Frauen" beim Kinderwagen beim Treppen hoch schleppen zu helfen ? Da geht wohl viel durcheinander...

VIII. Der Mann als „dominierender, starker Macker?“ Das schwache Geschlecht... Mann ? Von männlichen (Ur-)Ängsten.... und von Stärke, Dominanz/Macht und Gewalt

Das starke Geschlecht (Mann)? Nun ja, sicher zumindest nicht nur, immer… Ich bekam z. B. einmal zufällig eine Frau an einer Bar mit die einem Mann dort sagte wie sehr sie sich auf seinen Anruf freue, es wäre so toll mit ihm gewesen… Als er weg war und ihre Freundin kam sagte sie, dass sie diesem „Langweiler“ eine falsche Telefonnummer. gegeben hätte… Das mag lapidar klingen aber so etwas oder Ähnliches zu beobachten, hören – was wohl jeder Mann auch einmal tut - traumatisiert wirklich, macht Männern dauerhaft Angst. Ebenso wie wirklich meistens oft auch nur (andere, von diesen oft fast völlig dominierten) Frauen-Welten wie z. B. selbst in Erziehungs- und Paarberatungsstellen bzw. schon in Kitas, Grundschulen, usw. – mit fast nur Frauen… Das wirkt doch für viele Männer und Jungs sehr befremdlich, mit dem Gefühl, dass man dort nicht wirklich verstanden wird (Mädchen und Frauen aber umso mehr. In der Tat sprechen weibl. Lehrer, Erzieherinnen oft auch mehr die „weibliche Sprache“, für Mädchen besser verständlich- die dann auch bessere Noten und eher Empfehlungen für höhere Schulen bekommen können). Bzw. man traut dem einfach kaum… Natürlich lügen auch Männer oft, auch z. B. wohl an Bars usw., auch nicht selten auch sehr unschön… Auch wissenschaftlich erforscht bekommen Frauen das, auch „Fremdgehen“ oder was auch immer, aber i. d. R. viel besser und schneller heraus, haben auch hier i. d. R. viel bessere „Antennen“. Bzw. Männer schlechtere- was diesen auch nicht gerade Sicherheit gibt, sie natürlich oft unsicher, ständig ängstlich macht, wenn man sie leicht durchschauen kann- sie umgekehrt Frauen bzw. Mädchen aber so gut wie gar nicht. Bzw. sie ggf. auch misstrauisch(er) macht- wenn sie ihren Sinnen halt nicht so gut trauen können. Zumal wenn sie auch noch von vornherein oft die „Buhmann“, „Schwarzer Peter“ (es heißt ja auch nicht Petra…) bzw. „Störenfried“ –Rolle zugeteilt bekommen, sich rechtfertigen und verteidigen sollen, natürlich auch kein gutes Gefühl bzw. eine nicht gerechtfertigte Abstemplung, die natürlich auch wütend werden lassen kann. Und schon in Schulen wird bei „Stör*er*" schon das „*er*" betont, Störer vorrangig vorab mit Jungs verbunden. Auch heute noch! Das beschreibt z. B. auch der Hamburger Lehrer F. Beuster in seinem Buch „Die Jungen-Katastrophe": Voreingenommenheiten gegenüber Jungs. (Noch) Eher „jungenhafte" Bewegungslust, Rumtoben würde von Lehrern meistens als negativ, „störend" gewertet im Vergleich zu der „Norm" der „pflegeleichten" Mädchen… Jungs fügen sich dann irgendwann in diese Rolle bzw. denken eben auch noch, dass sie (nur) so sind und versuchen wenigstens darin, was sie können, gut bzw. „cool" zu sein- z. B. eben besonders laut, tobend,.. Eine recht absurde „sich selbst erfüllende Prophezeiung", für die ja aber nicht die Jungs schuld sind… Da sollten wirklich auch mehr Vorurteile hinterfragt werden. Die sich alleine ja auch schon in der Sprache zeigen können, siehe oben (was natürlich bei Frauen ebenso kritisch gesehen werden muss, die natürlich ja auch nicht z. B. „per se" *däm*lich(er) sind, es gibt sicher auch genau so viele solcher Herren, Männer. Und die handeln sicher auch nicht immer *herr*lich(er) usw.).

Und natürlich, eigentlich wäre auch „Imponiergehabe", laut sein,... dämlich. Echte Stärke sieht anders aus. Wer wirklich stark ist, muss das nicht immer betonen ! (Der Stärkere gibt nach, kann das...). Männer wissen das meistens natürlich auch. Aber leiden eben unter doch letztlich, siehe oben, anderen Erwartungen bzw. Vor-Verurteilungen und Druck daraus. Und auch anderem. Sie haben meistens z. B. auch wirklich (Ur-) Ängste gegenüber Frauen (vgl. u.a. Böhnisch/...S.12ff). U. a. auch aus bereits genannten Gründen (da ja i. d. R. „kommunikativ" Mädchen, Frauen unterlegen usw.- deshalb schweigt man oft auch „lieber".). Zumindest etwas zudem auch schon alleine biologisch/anthropologisch, teilweise rechtlich bedingt: Frauen haben ja z. B. wie gesagt i. d. R. die „Macht" über Kinder im Trennungsfall. Und Leben in der Hand bzw. im Schoß, auch bezüglich „Abtreibungen". Können z. B. zudem eben auch i. d. R. Streit besser verbal lösen, empathischer sein aufgrund tatsächlicher

„biologischer“ Vorteile (z. B. arbeiten beide Gehirnhälften , also „Gefühl und Verstand“ besser zusammen, wie z. B. in diversen diesbezüglichen BBC-Dokumentation zu sehen...). Unter anderem darum bzw. sozialisationsbedingt (wahrscheinlich ist das „Biologische“ ja aber auch nur (teilw.) evolutions-/ anpassungsbedingt, ist also auch änderbar) haben Mädchen in der Schule meistens bessere Noten, Abschlüsse,... Werden zudem von Lehrern (auch männlichen) meist mehr geschätzt, gelobt weil sie „nicht so viel stören“,.. (was ja aber, siehe oben, Gründe hat- sie brauchen das oft auch weniger!). Und zudem eben bessere kommunikative Fertigkeiten, soziale Kompetenzen,... haben,... Nicht nur für gute Zwecke einsetzbar (manchmal von Frauen, selbst z. B. Pädagoginnen oder auch bei Ämtern usw. auch projizierte „Rachegefühle“gegen eigenen Mann, Vater, Bruder, Partner, Ex-Bruder etc. ... was aber natürlich auch umgekehrt passieren kann). Das erzeugt in Jungen bzw. Männern Unterprivilegiertheitsgefühle,gesteigert bis zu Wut, Hass, Aggression,... Deshalb „stören sie wieder“, der Kreislauf beginnt wieder von vorne...
Jungs waren zudem ja fast immer von Frauen umringt, haben positive „weibliche Tugenden“ (Empathie, Gefühle ausleben, ... s.o.) erlebt- wollten z. B. auch gerne „Krankenschwester“ bzw.- Pfleger werden, auch bei der Feuerwehr oder Polizei quasi „soziale Berufe“- Jungs werden aber bewusst oder unterbewusst , auch durch entspr. Spielzeug u. a. nach wie vor eher auf „Männerberufe“ getrimmt, „Frauenberufe“ sind eher „verpönt“ (mit Puppen spielen, mit Puppenwagen, in dem ein Baby liegt, das man pflegt ist auch für Jungs heute kaum „üblich“... Und ist die „Männerquote“ an Erzieherschulen oder an Unis im Fachbereich z. B. Erziehungswissenschaften, meistens nur unter 10-20% (!) „Zufall“?). Auch so und aus dem o. g. Druck, eigene Hilflosigkeit zu „kaschieren“entsteht Aggression v.a. gegenüber „Weiblichem“, Frauen aber auch schwächeren(?), hilfloseren anderen Jungen/Männern. Deshalb „will“ (?) man auch wieder „stark“ sein...
Zudem macht die weibliche, nicht nur sexuelle, Anziehungskraft, Charm, „Waffen einer Frau“ usw. oft fast unwiderstehlich „schwach“ (das klingt ggfs. „witzig“, ist es aber für sehr viele Jungen , männl. Jugendliche, Männer, auch ältere- wie ich u.a auch aus meinen

Gesprächen mit männl. Kindern/ Jugendlichen/Männern weiß, wahrlich nicht- und u. a. auch Böhnisch beschreibt dies. Und dass auch selbst Liebe wirklich blind und schwach machen kann ist auch sogar wissenschaftlich anerkannt und belegt).
Männerträume sind zudem auch oft wirklich „Schäume“ ...(wenn nicht sogar Albträume....). Und auch „Traumbilder“ wie Cowboy u.a. sind zumindest ambivalent... Jungs *wären* sicher aus o. g. Gründen (Ohnmachtsgefühlen, Ängsten,…) gerne der Held, der mit allem alleine klarkommen kann... In der Realität sind sie doch dann eher wieder der (einsame) Cowboy, der alleine in der Wüste bzw. Prärie mit allem klar kommen *muss, soll*... Eher also eine Verbindung mit dem Bild des „*lonely*“ Cowboy/Hero, der mit allem alleine klar kommen muss, weil es *seine Rolle, nicht sein Wunsch,* von ihm verlangt bzw. er das nicht-alleine - Bewältigen nicht gelernt hat ! Und letztlich, wie auch viele Süchte, aus Sehn*sucht* nach Zuneigung, Hilfe, anderen Schwäche zeigen können, in den Arm genommen werden, ... Mit „J. Walker“ und anderem (auch oft Alkohol, Drogen, ggf. auch schlechten Freunden, Cliquen usw.) als „Ersatz-Freund“.
Jungs, Männer sollen stark sein, auch z. B. als (oft eher als Frauen) in beruflich höherer Position, intellektuell, in Rede“duellen“ überlegen sein- was sie aber i. d. R. nicht sind, sein können heute (ohne diesbezügl. Hilfen). Sie sind es nur oft körperlich, die einzige Chance also wirklich „stärker sein“ zu zeigen ist oft durch Gewalt, laut sein etc. -und was sie nicht so gut können (kommunizieren,...) abzustempeln („mädchenhaft“). Und sich wirklich Hilfe suchen zu können, auch z. B. psychologische, wurde einem ja auch als „Schwäche“ vermittelt… Ein schweres Los bzw. Dilemma!
Wegen (heimlicher) Sehnsucht wohl der meisten Jungs, Männer nach dem, was für Mädchen die „beste Freundin“ ist und sie meistens nicht haben, diffamieren Jungen/Männer diese Beziehung oft. Wie auch grundsätzlich „Gequatsche“ als „weibisch“ gilt (wenn es auch sicher auch mal vorkommt, dass Mädchen dummes Zeug quatschen oder ständig „kichern“, die Frage ist dann ja aber auch wieder , ob das nicht z. B. ein Ausdruck von Unsicherheit ist.). Jungs haben Schwäche zeigen u.a. nicht oder kaum gelernt, wollen sich darum keine Blöße

geben- darum „lieber“ alleine oder wenn überhaupt schon in Jungengruppen („Flucht“ dorthin oder zu anderen nur vermeintlichen „Freunden“ wie z. B. Alkohol oft, gerade auch bei Problemen mit der Freundin vor dieser aus Angst, weil sie im Streit (kommunikativ u.a.) überlegen ist). Dort wird aber auch oft nicht über Probleme geredet, das gilt ja als „weibisch“ (bzw. nichts bringend oder schwach)- überhaupt wird „Weibliches“ eben meistens abgewertet, weil „Mann“ es selbst nicht kann, und bevor man(n) sich eingesteht, dass man selber schwächer ist, schlechter kommunizieren kann etc. macht man sich, wenn man sich eh schon schwächer fühlt, aus „Selbstschutz“ stärker- bzw. lächerlich darüber- darum auch „Männlichkeitsbeweise“ in Jugendcliquen, Abwertung Homosexueller („weiblicher“) Tendenzen,... Und Jungs, Männern wird dann auch noch der Vorwurf gemacht- bzw. macht man sich selbst, weil man flüchtet/ nicht „seinen Mann steht“, „feige“... Obwohl das oft sogar sehr sinnvoll sein kann, z. B. de-eskalierend. Oder wegen seiner – aber wie gesagt erklärbaren- Aggressivität bzw. „Depressivität“, Hilflosigkeit usw. Angst – oft deshalb auch „über sich selbst“ – die nimmt so noch zu („gottgegebene“ Männerherrschaft bzw. Dominanz alleine schon durch frühere Männer-Rollen/-Bilder gibt es heute ja kaum noch, Männer müssen so heute ihre vermeintliche Stärke immer mehr „beweisen“, zeigen, „demonstrieren“. Aber andererseits werden immer mehr „weibl.“ Eigenschaften im Beruf gefragt (Kommunikationsfertigkeiten usw., siehe oben), männl. „Vorzüge“ (mehr Kraft,...) werden in Fabriken, Büros u.a. immer unwichtiger, Frauen werden immer emanzipierter, haben einige Rechte mehr als früher ,... Bereiten so noch mehr Angst als (s.o.) ohnehin schon- noch mehr Druck für Männer also, sich „anders zu profilieren“. Und das eben mit dem, was sie (vermeintlich!) nur können, siehe oben (laut sein,...).

Nochmals ein kleiner, notwendiger Exkurs zu „männlicher“(und „weiblicher“) Macht, Gewalt und „den“ Männern , „den“ Frauen und zur Frage der Weltanschauung: Zum „Mann sein“gehört heute (s.o., vgl. Böhnisch, Winter S. 27)) oft auch Unterdrückung schwächerer - damit auch ggfs. Gewalt gegen andere, letztendlich auch öfters

Kriege,... Aber die Jungs kommen ebenso wie die Mädchen ja nicht so auf die Welt, sie kriegen nur mehr Gewehre, u.a. „Jungenspielzeug“ von Anfang an, werden so geformt... Als Cowboy/Indianer (allerdings braucht man ja im Krieg und sonst auch Krankenschwestern, Zivildienstleistende... Dadurch, dass alle Jungen Krankenschwester werden wollen wird es alleine aber kaum „peace on earth“ geben... Da gilt es nicht „nur“ vorherrschende „Männerbilder“ zu ändern. Z. B. ist es natürlich unbedingt zu begrüßen, wenn Frauen negative (vermeintlich) „weibliche“ Eigenschaften ablegen- z. B. übertriebene Zurückhaltung... Sie sollen auch „hart“ („männlich“, um in diesem Gedankengang zu bleiben) für ihre Rechte kämpfen, nicht hinterm Herd auf ihren „Erlöser“ warten. Es ist ja noch gar nicht so lange her, dass Frauen nicht einmal bei Wahlen ihre Rechte wahren konnten. Aber : Sollen Frauen jetzt die -s.o.- schlechten Männerrollen übernehmen? Soll Frau....Merkel statt Herr...Kohl oder...Schröder usw. auch nicht bessere Politik machen? Inkl. Kriege führen (und waren die Mädchen in Hitlers Krieg besser als die Jungs (und Mädchen), Männer und Frauen im Widerstand, z. B. der „weißen Rose“?). Sollen sie „harte“Ausbeuter werden , *dabei oder im Konkurrenzkampf* keine Schwäche mehr zeigen dürfen? Frauen dann mehr die Männer (und andere Frauen) ausbeuten/unterdrücken, so wie es heute schon Frauen und Männer mit Frauen (und Männern) tun? Dann auch noch Frauen zusätzliche Probleme bekommen? Und dann auch alle „Männer-Machtausübungs-Probleme“ bekommen ?). Ich habe z. B. nicht unbedingt immer etwas gegen Frauen und Waffen, z. B. im Widerstand gegen Faschismus, in Befreiungskämpfen... Aber „übergeordnet“ sollte ja immer die Frage nach Zielen, Werten u.a. „männlicher“ oder „weiblicher“ Züge, stehen (ist z. B. der Krieg überhaupt nötig, gerecht... Oder Frauen sollen natürlich auch z. B. in polit. Machtfunktionen kommen- aber entscheidend ist doch, egal ob bei Mann oder Frau, was für eine Politik sie machen, in wessen Interesse! Ob man z. B. als Mann oder Frau für oder gegen Hitler kämpfte war ja auch kein unwesentlicher Unterschied). Und : „Weibliche“ Anteile sollen beim Mann nicht unterdrückt werden. Was ist damit, mit „natürlichen, unverfremdeten weibl. Anteilen“ aber

gemeint? Welche Frauen sollen sich Jungs, Männer als auch „vorbildlich“ heraussuchen - Mutter Theresa, Rosa Luxemburg, A. Merkel, die Frau von Gerhard Schröder, Magda Goebbels oder,...?
Und welcher Mann möchte man sein? Was ist „typisch Mann“? Es gibt ja da auch unzählige unterschiedliche (Welt-) Anschauungen. Auch unzählige verschiedene Charaktere, Vorbilder, gute und schlechte...
Viele Männer haben z. B. auch schon öffentlich geweint, „Sensibilität gezeigt“- von Michael Schuhmacher über Gandhi, Rudi Dutschke, Lenin, Willi Brandt über Hitler, usw.- aus ganz anderen Gründen, Motiven. Ein jüdischer Mann vor seinem Gang ins KZ, Hitler, weil das tausendjährige Reich zerbrach... . „Geschlechtsspezifisch“ zu erziehen ist sicher wichtig, aber welches gesamt- Menschenbild, welche Weltanschauung hinter (Erziehungs- und anderen) Vorstellungen, Zielen steckt sollte man unbedingt auch immer bedenken, weil das letztendlich ja auch für das ganze, auch pädagog. Handeln /die „Erziehungsrichtung“, entscheidend ist... Es gibt sicher ein „bürgerliches“ positives Männer/Frauenbild, aber auch z. B. ein ganz anderes z. B. „sozialistisches“ oder... Wichtig ist also m. E. auch z. B., dass der „neue Mann“, nicht zuletzt als „Erziehungsergebnis“, Schwäche zeigt, wenn es angebracht ist, aber z. B. stark ist, wenn er sich gegen Ungerechtigkeit einsetzt... Genau so wie bitte Frauen. Dies zu betonen halte ich wirklich für wichtig. Denn es geht sonst wirklich viel zu oft dann doch *nur* noch um das Geschlecht, *zu sehr* in dieses andere Extrem (anstatt das gar nicht zu beachten es überzubewerten).

IX. Einige (weitere) praktische, künftige Konsequenzen

Wenn man das zuletzt Genannte nicht vergisst ist für erzieherische Tätigkeit, Sozialisation, Entwicklung, Förderung, Unterstützung von Jungen bzw. teilweise (zumindest sinngemäß) auch mit Jugendlichen und Männern zum „anderen“ Mannsein u.a. wohl ferner wichtig :

-Als Erziehender von Beginn an möglichst Bilder (eigene und die, die man Kindern vermittelt) „hinterfragen", möglichst positives, „anderes" Männlichkeitsbild vermitteln (Beispiel, z. B. bei Zimbardos „Psychologie" zu finden: Schon in den ersten Lebenstagen werden Kinder „geschlechtsspezifisch" anders bewertet, wie Untersuchungen ergaben- z. B. von Versuchspersonen die (bei einem männl. Baby) annahmen es ist ein Junge „der schreit ja kräftig, ist ja groß..." bzw. (Annahme) es ist ein Mädchen „Die hat ja schöne sanfte Züge, sieht ja süß aus..". Beim gleichen Baby, Kind, Verhalten! Das Problem ist ja oft, dass Jungen (und Mädchen) nur einem bestimmten Bild entsprechend stigmatisiert/"abgestempelt", gesehen werden, auch oft nur vermeintlich positiven - und sich dann eben auch dementsprechend verhalten. Erzieherisch Tätige müssen auch viel besser entsprechend ausgebildet werden, damit sie überhaupt ausreichende Fähigkeiten haben. Dafür muss auch mehr „jungenspezifisch" geforscht und publiziert werden, betrachtet- unter anderem auch (selbst in psycholog. Untersuchungen, Studien usw.)

- - Sich vom „coolen", selbstsicheren,... „Schein" nicht täuschen lassen. Auch Jungs/Männer brauchen, gerade in der Zeit als Kinder und Jugendliche (eine Zeit, die in Vielem ja sowieso schon einer „Krankheitszeit", wie unter Drogen, entspricht), aber natürlich auch immer, auch später, viel Liebe, Zuneigung, Zuspruch, Hilfen... Und besondere Forderungen/Förderung u. a. entsprechend ihren einfach auch ganz speziellen, *individuellen* Bedürfnissen , Fähigkeiten,... Eben als, wie jeder Mensch, *Individuum* – und natürlich auch nicht nur „Störenfried". U.a., nicht nur aber auch, bei der Entwicklung ihrer „männlichen" (und somit auch ganzen, allseitigen) Persönlichkeit. Mit Hilfe bei der Auseinandersetzung mit „äußeren" Erwartungen und Bewältigung innerer Empfindungen u.a., gerade auch was das „Männliche" angeht- Hilfe dabei, hierbei ein eigenes (!) „positives" „Männer"-Bild entgegen allen Verzerrungen u.a. herauszufinden und gestalten zu können. Auch für sich ganz speziell passend bzw. herausgesucht, entwickelt… Mit besonderer Hilfe, mit falschen Erwartungen positiv fertig werden zu können bzw. Förderung „unterdrückter" Bedürfnisse u. a., wie Gefühle, Schwäche, Ängste zeigen können u.a., über Probleme sprechen etc. Auch vermitteln, dass Schwäche zeigen nicht schwach sein heißt-im Gegenteil, und dass jede(r) Schwächen und Stärken hat. Und auch *jeder Mensch* Hilfe, Förderung bedarf, natürlich auch nicht „nur" z. B. Förder- oder Sonderschüler oder „nur" männliche - sondern alle Schüler (bzw. Menschen) , auch immer wieder. Auch ein Leben lang. Die Wichtigkeit von „Lebenslangem Lernen", „individueller Förderung" usw. wird heute ja so oft betont... Aber praktisch kaum gesehen bzw. praktiziert, unterstützt. Oder auch „nur" verstanden, anerkannt. Dann machen sich schon jüngere Menschen Selbstvorwürfe (bzw. bekommen welche), weil sie noch nicht „so weit" oder gar perfekt sind, auch z. B. beruflich.

- Obwohl wirklich weise Männer, Menschen ja gerade auch nicht zuletzt auch wussten „Der wahre Beruf des Menschen ist zu sich selbst zu finden" (H. Hesse) bzw. „Älter werde ich stets, niemals doch lerne ich aus" (Solon). Das ist natürlich auch nicht nur schön. Auch hart. Nimmt aber auch Druck immer (schon) so schlau, stark, perfekt sein zu müssen... Man lernt ja wirklich nie aus. Muss auch immer dazu lernen. Kann das aber auch, bis zum Ende des Lebens sich immer wieder weiter zu entwickeln bzw. auch zu sich finden! Das ist wahrlich auch alles andere als einfach, bedarf oft auch Unterstützung. Kann dann aber auch sehr spannend sein und auch Druck nehmend, hilfreich, neue Impulse und Kräfte – auch sehr in sich- (wieder) finden lassen...

Auch so positives „männl." Selbstwertgefühl zu vermitteln/erleben, entwickeln ist, s.o., sehr wichtig, auch trotz aller Schwächen, Hilfsbedarf – die jeder Mensch hat. Dabei ist natürlich viel Geduld, Verständnis, Empathie- das können aber auch bei Jungs und Männer oft gerade ja auch „Ihresgleichen" haben- und Gefühl, „Fingerspitzengefühl" u.a. notwendig, man muss auch die Jungs da „nehmen" wo sie /wie sie leben. Z. B. sollte man mit der Rolle des „Teddybären" vorsichtig sein. Sicher ist das Schema "Mädchen kriegen Puppen, Jungs nicht" (sondern nur Teddys,...) zu hinterfragen. Konkret ist der Teddy oder anderes Kuscheltier aber oft der lieb gewonnene, beste Freund des (zumindest kleinen) Jungen, den man nicht einfach „weglassen" kann, auch in älteren Jahren- er (oder auch z. B. Tiere) war, ist ja immer für ihn da, mit ihm kann er (heimlich) reden, sich anvertrauen, auch Sorgen, Schwächen,... Ohne dass er ausgelacht wird oder seine Schwächen kaschieren oder rechtfertigen muss oder selbst stets kommunizieren/Zuneigung zeigen muss (zudem reden die meisten Jungs tatsächlich mit ihren Bären, drücken ihn, „füttern“ kleiden, umsorgen ihn (zumindest heimlich)- also durchaus positive Erscheinungen, auch Fürsorglichkeit lernend). Er gibt ihm auch Trost, ihn kann er drücken und kuscheln, was Jungen ja sonst eher nicht dürfen- Jungs schlagen öfters auf die Schulter, geben sich einen Schubs, raufen sich,... Das ist noch die am ehesten zugestandene Form von „männlicher“ körperlicher Nähe, die auch Jungs sich wünschen, meist aber als „unmännlich“ gilt (interessant sind hier ja auch kulturelle Unterschiede-in Südeuropa z. B. küssen und umarmen sich Männer ja auch bei der Begrüßung. Homosexuelle z. B. werden dort aber oft noch schärfer „verachtet“. Auf jeden Fall zeigt sich hier auch gesellschaftl.-kulturelle Normen als „Quelle“ von „Männerbildern“, selbst innerhalb Deutschlands- z. B. „Busseln“ in Bayern oder dergleichen, was es z. B. in Nord-Deutschland kaum gibt).

- Jungen, die schreien, provozieren u.a. sollten nicht nur als „Störfälle“ angesehen werden. Lehrer „beschäftigen“ sich meist viel mehr mit Jungen- allerdings tadelnd, kritisierend oder auch sogar lobend für manchmal schlechte Eigenschaften („der kann sich ja gut und lautstark durchsetzen“). Statt eher *wirklich* auf sie einzugehen. Lautes, aggressives Verhalten ist aber bei Jungen ja z. B. oft „nur“ ein „Hilferuf“ nach z. B. Zuwendung und sollte dann auch so gesehen/ behandelt werden, also als Ansatzpunkt zur Auseinandersetzung, Hilfe und Förderung. Auch für alternative Möglichkeiten! Denn nur zu wissen was man lieber nicht so tun soll ohne Alternative (Lösung) dafür verunsichert ja noch mehr… Bzw. lässt sich noch schwächer fühlen. Wobei natürlich auch gefördert werden muss, dass man seine Bedürfnisse deutlich, besser benennen kann, manchmal auch laut

-Auch besondere Förderungen (spezielles Kommunikationstraining für Jungs u.a., z. B. „betreutes“ Aggressivitätsausleben im (Kampf-)Sport u.a. Dabei am Reiz (Kraft ausüben/-zeigen,..) ansetzen um dann zu den „Wurzeln“ z. B. des Kung-Fu, Judo, Karate,... kommen (was ja gerade die „innere“Stärke , Respekt vor Stärken und Schwächen auch

Anderer betont u.a.). Dabei sollen aber „natürliche" viele männl. -bzw. in der Vergangenheit „hauptsächlich Männern zugestandene"- Fähigkeiten weiter gefördert werden (dass z. B. jetzt nur noch Mädchen Kraftsport -oder techn. Unterricht bekommen sollen wäre sicher auch nicht sinnvoll, wenn natürlich auch Mädchen in ihnen bisher „vorenthaltenen" Bereichen mehr gefördert werden sollten). Wichtig auch: Nicht (nur) an Schwächen von Jungs ansetzen, sondern an Stärken- denn die mit wichtigste Förderung ist ja den Jungs ein besseres *Selbstbewusst*sein, Vertrauen in eigene, auch positive (männliche bzw. individuelle) Fähigkeiten, zu entwickeln, um es gar nicht mehr nötig zu haben, Schwächen zu kaschieren und nur angebliche Stärke zu demonstrieren. Redet man zu viel über Schwächen fühlt man sich ja aber alleine deshalb schon (unnötig) schwächer (als man es ist).

- Vor allem in Partner-/Gruppenarbeit sind Erfahrungen möglich, dass man durch Kooperation, Kommunikation u.a. zum Erfolg kommt. Dort , bei Sport und Spiel (und in fast jedem Bereich) ist auch zu vermitteln, dass es nicht immer Gewinner geben muss, sondern dass es viel besser und gewinnbringender ist gemeinsam zum Erfolg zu kommen, gar nicht nötig, dass jemand verliert/unterdrückt wird. „The winner takes it all" muss, sollte nicht sein (zumal ja zu fragen wäre was gewinnen, Erfolg etc. wirklich heißt, z. B. mehr menschliche Stärken zeigen, entwickeln können –statt andere zu „besiegen", unterdrücken…).

Projektbezogen, z. B. beim Klettern, ist es auch „extrem" erfahrbar, dass die größte Stärke/Befriedigung ist, sich selbst zu "besiegen", eigene Ängste zu durchleben u.a. (bzw. natürlich auch mal flüchten, verlieren, Angst etc. haben zu dürfen). Und vor allem mit Hilfe anderer „Halt" zu haben.

Wichtig bei allem ist aber immer die (sozial-) pädag., bei Bedarf auch therapeutische, Begleitung wenn Jungen – bzw. Männer- anfangen ihre Gefühle, Ängste u. a. „auszuleben", damit sie darin bestärkt werden, Peinlichkeiten abgebaut werden können etc. Gut ist auch, wenn ältere Jungen bzw. Männer diese Betreuung „Vorbild gebend" (mit-) tragen. Oder auch Frauen hier Wertschätzung zeigen.

Es gibt „unzählige“ entsprechende weitere “Gebiete“, u.a. auch Theater-/ Erlebnispädagogik , von „abenteuerlichen Sachen“ bis z. B. Ponyhof u. a. Wichtig beim „da ansetzen wo die Jungen sind“ ist aber auch *Authentizität.* Zum Beispiel bei Graffiti: Fast ausschließlich eine „Jungendomäne“, ein ausgezeichneter „Ansatzpunkt“. Jungs werden kreativ… Oft gibt es aber kaum Zeichnungen (/Gefühlsäußerungen), sondern nur der eigene Name wird „gesprayt“- zur eigenen (Helden-) Verehrung sozusagen. Man kann hier Jungen aber sehr gut dabei helfen, Gefühle mehr, weiter heraus zu lassen. Sobald aber Flächen zur Verfügung gestellt werden, wo man „legal“ sprayen kann ist der Reiz oft weg. Es sollte bei entsprechenden Sachen also schon ein Ansatz an echten Erlebnissen/Herausforderungen, z. B. im Rahmen von lebensweltbezogener „Streetwork“ sein, auch im pädag. Alltag.

-Generell da ansetzen, wo Jungs (/Männer) sind, was sich in ihrem Kopf (und „Bauch“) abspielt,... und sich „dort“ mit ihnen auseinandersetzen... Auch z. B. bei „Statussymbolen“, die meistens eben ein Zeichen nach „Status- bzw. Identitätssuche“ sind. Allerdings sollte man Vieles auch nicht überinterpretieren. Oft steckt auch nichts dahinter, mögen Kids, Menschen (auch weibliche) halt auch nur so irgendetwas (oder nicht). Und z. B. ein Handy und dergleichen, sonst noch was – Phone usw., ist ja auch potenziell „cool“, man(n) kann damit ja aber statt sich selbst darzustellen auch sinnvoll kommunizieren(lernen), z. B. auch Hilfe holen... Der Traum von schnellen Autos- warum soll er nicht das Fahren von z. B. Krankenwagen umfassen ? ... Es gibt viele schlechte Karate-Filme, aber auch darüber (-> wie einiges nicht sein sollte) kann man reden, und „Karate- Kid“ handelt z. B. von einem Jungen, der ein Held dadurch wird, dass er schwächere gegen sie quälende stärkere Jungs schützt… Usw.

- Jungs müssen erkennen können (z. B., aber nicht nur , durch im Sozialkundeunterricht), dass sie Täter und Opfer sind, sein können- und dass sie mit einer „Rollenänderung“ nur gewinnen können. Und , wenn sie das sind, ‚dass die Jungen in Ausbeuter-Rollen nie ganz glücklich sein können. Denn Jungs haben große „Verlustängste“ betr. ihrer

Privilegien (gegenüber Mädchen), da das immerhin noch ein „Trostpflaster" war für die Opfer, die sie durch ihre Rolle hatten

- Jungen müssen –betreut, begleitet- selbstreflektieren können-was ist gut, was schlecht an „meiner Männlichkeit" bzw. an „Männerbildern", an Darstellungen in Schulbüchern, Bravo & Co., im Fernsehen,.. Ob Männer immer herrschend, bestimmend u.a. sein müssen, ob sie das wirklich nötig haben,... Auch ihre eigenen (wirklich) positiven Seiten sehen und spüren lassen, auch ihr ganz eigenes „Männerbild"

- Ganz wichtig ist auch die Vorbildfunktion von Männern/männl. Erziehern - deren Zahl (genau wie die männl. Grundschullehrer u.a.) auch *wirklich* erhöht werden sollte, auch mit besserer Anerkennung (inkl. Bezahlung dafür. Bereits heute haben sozialpäd. (Jungen-) Einrichtungen teilw. ja große Probleme, männl. Erzieher zu finden). U.a. auch was ehrlichen Umgang mit eigener Schwäche/ Bewältigungsstrategien von Problemen angeht, auch müssen Eltern und alle anderen erzieherisch tätigen (Männer und Frauen) ständig ihr eigenes „Männerbild" hinterfragen. Kaum ein männl. Lehrer fragt z. B. vor Schülern auch Mädchen oder Kolleginnen um Rat in techn. Fragen (z. B. Projektorenbedienung,....), Frauen sind nur selten Schulleiterin etc.,... Jungs gegenüber sind männl. Pädagogen oft „kumpelhaft", reden aber kaum über, auch „männliche", wirkliche Probleme

-Auch ansonsten „Vorzeigen" anderer Männerbilder. Z. B. Filme mit Männern in pädag., pflegerischen Berufen, Mitarbeitern einer Vogelschutzwarte, in Tierpflege usw. Oder auch soziale Seiten ja z. B. der Feuerwehr und dergl., was viele Jungs als tolle Berufe sehen. Jungen eigene Erfahrungen machen lassen. Auch öfters gemeinsam Kochen, sich um Pflanzen kümmern u.a. Jungen *Spaß* an solchen Sachen erleben lassen. Auch schon von Klein an. Früh übt sich…

Auch Filme u.a. behandeln, wo Jungen ihre wirklichen Stärken aber auch Schwäche zeigen oder Probleme „kommunikativ“ behandeln und trotzdem (oder gerade dafür) anerkannt werden, auch von Mädchen und Frauen- und das auch im „Schulalltag“ einführen. Z. B. kl. Belohnungen für Hilfeleistungen unter Mitschülern (allerdings bei entspr. Vorhaben immer mit spezieller Unterstützung für die Jungen, da diese sonst wieder „benachteiligt“ sind wegen zu wenig Förderung dabei zuvor und es eher kontraproduktive Folgen haben könnte). Generelle Förderung sozialer Kompetenzen /Fähigkeiten , auch spezifisch für Jungen

- Mehr (erzieherischer) Einbezug von Jungen in Gebiete, die eher „Mädchen“ vorbehalten sind -z. B. – aber auch in mit Freude verbundenen Formen!- Hausarbeit, Textiles Werken,...auch Kinder-/ Krankenversorgung. Oder auch neuere Anforderung der Berufswelt (Bedarf an mehr kommunikativen Fähigkeiten,...) als Chance/ Förderung entspr. Eigenschaften bei Jungs/Männern zu sehen /zu fördern - dann wird dies auch eine Chance, auch für ein insgesamt „positiveres“ männl. Bild, statt „Bedrohung“ für Jungs, was ein ganz wichtiger, generell anzuwendender Aspekt ist. Z. B. in Rollenspielen, in speziellem Kommunikationstrainings für Jungs. Offenere, umfangreichere Gespräche u.a. über Gefühle oder z. B. Sexualität u.a. gerade auch für Jungs (ggfs. da ihre besonderen Schwierigkeiten beachtend, z. B. Ausdruck durch Malen oder Filme, Musik oder auch „Traumreisen“ (für Jungen ungewohntes “in sich/in Gefühle“, auch Träume horchen) - also auch kreativ/emotional anregendere „Medien“ statt durch Sprechen. Oder ansetzen an „männlichen“ Sparten wie Kampfsport u.a. und dort vorleben entspr. „Tugenden“ , z. B. den Gegner/ Schwächere zu *a c h t e n*, s.o.). Dies in gemischten wie auch Männern/Jungs vorbehaltenen Gruppen). Aber auch geduldige Überzeugung, dass Reden über Probleme / Zeigen von Problemen in Wahrheit Stärke (und nicht Schwäche) bedeutet...). Mit Hilfe, Tipps dafür… Und auch Auseinandersetzung mit Ängsten (und deren Bewältigungsmöglichkeiten) mit allem Möglichem oder auch ggf. etwas Irrationalem aber auch z. B. von der oft wirklich nahezu magischen „unwiderstehlichen“ weiblichen Anziehungskraft, der

weiblichen Macht über Leben und Tod etc. oder auch „männl.“ Zwängen (stark , dominant sein müssen,...). Dabei ansetzen am „Einzelfall“ (konkrete Hilfen/Tipps) aber davon abkommen, Probleme als „Einzelfall“ anzusehen (was den einzelnen zum „Schuldigen“ /Dummen abstempelt). Auch klarmachen, warum bestimmte Sachen so laufen, dass Vieles nicht „naturgegeben/ gottgewollt“ ist sondern sich so entwickelt hat- *und sich auch wieder bzw. weiter ändern kann.* Sonst würden Männer und Frauen ja noch heute wie in Steinzeit, Mittelalter, unter Kaiser, Hitler usw. handeln, denken, fühlen ...
Dies kann natürlich alles auch z. B. in der Schule - einem zentralen Ort für diesbezügl. Arbeit- im Ethik-/ Sozialkunde-/ Biologie-Unterricht erfolgen, sollte aber nicht darauf beschränkt sein. Z. B. können in Deutsch Bücher auch über Jungenprobleme behandelt werden. Gerade für Jungs ist es einfacher, über Probleme „abstrakt“ (der Junge in dem Buch braucht...) über Gefühle zu reden (statt „ich bräuchte“ ich fühle“ „ich habe Angst vor...“). Grundsätzlich sind Jungs sehr froh, wenn sie über Probleme reden können, trauen sich aber nicht, müssen hier viel gefördert werden/den richtigen Rahmen haben. Bzw. passend angesprochen (z. B. „kann sich jemand – ja auch als Mädchen, das kann für Jungs ja auch sehr hilfreich sein- vorstellen wie der Junge in dem Buch, Film etc. sich fühlt?“). Biologie/Sexualität bietet sich auch an, hier (und generell) aber auch teilweise, situationsabhängig, „geschlechtsgetrennte“ Stunden oder auch Projekttage u.a., damit sich die Jungen- und auch Mädchen- „ungehemmter“ austauschen können, unter „Ihresgleichen“, pädag. betreut. Genauso wichtig ist aber auch gemeinsamer Unterricht, nur dort kann man lernen miteinander (auch mit Mädchen) “klarzukommen“, voneinander zu lernen (und auch zu erkennen, dass viele Probleme- z. B. auch über Schwächen reden zu können- auch nicht nur männlich, sondern auch einfach „nur“ menschlich sind bzw. auch gesellschaftliche Ursachen haben, nicht nur persönliche oder genetische „Schuld“!). Z. B. können auch Mädchen Jungen bei „kommunikativen“ Problemen, auch z. B. in Mathematik, helfen, Jungen Mädchen bei eher kraftbetonten Aufgaben. „Pausenaufgaben“ (Sauber machen,oder Abwaschen nach

gemeinsamen Kochen...) sollten gleich an Jungen und Mädchen verteilt werden unter Anleitung, ebenso wie z. B. das Pflegen von Pflanzen und ggfs. einem „Klassentier“ usw.

- (Mehr)Angebote für entspr. sozialpädagogische Arbeit, z. B. entspr. Gruppenarbeit, mit „Komm-“ Struktur aber auch „inmitten“ von Jugendcliquen

-Auch „Selbsthilfe-“ bzw. betreute Gruppen(-arbeit) z. B. für missbrauchte Jungs, Männer, auch Gewaltopfer/Täter, auch weil „wer Schläge bekommt oft Schläge austeilt“, mehr Therapieangebote für Vergewaltigungsopfer (ggfs. auch -Täter , im Sinne der – bzw. sonst künftiger- Opfer?)

- Verstärkter Einsatz gegen Diskriminierung von Homosexuellen bzw. gegen die Ausübung angeblich „unmännlicher“ Eigenschaften in Verbindung mit der Propagierung eines alternativen, positiven „Männerbildes“ in jedem möglichen Bereich.

Und last, but not least eben auch Unterricht in Deutsch usw. (s. oben), auch z. B. Diktate usw., so machen, dass Jungs auch *wirklich, faktisch* gleiche Chancen haben, also auch tatsächliche Benachteiligung beheben- damit Jungs so auch mehr Stärke, Kompetenz erleben können! Wichtig ist aber wieder auch, einerseits „Geschlechtsspezifisches“ als nicht allein entscheidend bzw. „prägend“zu sehen. Es gibt z. B. Jungs aus Arbeiterfamilien und solche aus reichen Familien- die ggf. auch besser Nachhilfe zahlen können, was ihren Kindern, auch männlichen, mehr Möglichkeiten gibt als ärmeren (auch Mädchen)... Sie sind Einzelkinder/ deutsch/religiös etc. oder sind es nicht, ältestes oder jüngstes Kind usw. Das kann – nicht muss!- natürlich auch (oft auch viel mehr) prägen. Es gibt (wenn auch zahlenmäßig verschieden) „humanistisch“ gesinnte Jungen und Mädchen und „rechte“ Jungen und Mädchen bzw. Eltern- oder auch Pädagogen, Therapeuten usw. Andererseits ist weder die „Frauenfrage“ noch die „Männerfrage“ ja nur als „ein Problem von vielen“ zu sehen. Nicht nur in „speziellen“ Gebieten muss „geschlechts-spezifisch“ gefördert werden. Es bringt ja nichts, wenn Mädchen in der Mädchengruppe, Jungs in der Jungengruppe besser lernen, echte, angemessene sinnvolle (geschlechts-spezifische) Persönlichkeiten zu entwickeln. Und dann in

Schule ,Ausbildung, Beruf,... und anderem das ansonsten nicht mehr „verfolgt“ bzw. wieder „unterbunden“ wird. Jede Erziehung, jeder Unterricht, jede (sozial-) pädagogische Herangehensweise muss auch teilweise „spezifisch“ sein! Aber (vor allem) geht es ja auch um „Über- Geschlechtliches“: „Ohne eine Humanisierung der Jungen wird eine Humanisierung der Schule nicht möglich sein. Aber auch ohne eine Humanisierung der Schule ist eine Humanisierung der Jungen nicht denkbar“ (A. Kaiser, S.178). In der Tat!
Sollte einmal Erziehung in der Schule u.a. weitest möglichst „geschlechtsspezifisch“ und humanisiert sein, bringt das m. E. allerdings aber auch wiederum nicht ausreichend/entscheidend viel, wenn man aus der Schule in gesellschaftliche Bedingungen kommt, wo wieder nichts an den „vorherrschenden“ Strukturen geändert wurde (ohne eine „Humanisierung der Gesellschaft“ also sozusagen- der „gesellschaftliche Kontext“ darf hier ja nicht vergessen werden), z. B. Frauen weiter niedrigere Löhne bekommen als Männer und deshalb z. B.„eher“ zur Kindererziehung zuhause bleiben „wollen“ – oft ja nur müssen- als Männer. Deshalb , und auch weil die Förderung positiver Ansätze i. d. R. sicher erfolgreicher ist als „an Schwächen *ansetzen*“, ist m. E. auch unbedingt wichtig: Vermitteln eines positiven, humanistischen Weltbildes für Jungen (und Mädchen, bzw. Männer und Frauen -gemeinsam, aus dem ja dann Gedanken wie Gleichberechtigung u. a. auch erst „tief gehend“ entstehen können.). Also z. B. Jungen statt „du darfst doch nicht Mädchen schlecht behandeln“ auch (noch) mehr *positive* Werte vermitteln- z. B. den Kampf gegen Unterdrückung, für Frieden, Erhaltung der Umwelt, Völkerfreundschaft etc. weltweit- wer davon „fasziniert ist“, wird wohl sehr „tief gehend“ (intrinsisch) davon überzeugt sein, dass auf diesem Weg nicht gerade passend ist, Mädchen/Frauen –bzw. auch Jungs/Männer- als „Opfer“ zu sehen, statt eben- lieber- als *„Kampfgefährtin“*. Zumal alleine kämpfen ja auch anstrengender ist (und ja auch nicht „Karriere“ am Wichtigsten im Leben ist -in der Tat ist ja nicht entscheidend, wie „weit“ man es im Leben bringt- sondern ob man seinen eigenen, passenden Weg geht…). Und das Leben, gerade auch heute, ist ja auch oft ein Kampf. Wenn natürlich auch nicht

nur. Gemeinsam ist man aber jedenfalls ja doch stärker, zumindest eher als gegen einander.
Zumal: Selbst Frauen mit höheren Schulabschlüssen- was ja eher öfters als bei Männern vorkommt- haben trotz angeblich heute so gesuchter „weiblicher“ Fertigkeiten oft schlechtere berufl. Aussichten , zumindest in höheren Positionen als „unkommunikative“ Männer. Warum sollten die Männer dann letztendlich nach verbesserter Kommunikation u. a. streben wollen? (auch „die“ Kommunikationsfähigkeit (ohne „wofür“/“warum“ -Frage) gibt es zudem nicht, was sehen Chefs überhaupt für Kommunikation gerne? Die von einem Mann oder einer Frau, die z. B. gewerkschaftlich/im Betriebsrat „kommunikativ“ für die Rechte der Kollegen wirbt auch ?). Und die Mehrzahl, weibliche und männl. Angestellte und Arbeiter, auch Beamte und natürlich auch Arbeitslose usw. haben z. B. ja auch kein Interesse daran, dass Frauen weniger verdienen als Männer - „Damen und Herren“ in Chefetagen aber schon, auch an Lohnersparnis an Frauen bzw. Lohndruck auf Männer… (und dass gerade auch in Deutschland zudem die, auch soziale, Herkunft (noch) mehr über Zukunft entscheidet als z. B. das Geschlecht ist ja spätestens seit den „PISA-Studien“ allseits bekannt). Auch hier haben Männer/ Frauen bzw. auch schon Mädchen/Jungen, Jugendliche z. B. in der Ausbildung, gemeinsame Interessen-und wer die hat sollte ja nicht gegen- sondern miteinander (für gemeinsame Interessen/Rechte/...) streiten … Weiteres diesbezüglich bei Interesse auch in „neue Perspektiven“- auch dazu, dass der geringere Lohn für Frauen eine Hauptursache dafür ist, dass Frauen die Kinder erziehen, weil man auf ihren (niedrigeren) Lohn eher verzichten kann. Weil nur („kapitalistisch“) „produktive“ Arbeit (also die, die Unternehmern nützt) z. B .in der Renten- und Arbeitslosenversicherung „entlohnt“ wird, „private“(???) Zeiten der Kindererziehung, d. h. ja eine der wichtigsten Arbeit für die Gesellschaft, Zukunft der Menschheit aber fast gar nicht (welche alleinerziehende Frau kann aber von ihrer Rente leben? Bzw. auch welcher Mann?)
Viele als „männliche“ bezeichnete Probleme betreffen auch Mädchen/ Frauen- auch Frauen sollen in einer „Ellbogen-Gesellschaft“ eher

gegeneinander, wenig sensibel um Posten kämpfen, dadurch Schwächere „besiegen“ statt z. B. gemeinsam, Mann und Frau, auch sozial Benachteiligte... solidarisch. Miteinander für mehr Arbeitsplätze, bessere Umwelt, Besserungen im Gesundheits- und Bildungswesen- auch für unsere aller Kinder- u.a. zu kämpfen, gegen die Interessen vieler (aber keinesfalls der Mehrheit) der Männer (aber auch Frauen)- z. B. vieler von denen in „Unternehmersesseln“... Was hilft es sonst z. B. einem Mann, der künftig bis ca. 20 Jahre seines Lebens mehr Kooperation und (noch) bessere Kommunikation, soziale Kompetenzen in der Kita und Schule lernt- und dann, um einen Arbeitsplatz zu bekommen doch wieder Leistungstests macht, andere im Konkurrenzkampf „besiegen“ muss, in einer „Ellbogen-Gesellschaft“ ? Ebenso viel (bzw. wenig) wie einer Frau? Das bedarf wirklich Einsatz, Kampf, Streiten... *Gemeinsam*, für ein anderes „Männerbild“/+Frauen- / Menschenbild... Auch in Schulbüchern, Fernsehen, Werbung,.....für eine bessere Gesellschaft überhaupt also. Wie beschrieben wird dabei jedes „individuelle“ Bemühen wichtig sein, jeder „persönliche Einsatz“ bzw. Erfolg zählt und hilft mit, (auch gesellschaftliche) Verbesserungen zu erreichen. Früher oder später (auch von Kaiser, Hitler, Honecker u. a. loszukommen dauerte ja). Nur „individuell“ wird man aber auch auf “systembedingte“ Grenzen stoßen- s. das dazu Ausgeführte (weitergehend auch dazu „Neue Perspektiven…“, z. B. auch rechtliche/ politische/...Machtfragen, auch z. B. wer bestimmt Inhalte/ Darstellungen in Schulbüchern, welche „Rollen“ die Spielzeugindustrie, Medien, Fernsehen, Kino,... Werbung, etc. / unterstützen sie „fortschrittliche“ Anschauungen/ Darstellungen oder „antiquierte“?). Ohne genug (gemeinsam erkämpfte...) Lehrer(innen) / Erzieher (-innen) -Stellen auch in Schulen, Kitas bzw. im Beruf Unterstützendes usw. wird nie genug Zeit u.a. da sein, um Jungen und Mädchen bzw. Frauen und Männer angemessen, nicht nur aber auch „geschlechts-spezifisch“ zu fördern bzw. schützen... Wenn generell Plätze in Kitas, Krankenhäusern u.a. oder auch beim Arbeitsschutz abgebaut werden ist es auch für Männer kaum möglich dort öfter zu arbeiten,...). Außerdem sollten wohl auch nicht „Mann und Frau an Heim und Herd“ gehen bzw. Männer an Frauen ihre Arbeitsplätze verlieren sondern mehr Arbeitsplätze für Männer *u n d* Frauen geschaffen werden, natürlich nicht nur aber nicht zuletzt auch im Kita- und gesamten Erziehungs-Bereich, guten Kantinen/ Ganztages-schulen,... Und – auch schul. und berufl. Gesundheitsschutz, bei vorbeugenden Maßnahmen, Hilfen usw. Wenn nicht die Profitinteressen (weniger) sondern die Bedürfnisse der Mehrheit entscheiden würden, wäre das heute zweifellos möglich.

Z. B. über 40000 Menschen (Schüler, Erzieher, Lehrer, Kinder,... jeweils auch weiblich und männlich), die alleine in Berlin letztes Jahr auf die Straße gingen gegen Kürzungen im Bildungsbereich, oder die Kürzungen im Gesundheitswesen,.. bei gleichzeitigen Rekordgewinnen von Unternehmern... sind da aber ja ein gutes Beispiel dagegen gemeinsam Zeichen zu setzen. Die ja auch große Erfolge, nicht nur z. B. an der Berliner Rütlischule (siehe oben), bringen können.

Mein Fazit hierzu: Es tut sich sicher einiges in den „Männerfragen". Aber nicht wegen einigen „Helden", Herrschern, Politikern die so gnädig waren und Fortschritte ermöglichten. Sondern aufgrund von Männern und Frauen, die gemeinsam für ihre Rechte/gemeinsame Zukunft in einer „Opposition von unten" kämpften (z. B. wurde ja auch das Frauenwahlrecht ebenso politisch *erkämpft* wie letztlich *j e d e* soziale Gesetzgebung, auch für Männer- bzw. war zumindest indirekt Folge davon, wenn natürlich von Politikern anders verkauft). Ohne diese „gesellschaftlichen Bezüge" bzw. entsprechende gemeinsame Proteste, Bewegungen, Organisationen von Frauen und Männern, Jungen und Mädchen wird weder die Befreiung der Frau noch die natürliche, sinnvolle Entwicklung/Sozialisation von Frauen und Männern „endgültig" möglich sein. Aber die „Opposition von unten" mit ihren eigenen „Helden" schreitet zweifellos voran, als Kämpfer für „neue Männer, Frauen, Menschen..." (zu diesem ganzen „gesellschaftl." Kontext - vgl. bei Interesse weiter auch „Neue Perspektiven ..."). Und davon träumen ja, wie schon z. B. John Lennon in „Imagine" besang, wahrlich nicht nur einzelne Menschen- es setzen sich ja auch immer mehr dafür ein bzw. diese können sich mittels neuer Medien auch besser austauschen, verbinden. Mit oft gewaltigen Erfolgen, bis hin zu Stürzen ganzer Terror-Regimes… Auch über ihre

Probleme aber eben auch, auch gerechtfertigte, Bedürfnisse, Träume und auch Stärken, auch „Freud"(en) und nicht nur, wenn auch natürlich wichtig, „Leid"(en)! Und bei aller Unterschiedlichkeit – die man ja auch beachten und respektieren bzw. schätzen sollte- gibt es da zwischen Menschen, Geschlechtern, Kulturen usw. ja meistens auch viel mehr Gemeinsamkeiten. Auch das sollte wirklich nicht vergessen werden. Das erspart wirklich auch viel Stress, Streit- bzw. ermöglicht eben mehr gemeinsames Streiten, Einsetzen für gemeinsame Interessen, mehr Erfolge bzw. Kraft auch damit.

Zumal, wirklich: Viele Fragen, Ängste, Zweifel, Sorgen auch von Jungs und Männern sind für diese sicher nicht nur schön- aber eben auch verständlich, berechtigt. Wie es z. B. auch hier zum Ausdruck kommt, dem Auszug, frei übersetzt, aus „Mother" von Pink Floyd:
„(…) Mutter, glaubst du, sie versuchen mich fertigzumachen?
Mutter, sollte ich die Mauer errichten?
Mutter, sollte ich Präsident werden?
Mutter, sollte ich der Regierung trauen?
Mutter, werden sie mich an die Front schicken?
Mutter, ist alles nur Zeitverschwendung? (…)
Mutter, glaubst du, sie ist gut genug - für mich?
Mutter, glaubst du, sie ist gefährlich - für mich?
Mutter, wird sie deinen kleinen Jungen zerreißen?
Mutter, wird sie mir das Herz brechen (…)".

Und, auch deshalb, braucht jedermann- eben auch Mann und Junge- oft (denn in der Tat muss man ja auch oft, wie es in dem bekannten Lied heißt, bevor man wieder Land bzw. Licht am Ende des Tunnels sieht „über 7 Brücken gehen") auch eine „bridge over troubled waters" (Auszug, frei übersetzt, von Paul Simon und Art Garfunkel): „Wenn du alles satt hast, dir klein und hässlich vorkommst, deine Augen voller Tränen sind – glaub mir, ich trockne jede einzelne von ihnen. Ich steh zu dir, wenn die Zeiten rauer werden und alle Freunde verschwunden sind. Ich bin für dich wie eine Brücke über aufgewühlten Wassern – versprochen!". Also eben „just a little help from my friends"- die man sich auch wirklich, verdientermaßen, holen darf – und sollte, bei Bedarf auch fachmännisch. Einige Anregungen

hierzu folgen (in der Anlage). Lieber bitte einmal zu viel als, evtl. mit fatalen Folgen, zu wenig!
Allerdings kann eben ja wirklich auch bekanntlich „ein Freund, ein guter Freund“ das „Beste auf der Welt“ sein, auch äußerst hilfreich. Und natürlich auch ein Partner, auch des anderen Geschlechtes. Denn wie gesagt sollte ja, ebenso wie z. B. auch zwischen Kulturen, nicht ein „gegeneinander“ sondern *mit*einander (auch der „Geschlechter“) das Ziel sein, Verschiedenartigkeit auch als mögliche Bereicherung bzw. Ergänzung statt Bedrohung gesehen. Auch im Privaten. Um dies hier „zu guter Letzt“ nochmals zu betonen, verdeutlichen, aber auch nötige Hinweise bzw. Empfehlungen dazu zu geben hier noch Folgendes. Auch wenn ich mich hier aus nötiger Konzentration (und natürlich nicht Diskriminierung) vorwiegend auf heterosexuelle Paar-Beziehungen beziehe- da es diese ja doch viel häufiger gibt- gilt Vieles allerdings auch, zumindest ähnlich, für homosexuelle- was auch zeigt, dass es hier oft eher um Beziehungs-Dynamik, -Abläufe usw. geht statt um (immer nur) „Mann-Frau-Konflikte“. Und es geht hier auch zu großen Teilen nicht „nur“ um partnerschaftliche Fragen sondern eben auch um andere Beziehungen- z. B. auch andere freundschaftliche, familiäre, ggf. auch berufliche.

X. Last, not least- nicht nur (aber auch) für Männer: Wertvolle Beziehungen, Familien retten in der `Generation Burn-out`

Wem nie durch Liebe Leid geschah
dem ward auch Lieb' durch Lieb' nie nah;
Leid kommt wohl ohne Lieb' allein,
Lieb' kann nicht ohne Leiden sein
(Gottfried von Straßburg)

Immer mehr Männer kommen mit „Thema Nr.1“ in Beratung, mit „Liebesangelegenheiten“ oder anderen „Beziehungskisten“ (oder auch Frauen mit Problemen mit „den Männern“). Auch Probleme in familiären und ggf. auch beruflichen Beziehungen Was natürlich auch für Männer ganz bedeutend ist. Deshalb dies hier auch nochmals zum Schluss, da es so bedeutend sein kann für Freud aber auch Leid, das Wohlergehen von Menschen. Eben (Zwischen-) Menschliches. Denn ein Freund kann ja wirklich das Beste auf der Welt sein, eine (neue oder neu entfachte oder erhaltene) Liebe auch wirklich fast wie ein neues Leben. Das konnte schon Menschen neuen Sinn und Mut für ihr Leben geben, die diesen schon nahezu verloren hatten für sich. Und natürlich können auch Verwandte oder auch Kollegen wie gute, evtl. auch beste Freunde sein, sehr wichtig. Immer. Auch in guten - aber natürlich auch „in schlechten Tagen".

Man muss auch nicht viele gute Freunde oder z. B. auch Kollegen haben. Aber ob man einen oder keinen guten hat kann ja oft schon ein extremer Unterschied sein. Und wenn man in wichtigen, vielleicht zuvor auch sehr guten, Beziehungen große Probleme hat oder bekommt kann das entsprechend natürlich auch sehr belasten, traurig machen. Oft ratlos, hilflos, stark verunsichert, sich ohnmächtig fühlend... Genau deshalb bzw. mit solchen Problemen, Gefühlen kommen auch nicht zuletzt gerade Männer in Beratungen. Deshalb last but not least hier noch einige weitere Gedanken und Hinweise dazu. Zumal dass „Herz und Schmerz" ja doch sehr miteinander verbunden sein können auch positive Aspekte hat. Je mehr Probleme bzw. „Herzschmerz" man hat umso mehr Potenzial zur Rettung und Weiterentwicklung guter Beziehungen kann es dann ja auch geben! Allerdings wirklich auch meistens nur mit Hilfe. Denn je besser die Beziehung eigentlich ist- *bzw. (wieder) sein könnte-* umso größer kann wirklich der Bedarf dafür sein! Denn „the good die too young" – das gilt leider auch für enorm viele eigentlich *sehr gute* Beziehungen, Partnerschaften. Es gibt da ja natürlich auch große Verlust-Ängste (wenn man viel zu verlieren hat), Verletzungen... Wenn man sich bei Problemen nicht rechtzeitig genug Hilfe, Unterstützung, Rat sucht ... Den es, vgl. die Anlage dazu hier, auch meistens sogar kostenlos gibt.

Theoretisch, rational ist für viele Menschen wohl vorstellbar, dass „Herz und Schmerz" – und oft auch Wut - doch wirklich sehr eng miteinander verknüpft sind, „love hurts". Und auch „Leiden schafft" – dass man mit Überstehen, Durchstehen von Krisen und Leid auch sogar wachsen kann. Menschen und auch Beziehungen. Und danach oft sogar noch stärker und leidenschaf(f)tlicher ist, auch füreinander in Beziehungen. Aber wenn man selbst in großer, auch Beziehungs-, Not, Krise steckt – zumal in sehr bedeutsamen Beziehungen- ist das natürlich kaum oder gar nicht wirklich vorstellbar. Positives, Mut machendes, hat man zuletzt ja oft wirklich kaum noch erlebt, Negatives umso mehr – manchmal auch sehr lange. Aber dass selbst sehr, sehr schwere Krisen auch wirklich als Chance genutzt werden können berichten ja nicht nur immer wieder berühmte Sportler, Politiker usw. – das sehe ich tatsächlich jeden Tag auch in meinen psychologischen, gerade auch Paar-und Familien-, Beratungen! Bitte glauben Sie bei Bedarf daran, ziehen das zumindest als Möglichkeit in Erwägung - auch wenn das derzeit vielleicht völlig unglaublich erscheint. Denn auch hier versetzt Glaube, *berechtigte* Hoffnung Berge – auch vielleicht an (nur) scheinbar unlösbaren Problemen in Beziehungen! Und ohne diesen Glauben bzw. zumindest Hoffnung wird sich kaum etwas ändern können (und natürlich erst recht nicht, wenn man davon überzeugt ist, dass sich nichts ändern lässt- denn dann versetzt ein solcher Glaube (bzw. Un- Glaube) ja nicht Berge– sondern schafft nahezu unüberwindbare Berge!). Aber selbst (nahezu) Wunder gibt es ja immer wieder, im Großen aber auch Kleinen. Das wissen wir gerade in Deutschland ja nur zu gut. Wo irgendwann kaum noch Menschen an den Sturz z. B. des Hitler-Regimes (oder den Fall der Mauer usw.) glauben konnten. Oder auch an z. B. Freundschaft von zuvor „Erzfeinden“ wie Deutschland und Frankreich. Bis es passierte... Trotz auch extremsten Leid zuvor. Wenn auch meistens nur mit Unterstützung von Außen - die eben aber auch einmal nötig sein kann. Natürlich auch, gerade auch, in Beziehungsfragen. Z. B. durch psychologische (auch Paar- oder Familien)- Beratung. Das ist wahrlich keine Schande, absolut nicht!

Und diese Unterstützung, manchmal mit wirklich nur ein paar Tipps, kann wirklich auch sehr, manchmal ganz, entscheidend sein. Man sollte eine Beziehung wirklich ebenso wenig vorschnell wegwerfen, aufgeben wie z. B. ein Auto, das auf einmal oder auch längere Zeit nicht mehr läuft. Sondern, wie auch das Auto, das dann doch einmal mit einem Fachmann besprechen. Wo man z. B. dann ja auch hört, dass nur eine (!) kleine Schraube locker ist im Beziehungs-System, aber mit verheerenden Folgen- wenn man die anzieht läuft es aber auch wieder gut. Natürlich möchte ich eine wertvolle Beziehung nicht mit einem Auto, auch wenn das ja vieler Deutschen „liebstes Kind" ist, vergleichen. Aber verdeutlichen, dass es manchmal bei beiden wirklich sogar mit oft kleinsten Änderungen, oft auch nur in Details, nahezu völlig anders aussehen kann. Und auch oft ziemlich schnell. Ebenso wie Nicht-Fachleute wie ich dafür bei einem Auto Jahre lang alles versuchen könnten und keine Lösung finden im Gegensatz zum Fachmann, der dazu vielleicht nur wenige Minuten braucht, kann das in Beziehungs- bzw. psychologischen Fragen wirklich auch der Fall sein. Auch wenn das natürlich auch etwas länger dauern kann, das menschliche Wesen ist ja bekanntlich sehr komplex. Umso mehr kann es aber fachmännischem Rat bedürfen angesichts dieser Komplexität. Leider bedenken das aber viele „Ratgeber" z. B. im Bekannten- oder Freundeskreis, Verwandte, Kollegen usw. nicht und geben „schlaue" (Pseudo- wissenschaftliche, psychologische) Tipps. Ratschläge. Die aber doch nicht selten eher „erschlagen" und Probleme vielleicht sogar noch verstärken (oder auch erst wirklich schaffen). Im Vergleich zu menschlichen bzw. Beziehungs- Problemen ist die Reparatur eines Autos aber doch oft wohl sogar eher ein Kinderspiel ... Und sich auch diesbezüglich fachmänn. Hilfe zu suchen ja auch noch verständlicher als z. B. bei „nur" technischen Problemen.

Und fachmänn. Hilfe muss ja auch nicht lange Therapien bedeuten. Oft geht es auch nur um einige Tipps bzw. Entwarnungen, Sachen etwas anders sehen zu können. Auch einfach „nur" etwas Selbstzweifel nehmen. Denn mit (immer) „selbst schuld"-Denken wird man natürlich auch nicht gerade den besten Partner (oder auch Job) bzw. auch „nur" Freundes-und Bekanntenkreis finden, wenn man sich selbst für wenig toll hält. Es liegt auch in Liebes- Angelegenheiten aber fast nie an persönlichen Eigenschaften, Fehlern wenn etwas nicht so optimal läuft. Wie viele unsägliche „Single-Partys" gibt es beispielsweise. Wo wirklich nette Leute auch nicht wirklich gut aufgehoben sind und fündig werden können. Sobald es an deren Ort da nettere

Veranstaltungs- Angebote gibt werden Menschen, die vorher an sich sehr zweifelten, sich als „ewiger Single", „beziehungsunfähig" und dergleichen (eingeredetem Unsinn) sahen auf einmal schnell fündig... Auch hier liegt vieles an (schlechten) Umständen bzw. oft zu wenig guten Angeboten, Lösungsmöglichkeiten! Bzw. unsinnigen, von anderen (bzw. irgendwelchen Anschauungen) eingeredetem „man muss doch". Das auch z. B. bei einem nach wie vor Dauer-Streit-Thema zwischen sehr vielen Männern und Frauen. Er hasst „Shoppen", sie nicht... Fast jedes Wochenende endet dann im Streit... Außer in Städten, wo es auch in z. B. Einkaufszentren Angebote wie „Männer-Garten" (anspielend auf „Kindergarten") gibt. Er kann hier sein Bierchen oder was auch immer trinken und Fußball schauen während sie in Ruhe bummelt, man fährt gut gelaunt zusammen hin und zurück... Das natürlich auch nur ein, auch etwas Klischee- haftes, Beispiel. Aber man fragt sich schon, warum so viele für doch so viele Menschen bedeutende „Dauer- Themen" nicht öfters kreativer beantwortet werden. Anstatt dass dann unzählige Menschen eigentlich unnötigen Dauer-Streit haben bzw. erst gar keinen Partner finden und dann einen psychologischen Berater „brauchen"... oder auch wegen zu hohen Erwartungen (an sie).

Dass laut einer Studie der Universität Göttingen (angeführt z. B. im ZDFtext vom 20. 12. 2011) z. B. in 65 % der Partnerschaften in Deutschland zumindest einer von beiden unzufrieden ist mit der gelebten Sexualität ist auch ein Beispiel für einfach zu stressige Zeiten bzw. eventuell auch darin zu hohen Erwartungen an ein „erfülltes Sexualleben". Dass es nicht nur am Paar selbst, den Partnern, deren Charakter oder dergleichen liegt - wenn es fast 2/3 aller Partnerschaften betrifft - ist aber auch eine wesentliche Erkenntnis. Auch für Lösungswege, die dann eben auch nicht nur das Paar, auch nicht in irgendeiner oft Jahre langen und teuren „Sexualtherapie" sondern (auch) die Gesellschaft, Stressabbau dort betreffen müssten – bzw. eben dem Paar dafür Tipps helfen könnten, Stressbewältigungs- Methoden und Möglichkeiten bieten. Dass z. B. zumindest jeder 5. Mann auch schon Erfahrungen mit Erektionsstörungen, jeder 2. mit „Unlust" gemacht hat dürfte auch meistens mit „Lustkiller Nr. 1", Stress, zu tun haben bzw.

auch Versagensängste- beim stets auch „seinen (kl.)Mann stehen"(auch wenn das genauso gut organisch bedingte Ursachen haben kann!). Zumal, nochmals, bitte wirklich nicht vergessen: In Deutschland ist Vieles gut… Vieles aber auch besonders schwer und „ausbrennend"!
Im „Sozialstaat", „Wohlfahrtsstaat" Deutschland ist z. B. auch „(...) die Einkommensungleichheit seit 1990 erheblich stärker gewachsen als in den meisten anderen OECD-Ländern", wie aus einer Pressemitteilung der OECD (Berlin Centre) zu ersehen (http://www.oecd.org/document/54/0,3746,de_34968570_35008930_49176950_1_1_1_1,00.html). Weiter heißt es dort dazu: „Das geht aus der Studie „Divided we stand –Why inequality keeps rising" hervor, „Divided we stand" geht den Ursachen steigender Ungleichheit auf den Grund. Die Studie widerlegt die Annahme, dass Wirtschaftswachstum automatisch allen Bevölkerungsgruppen zugute kommt und dass Ungleichheit soziale Mobilität fördert. „Zunehmende Ungleichheit schwächt die Wirtschaftskraft eines Landes, sie gefährdet den sozialen Zusammenhalt und schafft politische Instabilität – aber sie ist nicht unausweichlich", sagte OECD-Generalsekretär Angel Gurría dort. „Wir brauchen eine umfassende Strategie für sozialverträgliches Wachstum, um diesem Trend Einhalt zu gebieten." (...). Es ginge also anders – das ist ganz wichtig, auch gegen Argumente wie „es ist ja leider nicht genug Geld da" für Verbesserungen oder dergleichen! Mit damit begründeten „Sparzwängen", die zig Millionen Menschen betreffen und stressen – was aber eben zumindest zu großen Teilen vermeidbar, zu ändern wäre! Und Recht und Gerechtigkeit ist eben wirklich gerade auch in Deutschland oft zweierlei... In kaum einem anderen Land spielt ja eben die soziale und sonstige Herkunft für die Zukunft, unter anderem durch Pisa-Studien belegt, bekanntlich auch so eine große Rolle wie in Deutschland. Und Deutschland ist ja auch ein wirklich nur sehr mäßiges „Kinderfreundliches" Land. Mit viel Stress auch deshalb für Eltern- bzw. vielen Menschen, die sich das ersparen wollen. Was natürlich auch „Rentenprobleme" schafft usw.
Aber extrem viel Stress kann man sich auch völlig kostenlos sparen. Mit z. B. der Einsicht, dass es viele -wissenschaftlich längst nicht mehr haltbare- viel zu hohe, unerfüllbare Erwartungen gibt, die unnötig

ständigen (auch Eltern-)Beziehungsstress bzw. – Streit produzieren. Wie z. B. die (angeblich!) ach so nötige „einheitliche Linie“ in der Erziehung. Gerade in Kinder betreffende Fragen gibt es oft aber nun einmal verschiedene Ansichten, weiß teilweise auch kein Mensch, zumindest nicht vorab, was besser ist. Natürlich muss man ganz entscheidende Fragen gemeinsam entscheiden (zumindest bei gemeinsamen Kindern). Nur zumindest im Alltag streiten eben, von der Paarforschung belegt, Paare, nicht zuletzt Eltern, in Deutschland bei ca. 80% (!) Themen, die einfach unnötig sind – auch da es keine eindeutigen Antworten dafür gibt. Welch (unnötige, auch Burn-out fördernde) Energie-Verschwendung. Hier kann Beratung i.d.R. sehr helfen. Auch um dann viel mehr Zeit für schönere bzw. nützlichere Dinge, Themen zu haben.

Mamas und Papas „ticken“ selbst heute doch noch etwas anders. Wenn nicht (nur) Geschlechts- bedingt eben aus sonstigen Gründen. Aufgrund der Herkunft, des Berufes, warum auch immer. Eben auch einfach als unterschiedliche Individuen. Was ja auch gut ist (und sich auch ergänzen kann, zumindest mit Beratung). Deshalb ist aber auch nicht möglich- und nötig- immer gemeinsame Nenner zu finden. Und auch solche alltäglich gelebten ungesunden Kompromisse bzw. Kompetenz/ Macht-Gerangel können wahnsinnig starke ausbrennende Belastungen sein! Die auch (mit Beratung) oft einfach zu lösen sind mit besseren *Kompetenz- Absprachen* und Klärungen. Und oft auch einfach Vieles etwas gelassener sehen. Natürlich sollten alle Menschen immer weiter an sich arbeiten. Und haben auch nicht nur gute Seiten. Aber, wie heißt es eben so schön „ Every rose has it`s dorn“ – also ist man auch trotz seiner „Dornen“ nicht schlecht und kann sogar auch besonders gut, schön, liebenswert sein! Und kann auch mal „5 gerade sein“ lassen, bei sich und anderen (auch Partnern, Kindern, Kollegen usw.). Das kann wirklich sehr extrem helfen!

Zumal das Leben ja schon wirklich hart, schwer genug, „Dornen – reich“, ist. Meistens hat aber ja auch (fast, nicht immer!) alles Vorteile aber auch Nachteile! Z. B. hat in einer Partnerschaft zu leben natürlich auch Vorteile gegenüber „Singles“. Aber auch „Single“ sein- heute ja auch keine Ausnahme mehr, z. B. in Berlin ist ca. jede(r) 2.

Alleinstehend- hat Vorteile. Bzw. beides hat auch Nachteile. Die meisten Menschen hätten natürlich aber gerne immer nur Vorteile... Leider ja nur nicht möglich. Auch das Leben an sich hat leider so seine Macken, ist nicht perfekt, kann nicht alles bieten... Und man kann z. B. auch alle „Macken“ von Frauen bzw. Männern beklagen (oder, auch wenn das ja auch oft erst richtig interessant macht, auch „Ecken und Kanten“ von Menschen). Aber wenn man eben als Mann + Frau zusammenleben will muss man auch das etwas akzeptieren bzw. lernen damit umzugehen, sich arrangieren... Alles hat seinen Preis. Man könnte ja auch homosexuell werden/ ins Kloster gehen, Single bleiben, sich die Mann/Frau- Konfrontation ersparen. Beides hat aber eben auch Vor- und Nachteile... Und auch homosexuelle Paare haben natürlich „Freud und Leid“ im Leben…
Aber auch was man an seinem Partner schätzt, Vorteile hat, hat auch eine „Kehrseite der Medaille“ (ist manchmal auch ein Nachteil...). Und umgekehrt. Nobody is (always, immer) perfect! *Muss es auch nicht!*
Zumal wenn man Sachen angeht nach dem Motto „lebe jeden Tag als wäre es der letzte“ – auf Dauer wirklich ein unheimlich Energie sparender bzw. gebender Ansatz, der vieles etwas gelassener – bzw. wert schätzender - sehen lässt, so auch weniger Kraft kostet und „Ausbrennen“ verhindern kann... Wertschätzung gibt. Und auch besser an Träume erinnert. Der letzte Tag auf der Welt, evtl. auch mit seinem Kind, Partner,... Wäre der Gegenstand des Streits dann noch so wichtig? Oder Vieles weniger schwerwiegend bzw. doch auch positive „Kleinigkeiten“ viel wichtiger? Das sich immer wieder vor Augen zu führen ist wohl eines der hilfreichsten Dinge überhaupt…
Und wirklich auch hilfreich für mich – und viele Menschen, denen ich das erzählte – ist noch eine tatsächlich erlebte Episode: Bei einem Streit mit einer Bekannten wurde ich etwas lauter und sagte „ich versteh dich einfach nicht!“. Sie ist zwar auch Therapeutin, antwortete aber eher einfach so, nicht „therapeutisch durchdacht“, kaum reflektiert einfach aus dem Bauch heraus (was nicht immer aber oft ja doch auch gut ist) mit „Mann, ich versteh mich ja selbst manchmal nicht!“. Da musste ich lachen, sie fast „knutschen“. Und oft wenn ich seither auf Leute sauer bin, die bzw. deren Verhalten überhaupt nicht verstehen

kann erinnere ich mich an diese Szene. In der Tat, wie oft versteht man sich selbst nicht. Warum man gerade so denkt, handelt. Weiß gar nicht worauf man hinaus will. Bei etwas Konkretem. Oder grundsätzlich ... bis hin zu überhaupt vielen Sachen im Leben. Wir sind auch nun mal Menschen und keine besser vorhersehbaren, durchschaubaren Maschinen, Roboter. Computer, die – manchmal bedauerlicherweise – meistens so verflixt logisch und berechenbar denken und handeln. Sondern sind unberechenbar, oft wenig logisch...fehlbar. Das hat ja auch Vor- und Nachteile. Jedenfalls ist es menschlich… Aber Anderen vorzuwerfen, dass sie auch mal „unperfekt“ bzw. unverständlich handeln – oft ja auch für sich selbst... Nun ja. „Gleiches Recht für alle“ finde ich dann immer sehr wichtig. Entweder man gesteht beiden Parteien- auch sich selbst!- etwas zu, nicht zuletzt eben Fehlbarkeit, Unperfektes. Dass man in Rage, Stress – und den hat man heute ja fast täglich – eben auch einmal Unüberlegtes bzw. Falsches sagt, tut. Oder beiden, auch sich selbst, nicht. Letzteres führt zumindest auf Dauer aber sicher zu Problemen, Burn-out… Denn immer perfekte Menschen und Worte, Handlungen etc. gibt es ja nicht, zumal in heutigen so stressigen Zeiten! Das ist so oft gesagt aber wird fast nie wirklich – obwohl so bedeutend – beherzigt, ist aber eine der viel zu hohen falschen Erwartungen, die wohl mit am meisten Enttäuschungen, Verletzungen und dergleichen erzeugen und auch Menschen ausbrennen lassen... Deshalb hier bitte unbedingt gut aufpassen…

Und bitte auch – auch sehr wichtig- unbedingt Über-Interpretationen vermeiden, nicht immer alles auf die Goldwaage legen. Aber auch „nur Kleinigkeiten“, „Selbstverständliches“ anerkennen. Z. B. wird nicht jede Frau, jedes Mädchen, das (nur) eine Seite oder einige ihrer Mutter hat „so wie deine Mutter“ (bzw. Jungs wie der Vater). Genetische Faktoren werden zudem generell überschätzt, z. B. auch in der Erziehung. Und auch der Einfluss von Eltern, als nur einer von vielen Faktoren. Bitte auch hier nicht zu viele Selbstvorwürfe (die sich, auch wissenschaftlich erforscht, Eltern fast immer viel zu viel machen). Und z. B. ein Junge bzw. Mann, der seine Pflanzen verkommen lässt muss deshalb nicht auch Menschen gegenüber unsensibel sein usw.! Und bitte auch Bemühungen sehen... Ein Mann, der nicht sehr kreativ ist z. B. bei Blumen (-Geschenken) wird solche natürlich (noch) weniger machen, sich noch weniger zutrauen („was ich auch mache, es ist immer falsch") wenn er oft zu hören bekommt, dass die ausgesuchte nicht die optimale ist... Bitte auch, s. oben, *Bemühen und „Kleinigkeiten" nicht übersehen, anerkennen.* Auch indem man „nur" arbeitet, Geld verdient oder den Haushalt macht und andere Erledigungen, evtl. sogar sich noch um Kinder kümmert tut man ja schon *sehr viel* für die Familie, auch das sind *große alltägliche aber nicht minder wertvolle Gesten, auch natürlich sehr viel wert- noch mehr als ein besonderes Geschenk*, eine Blume oder was auch immer. Und das im Alltag, jeden Tag! *Nicht nur die „Kür" sondern auch die „Pflicht" ist natürlich sehr viel wert.* Und bitte auch wirklich beachten, dass was dem einen leicht fällt dem anderen immer auch schwer fallen kann. Was für einen also nur eine Kleinigkeit ist an Leistung kann für den anderen eine sehr große sein (Gleiches gilt ja auch für Probleme...).

Dass zudem gerade in Deutschland auch oft mehr „Schein" statt Sein, also auch mehr als Kompetenz bzw. einfach „nur" Können (in der Praxis bewiesen) zählt ist ja auch spätestens seit dem Beispiel, der Geschichte des „Hauptmann von Köpenick" bekannt. Wo eben auch Titel bzw. Herkunft oder Äußerliches, Oberflächliches mehr zählen als Inhalte, Leistung, Können. Nicht umsonst hatte zuletzt z. B. wohl die Sendung „the voice of Germany" so großen Erfolg. Auch weil es da vor allem um Leistung geht, nicht (nur) um Show... (und außerdem geht es hier um Wertschätzung für Menschen...Und nicht darum, wie in ähnlichen Sendungen, darum diese nieder zu machen!). Und als ich z. B. vor einiger Zeit Unterstützer für unser Kinderhilfsprojekt z. B. bei der Stadt suchte bekam ich fast nie eine Antwort. Solange ich nur meinen Namen schrieb, dass ich selbst auch Vater sei,... Das gleiche Schreiben wurde erst mehr beachtet, als ich noch meine akadem. Titel dazu schrieb. Aber sollte nicht mehr die Praxis, die Idee die in dem Beispiel genau die gleiche, auch von der Formulierung her, war statt der Titel bewertet werden? Kann nicht auch ein „nur" Vater oder Mutter eine gute oder sogar bessere Idee haben als ein Akademiker, Pädagoge? Sollte nicht völlig unabhängig von der Person sachlich der Inhalt bewertet werden? Zumal Titel ja nicht erst seit

„Guttenbergschen“ Zeiten auch nicht unbedingt Zeichen für Gutes, Güte sein müssen. Und in anderen Ländern bzw. Theorien galt ja ein „nur“ z. B. Arbeiter oder Angestellter, „Werktätiger“ viel mehr als heute, oft auch mehr als „Intellektuelle“ (dass da sehr vieles allerdings auch schief lief bzw. Theorie und Praxis weit auseinanderklafften wäre sicher auch ein großes anderes Thema). In vielen Paar-Beratungen wird aber oft ersichtlich, dass man sich häufig gegenseitig „nieder macht“ weil man *sich selbst* nicht so hoch einschätzt, z. B. als „nur“ Arbeiter, Angestellter, Vater, Mutter, Rentner usw. Das ist doch, natürlich, auch sehr, sehr viel! Und auch arbeitslos kann man natürlich heute unverschuldet – und trotzdem ein super Mensch- sein, vgl. das hierzu Ausgeführte… Und es kommen wirklich gerade auch ganz, ganz tolle Menschen in (auch Paar-) Beratungen und sehen sich als die „Schlechteren“. Bitte nicht! Und gerade wenn die Lage aussichtslos erscheint, Nicht-Fachleute wohl zur Beendigung der Beziehung raten würden, sollte man ja (außer natürlich bei bewusster Ausbeutung, Misshandlung und dergleichen) weiter arbeiten, weiter am Ball bleiben - nur dann geschehen eben auch „Wunder“ wie z. B. das des Mauerfalls oder z. B. auch solche im Sport, z. B. das „Wunder von Bern“ oder „Sommermärchen“ im Fußball usw. Und solchen „Wundern“ gehen meistens auch gerade Situationen, Zeiten voraus in denen man denkt „das wars“, „zweifellos“, „no chance“ – so eben z. B. beim Wunder von Bern 1954 das 3:8 gegen Ungarn in der Vorrunde, das dann aber „wundersam“ im WM-Finale besiegt wurde ... Ebenso 1974, beim nächsten WM-Titel Deutschlands das Vorrunden – 0:1 gegen die ehemalige DDR zuvor. Der letzte deutsche Champions League- Sieger gewann auch erst, nachdem er kurz zuvor ein Finale dramatisch verlor usw. Und Ähnliches gilt auch in Beziehungs- (oder auch anderen) Krisen. Gerade wenn man denkt alles liegt am Boden und man steht nicht wieder auf, kämpft weiter wird man natürlich auch keinen Erfolg haben können. Steht man dann aber auf und kämpft weiter wird man aber gerade dann sehr oft auch weiter gehen können, daran sogar noch (auch gemeinsam) wachsen können, wirklich – auch in unglaublichsten Fällen! Das konnte ich mir früher auch nicht so wirklich vorstellen – bis ich es Tag für Tag immer wieder unzählige Male sah!

Was man sich natürlich kaum oder gar nicht vorstellen kann, wenn man momentan und vielleicht schon ziemlich lange sehr große Probleme hat. Zumal mit zuvor vielen (emotional, verbal) zugefügten großen Verletzungen. Und so oft auch sehr großer empfundener Gewalt emotionaler, verbaler Art (durch heftige Streits aber z. B. auch durch „sich anschweigen" - auch das kann ja sehr verletzen)! Wo es auch sicher professioneller Vermittler, „Dolmetscher", Berater bedürfen kann. Aber es ist wichtig zu erkennen, dass auch hinter einer starken destruktiven Kraft eben eine Kraft steckt – die aber auch (wieder) anders eingesetzt werden kann. Gerade eben auch zur Rettung der Beziehung. Das nicht zu sehen – und nur das Destruktive der Kraft (bisher) verhindert den Einsatz großer Ressourcen, Potenziale dazu! Das kann man im Eifer des Gefechts, bei hochgekochten Gefühlen aber eben manchmal auch nur mit o. g. Hilfe, Blick und Vermittlung eines Dritten, erkennen und wieder besser nutzen. Und Probleme und Streit kommen wirklich (gerade!) auch in den besten Beziehungen und Familien vor – ich bin immer wieder fasziniert was für wirklich, fast ausnahmslos, besonders tolle Menschen, Paare, Familien Beratung suchen (alleine das zu tun ist ja in der Regel schon ein gutes Zeichen dafür, dass einem die Beziehung wichtig ist „trotz allem" und man großes Interesse hat daran bzw. auch an sich zu arbeiten – als mit die wichtigste Grundlage zum Erfolg!). Deren Probleme sind aber auch nahezu nie Zeichen von „Persönlichem Versagen" oder Grund zur Trennung, zumindest nicht vorschnell. Und sich Hilfe zu suchen ist ja wie gesagt auch alles andere als ein Zeichen von Schwäche (sondern von großer Stärke!). Die braucht ja auch jeder Mensch einmal, natürlich auch jeder z. B. psychologische (auch Paar-) Berater. Zumal bei „Beziehungs-Themen", wo man ohne Input, neue Anregung bzw. Blick und Ohr von Außen, ggf. auch einer Art Vermittler oder „Dolmetscher", Schieds- bzw. Friedensrichter usw. meistens einfach nicht weiter kommt... Alleine (bzw. zu Zweit) zu sehr in seinem „Beziehungs- Spiel" bzw. Emotionen verfangen, wo viele Abläufe für Betroffene selbst auch einfach nicht mehr erkennbar sind. Und auch das nicht weil man irgendetwas falsch macht, für etwas zu dumm, unsensibel oder was auch immer ist ... Sondern weil eben auch große

Gefühle im Spiel sind, zumindest auch noch etwas positive! Die dann zu sehr bzw. schnell aber auch hochkochen können, so dass alleine kaum noch etwas wirklich ausdiskutiert, gelöst werden kann in wichtigen Fragen. Was mit Beratung oft plötzlich schnell gelingt!
In Beratungen merkt man zudem auch immer wieder, dass viele Themen wirklich auch universelle sind, auch recht unabhängig von einzelnen Personen, oft auch Generationen. Wenn z. B. ein 60 jähriger Sohn noch Themen, Konflikte hat mit seinem Vater wie Vater und Sohn (oder Mutter und Tochter usw.) mit 20, 30, 40 ... Und besser spät als nie, auch um etwas zu klären. Was dann ja auch Beziehungen sogar noch vertiefen kann. Zumal die Konflikte- auch zwischen anderen Verwandten, Partnern und Freunden, Kollegen- ja auch i. d. R. eben Zeichen dafür sind, dass man sich einander etwas bedeutet, sonst gäbe es die meistens gar nicht (so stark)... Und klärt man diese Konflikte, zumal fachmänn. begleitet, kommt dabei meistens auch ein „reinigendes Gewitter" heraus. Eben auch klärend ... Tut man das nie, nimmt man das mit ins Grab, hat man fast immer sehr viel versäumt. Bzw. bleiben auf der anderen Seite nur Tränen.
Es gibt zudem teilweise wirklich doch auch „typische" Probleme bzw. (diese verursachenden) gravierenden Missverständnisse zwischen Männern und Frauen. Sich hier bewusst zu machen, weitergehend auch ggf. mithilfe einer Beratung dazu, woher das kommt und dass das eben auch nicht böse gemeint war, lernen damit anders umzugehen, kann auch enorm helfen- auch von psycholog. Beratern bzw. Therapeuten.
Auch erfolgreiche Unternehmen sind ja zudem in der Regel nicht zuletzt auch deshalb erfolgreich, weil sie sich immer wieder auch externe Berater zu Hilfe holen. Im alten „eigenen Saft schmorend" fallen einem natürlich kaum neue Lösungen, Ideen ein. Gerade zu Krisen-Zeiten, wenn man kaum noch den Horizont hinter den Wolken erkennen kann, verständlicherweise. Gerade dann hilft aber natürlich den Blick, Horizont zu erweitern. Sich einen (persönlichen, oft auch psychologischen) „Coach" zu holen ist z. B. ja auch bei Spitzen-Sportlern, - Managern völlig normal. Auch wenn man etwas schon recht gut kann, um das noch weiter zu verbessern. Oder eben auch wenn man einmal einfach so, auch bei einfach erscheinenden

Sachen, einfach nicht mehr weiterkommt. Denn oft sind es ganz einfache, „kleine“ Sachen, die entscheidend weiterhelfen- auch im psychologischen Bereich. Die zu finden bedarf aber es aber eben auch oft eines Experten, da gerade diese Nuancen zu finden oft schwer sind, Kenner-Blick erfordern. Und natürlich macht auch kein Mensch, natürlich auch nicht Therapeut, Berater, alles richtig und auch Fehler. Irren ist wirklich menschlich, Nobody is perfect – und Streit und Probleme (bewältigen) gehört zum Leben, gerade auch zu guten Beziehungen dazu. Immer wieder. Auch ohne dass jemand etwas falsch machen würde – auch wenn natürlich, eigentlich bekanntlich, kein Mensch ohne Fehler und „Schuld“ ist. Nicht zuletzt handelt wohl auch eines der größten Werke der Welt-Literatur, „Romeo und Julia“, von einer Liebe die ja auch nicht an den Personen, „persönlichem Versagen“, sondern an den schlechten *Umständen* scheiterte. Und diese sind, auch nach meiner alltäglichen Beratungs-Erfahrung, auch heute noch meistens die größten Probleme für Beziehungen bzw. Ursachen dafür. Die man aber auch dann natürlich nur dort ansetzend lösen kann, also i. d. R. auch nicht vorrangig in den beteiligten Personen suchen sollte. Sinngemäß wird das aber leider heute sehr oft getan, z. B. selbst noch in Paarberatungen – die aber z. B. Romeo und Julia ja auch nichts gebracht hätten, ohne Umstände zu ändern. Und das ist oft gar nicht so schwer. Ein neuer Kollege oder Chef, Vorgesetzter, Ablauf usw. kann z. B. aus einem bisher tollen, sogar Kraft spendenden Job von heute auf morgen ja einen sehr belastenden machen. Der Betroffene hat dann auch plötzlich viel weniger Kraft, Zeit, Ohr für seinen Partner ... Dann muss man aber natürlich nicht (nur) an der Beziehung oder dem Betroffenem „arbeiten“. Sondern z. B. gegen Mobbing des neuen Kollegen oder Chefs, Vorgesetzten usw. Das klingt wohl auch völlig lapidar. Wird aber leider auch unglaublich oft nicht berücksichtigt. Da wird erst einmal ewig über Kommunikations-Formen, Kindheiten usw. geredet in Beratungen ... Bevor man in der Gegenwart und – meistens – dort eigentlichen Problem- Ursachen ankommt, zu spät (zumal Vieles doch einfach auch nur der „Vermittlung“ zwischen etwas verschiedenen Sprachen bedarf, z. B. eher emotionaler der Frauen und mehr „Klartext-sachlich“ der Männer).

Und viele Probleme sind sogar quasi „Erfolgs- Folgen“: Wäre man nicht so weit gekommen, auch z. B. so lange zusammen geblieben, gäbe es manche Probleme bzw. Fragen ja gar nicht! Wenn man sich z. B. früher getrennt hätte. Das zu sehen ist auch enorm wichtig.
Allerdings macht man eben bekanntlich gerade auch im Erfolg (zuvor) oft die größten Fehler... Eben z. B. auch zu Zeiten anfänglicher überschwänglicher Verliebtheit bzw. überhaupt in guten Zeiten ... Vernachlässigt dann bzw. danach z. B. – aber ja doch immer wieder, ständig nötige! – „Beziehungsarbeit“ bzw. später auch kleine Geschenke, Aufmerksamkeiten... Die ja bekanntlich auch Freundschaften, Beziehungen erhalten können. Auch „nur“ öfters mal ein nettes Wort ... Versäumt man das, was man eben im Erfolg zuvor auch einfach oft tut, das ist auch menschlich, kracht es eben dann in der Beziehung. Das tut dann sicher auch sehr weh – nutzt man das als „Weckruf“ , dass da zuvor etwas schief gelaufen bzw. eingeschlafen ist in der Beziehung, durch „Schleifen lassen“ der Beziehungsarbeit, kann man das aber auch mit Hilfe dabei sehr positiv nutzen und meistens schnell auch wieder ändern! Man darf dann nur nicht den Fehler machen den *gegenwärtigen Zustand als „normalen“ bzw. „Bestmögliches“ der Beziehung zu sehen, was leider erschreckend oft getan wird*! Wäre der Zustand zwischen z. B. Franzosen und Deutschen inmitten des 2. Weltkrieges als „optimal Mögliches“ derer Beziehungen gesehen worden hätte man aber auch sicher nie Deutsch-Französische Freundschaft(en) erreichen können... Natürlich kann Vieles oder auch Alles ja auch wieder ganz anders aussehen, wenn man (mit Hilfe) wieder anders miteinander umgeht!

Zumal wenn – ja auch glücklicherweise – noch, auch positive, Emotionen im Spiel sind. Die dann aber natürlich auch umso eher bzw. mehr „hochkochen“ können. Und gerade auch Menschen, die sich sehr um ihre Partner bzw. Familie kümmern - als Hausfrau, Mutter, Vater usw. - bzw. auch genug Geld für diese verdienen wollen, sind heute natürlich oft sehr im Stress, bis hin zum Burn-out. In unserer „Generation Burn-out“ betrifft das ja nahezu jede Familie. Was wiederum natürlich auch sehr viele Probleme für Betroffene und deren Beziehungen schaffen kann (aber ja eben genannte gute, zumindest gut

gemeinte, Ursachen hat! Dass gerade auch sehr gute, ehrenwerte Menschen heute große Probleme und oft Burn-out bekommen können ist dabei offensichtlich. Sie haben ja auch viel zu bieten-und damit auch auszunutzen, viel Feuer-und damit auszubrennen… Und Neider).
Und gerade wenn sich viel „verknotet" hat an Problemen, manchmal auch an sehr vielen verschiedenen Punkten, lässt sich wenn dieser Knoten gelöst wird, geplatzt ist, oft auch mit einem Schlag bzw. recht schnell wieder sehr, sehr viel ändern in vielen Bereichen, oft sogar gleichzeitig! Dann auch mit ganz vielen fast unglaublichen Entwicklungen- auch z. B. im sexuellen Bereich und generell wieder mehr Wertschätzung, Zuneigung usw.
Selbstverständlich bedarf dies manchmal, nachdem Vieles zuvor viele Monate oder sogar Jahre lang nicht optimal gelaufen ist, auch mehr Zeit. Oder ist auch doch möglich, dass Menschen von anderen Menschen in Partnerschaften bewusst, absichtlich, böswillig ausgenutzt, verletzt werden- und nicht nur „im Eifer des Gefechts" (wenn eigentlich „nur" positive Gefühle hochkochen, man den anderen auch eigentlich gar nicht angreifen, verletzen wollte - aber aus eigener Verletztheit heraus, fast wie ein verwundetes Tier, extrem attackiert, wütet usw.). Manchmal auch mit mehr als Worten. Auch wenn „nur" Worte bzw. Ausnutzen und dergleichen ebenso – z. B. seelische – Gewalt sein kann wie andere, oft sogar noch verletzender, vernichtender. Und das, auch Gewalt, ist natürlich nie in Ordnung- und auf gar keinen Fall zu akzeptieren oder gar positiv zu sehen. Das muss hier vorsorglich wirklich auch ganz klar gesagt werden! Selbst wenn z. B. heute in Deutschland – endlich! – auch Gewalt, Vergewaltigung in der Ehe juristisch verurteilt wird heißt das ja noch lange nicht, dass es hier nicht noch große Dunkelziffern gibt, gerade auch aus Scham. Nicht zuletzt auch bei Männern.
Aber auch wenn Betroffene – auch Frauen- davon sprechen bekommen sie oft sogar viele „Ratschläge" wie „ist ja doch nicht so schlimm". Die dann aber wirklich, wie viele ähnliche dieser Art und Weise, Schläge (ins Gesicht bzw. die Seele) der Opfer, auch selbst oft Verbrechen sind! Mit für Betroffene natürlich schlimmsten Folgen, bis hin zum Suizid! Denn selbst heute leiden noch viel zu viele Menschen an Gewalt in

Ehen, Familien oder anderen Beziehungen - ohne Verständnis für die Not oder Hilfe, die natürlich jeder Mensch einmal braucht, zu bekommen. Vor allem Frauen (aber auch viele Männer). Das hat aber selbstverständlich kein Mensch verdient, wirklich keiner! Gerade Opfer von früherer Gewalt oder zu wenig Zuneigung zuvor fühlen sich aber sogar noch schuldig, wenn sie nicht dankbar sind für oft nur geringste – oder geheuchelte- „Zuneigung“ von Menschen (auch neuen „Partnern“, „Freunden“), die ihnen das scheinbar geben. Sie eigentlich aber auch oder nur ausnutzen bzw. ihnen schaden (wollen). Das ist ein anderes Thema, das hier nur am Rande behandelt werden kann- das aber auch anderer Ratgeber bedarf. Im Anhang werden allerdings sicherheitshalber auch dafür einige mögliche Ansprechpartner genannt. Betroffene sollten sich im Zweifelsfall hier unbedingt Hilfe, zumindest Rat suchen und das auch schnellstmöglich, bevor einmal etwas eskaliert mit eventuell fatalen Folgen. Bitte besser einmal nur „vorsorglich“ als einmal zu spät! In dringenden Fällen aber auch vorsorglich kann man sich natürlich auch an jede Polizei – Stelle wenden, telefonisch und auch anonym und schriftlich, per E-Mail möglich, ebenso wie z. B. an die Telefonseelsorge(.de). Tag und Nacht und kostenlos. Dort wird beraten und entweder sofort geholfen oder weitere Tipps und Ansprechpartner genannt bzw. diese vermittelt. Auch wenn man sich nicht sicher ist, ob es „nur“ hochgekochte Gefühle sind – mit, s. oben, letztlich sogar noch positivem Ursprung – oder nicht gut Tuendes, Böswilliges. Wenn man leidet, sollte man sich aber auf jeden Fall Rat und bei Bedarf weitere Hilfe suchen, dabei helfen lassen. Zumal natürlich auch erst einmal egal ist warum das so ist, man das Leid auf jeden Fall möglichst bald beenden muss (und Gewalt natürlich umso mehr, sofort). Und sich in Not Hilfe zu suchen muss wirklich nie peinlich sein, auch bei eher ungewöhnlich erscheinenden Geschichten. Die aber meistens sehr viel öfters vorkommen, als man denkt – z. B. eben Gewalt gegen Männer in Beziehungen (oder Missbrauch sogar von Pädagogen, Therapeuten und anderen „Seelsorgern“). Falls man da vielleicht auf einen Berater oder auch Arzt, Anwalt oder Polizisten trifft, der damit nicht angemessen umgeht, also hilft, bitte nicht unterkriegen lassen (dann ist *der* der

Dumme!) und weiter suchen. Auch bei vielleicht wirklich sehr außergewöhnlichen Geschichten. Aber guten Beratern sollte auch klar sein, dass gerade die ungewöhnlichsten Sachen auch oft große Probleme verursachen können – und dass es wirklich viele „ungewöhnliche“ Sachen wirklich gibt. Nicht zuletzt auch die Tatsache, dass nach außen hin oft sehr „ehrwürdig“ erscheinende Menschen das in ihrer Familie oder Beziehung bzw. auch als z. B. Vorgesetzte, Chefs, Ausbilder, Lehrer, Trainer, Seelsorger usw. gar nicht sein müssen!
Aber auch von solchen Fällen abgesehen gibt es wohl kaum etwas, das Menschen mehr leiden lassen kann wie Liebeskummer, „Beziehungsstress“ und dergleichen. Das erlebt man als psycholog. (auch Paar-) Berater leider ständig (und kennt es natürlich auch aus eigener Erfahrung, eigenem solchen Leiden irgendwann). Das zeigt ja auch, dass Betroffene – ja auch positiv – gefühlvolle Mensch sind. Zum Glück, eigentlich... Nur können (besonders) gefühlvolle Menschen natürlich auch leider (besonders) stark leiden, verletzt werden ... Und sehr verletzt dann auch ggf. Andere verletzen, die das dann auch wieder tun usw., oft sehr extrem. Nicht umsonst handeln die meisten Lieder und großen Werke der Weltliteratur- z. B. von den Herren Goethe, Schiller oder Shakespeare aber natürlich auch von vielen Frauen, jeweils jungen und alten - ja doch gerade auch vom Thema Liebe... Inklusive dort thematisiertem sehr großem (Welt-) Schmerz dadurch, auch für diese oder andere als am mit bedeutendsten bzw. stärksten, klügsten geltenden Menschen der Weltgeschichte... Selbst die warf das natürlich oft ziemlich aus der Bahn, ließ sich sehr ohnmächtig fühlen. Bis hin zum Suizid, zumindest Suizid-Gefahr. Das darf wirklich auch nicht verharmlost werden, auch z. B. von Freunden oder Verwandten („das geht schon vorbei“). Das könnte sonst wirklich fatal, tödlich enden! Oft bedarf das wirklich fachmänn. Hilfe. Zumal Laien Suizid-Gefahr nicht erkennen können, wenn Gefährdete z. B. auch nicht schwarz sondern sogar farbenfroh gekleidet, evtl. sogar wieder fröhlich klingend durch die Gegend laufen ... Dann wird es aber oft erst richtig gefährlich. Und fast jede, auch andere, psychologische Beratung hat auch meistens sehr viel mit Liebe – bzw., auch als Pendant dazu – Trauer in der einen oder anderen Form zu tun. Zumal

eine (neue) Liebe ja wirklich „wie ein neues Leben“ sein kann, auch wissenschaftlich erwiesen sogar bei anderen gravierenden Problemen elementar unterstützen kann. Umso mehr trifft es aber natürlich, wenn daraus dann statt erhoffter Unterstützung, Freude sogar noch ein (zusätzlicher) Stress-Faktor, Probleme bzw. Leid erzeugt wird. Zumal im Rahmen einer Partnerschaft, also unter ja eigentlich Partnern ... bzw. auch Freunden, Brüdern, Geschwistern usw.

Paar- und Beziehung-, Familien-Themen sind nicht nur in meinen Beratungen in den letzten Jahren auch zunehmend zum „Dauer-Brenner“ geworden – auch bei Beratungen einzelner Menschen. Und diese sind das ja auch ansonsten sehr, auch in Medien einschließlich dem Internet mit unzähligen Beiträgen, Ratschlägen usw. (was ja auch zeigt, dass das wahrlich nicht nur ein „persönliches“, individuelles Problem sein kann – weil man so viel falsch gemacht hat, ein zu dummer oder schwacher Mensch oder gar „beziehungsunfähig“ ist. Vielmehr ist wohl auch in der „Generation Burn-out“ natürlich auch das Ausbrennen, auch mehrerer Menschen bzw. das von diesen dann auch in Beziehungen, zunehmend ein Thema).

Oft sind diese Beiträge und Ratschläge wohl helfend. Sehr wahrscheinlich noch öfter aber wohl auch eher noch mehr Verwirrung stiftend. Viele Menschen, die in Beratung kommen, haben zuvor solche Ratschläge befolgt – und erst dadurch richtige bzw. noch größere Probleme bekommen! Mit daraus resultierenden teilweise wirklich extremen – hier aber unnötigen und wenig konstruktiven - Streits, Enttäuschungen da der andere „mich einfach nicht verstehen will“ oder „sich nicht für mich interessiert“ (selbst „mit Beratung“. Oft war aber die Beratung auch nur schlecht). Faktisch ist das aber oft so, als wenn z. B. ein Chinese und eine Deutsche aufeinandertreffen, die beide keine andere Sprache sprechen (bzw., von wegen „verschiedene Planeten“, ein Erden-und ein Mars- Mensch). Letztere werfen sich dann aber wahrscheinlich nicht ständig vor, dass sie sich nicht sprachlich verstehen... Sondern bemühen sich eine gemeinsame Sprache zu lernen bzw. erst einmal ein „Wörterbuch“ bzw. einen Dolmetscher zu organisieren (was, s. oben, eben auch sinngemäß ein Paarberater sein könnte. Aber bitte eben ein guter, sonst versteht man am Ende nur noch

„Bahnhof"). Und je länger man zusammen ist umso weniger (!), auch wissenschaftlich erwiesen, versteht man sich i. d. R. oft alleine, braucht also eher umso mehr Beratung. Zumal dann ganz, ganz oft herauskommt, dass beide eigentlich sehr wohl ganz viele gemeinsame Interessen und Gefühle und Interesse füreinander haben... Das nur oft nicht (mehr) richtig beim anderen ankommt (warum auch immer, vielleicht auch weil beide einfach auch in ihren Berufen oder Herkunftsfamilien etwas andere Sprachen gelernt haben ... Und „Gegensätze ziehen sich an" oft – dann kann man aber natürlich auch Vieles anders verstehen, empfinden,...zumal auf Dauer. Zumal auch hier kleinste Nuancen, Unterschiede, sehr extreme Folgen haben können). Sondern leider völlig falsch – mit der Folge auch oft völlig unnötiger Trennungen, was manchmal doch auch für mit betroffene Kinder sehr schlimm ist. Weshalb man wirklich nicht zu spät solche Beratung suchen sollte...
Bei wohl auch kaum einem anderen Thema ist es hier, in „Beziehungskrisen", auch meistens kaum möglich das ohne Hilfe, Rat oder Trost, Verständnis anderer Menschen soweit möglich zu verarbeiten, damit zumindest „umzugehen" oder Lösungen zu finden. Das muss natürlich nicht immer ein psychologischer Berater bzw. Therapeut sein. Oft reichen auch Freunde, Verwandte, ... vielleicht auch (ergänzend) ein Buch. Aber, zumindest wenn andere Menschen nicht zur Verfügung stehen können oder man die nicht miteinbeziehen will bzw. „Loyalitätskonflikte" möglich sind: Es kann natürlich auch immer, bei jedem Menschen, fachmännischer Rat nötig bzw. hilfreich sein. Der oft auch von Krankenkassen übernommen werden kann oder an vielen Orten z. B. von Kirchen, Städten und Gemeinden kostenlos angeboten wird (Paar-bzw. Familienberatung und Erziehungsberatung) - bzw. eben auch zunächst z. B. von der Telefonseelsorge (vgl. auch Anlage hierzu). Oder auch ein Arzt des Vertrauens kann hier um Hilfe und Rat gebeten werden, auch ob man aus dessen Sicht weiterer Hilfe bedarf (bzw. wenn man selbst den Bedarf schon hat, sieht kann dieser Weiteres empfehlen). Sollte man dann tatsächlich an einen Arzt oder Berater geraten, für den das gar kein so ernstes Thema ist sollte man auch lieber einen anderen wählen. Wer kann und möchte kann sich

(zudem) natürlich auch an Vertraute z. B. aus dem Freundes- und Verwandten-Kreis wenden. Oder an in der Anlage genannte Stellen. Leidet man allerdings sehr, evtl. auch mit körperlichen, psychischen bzw. psychosomatischen Folgen, ist unbedingt Aufsuchen eines Fachmannes nötig. Ferndiagnosen oder – Beratung, von wem auch immer, reicht dann auch keinesfalls aus! Dann kann auch beispielsweise dieses Buch hier nur ergänzend helfen – bzw. eben auch zudem helfen weitergehende geeignete Hilfe zu finden, mit Tipps und Empfehlungen hierfür.

Bei kaum einem anderen Thema kommt man auch meistens alleine mit dem Verstand wenig weiter, selbst (bzw. gerade!) die schlauesten Menschen nicht... Natürlich auch Berater oder Therapeuten nicht (ginge es nur um besseres Verständnis bzw. Wissen bei „Beziehungskrisen" dürften Fachleute ja eigentlich kaum solche Krisen bekommen oder recht einfach aus diesen herauskommen können, wenn sie selbst welche haben. Wer das glaubt dem sei auch Jaeggi empfohlen, mit zig Gegenbeispielen dazu). Dazu sind bei Betroffenen selbst meistens auch einfach zu viele Gefühle, Emotionen im Spiel. Was ja auch gut ist. Oder wollen wir eine lieb-lose Gesellschaft, Zukunft, also auch mit weniger Liebe-und Gefühl- vollen Menschen? Gut, dass es die noch so zahlreich gibt und auch schon immer gab (wie ja auch unzählige bedeutendste Werke der Weltgeschichte, Lieder usw. zum Thema Liebe belegen). Nur hat Liebe eben auch mit Schmerz zu tun, irgendwann verliert man auch immer geliebte Menschen. Vielleicht nicht im Herzen - aber sonst sind sie irgendwann einfach nicht mehr da, zumindest nicht unter uns Lebenden. Liebe und Trauer gehören sicher, auch als zwei Seiten der Medaille, zum Leben dazu. Wer nicht richtig lieben und trauern kann, so schmerzlich das auch oft ist, ist wohl eben auch wirklich kaum in der Lage richtig, erfüllt zu leben ... Und Liebe ist in der Tat auch ein wundervolles, unvergleichliches, sehr faszinierendes aber auch seltsames Spiel- das oft auch nur bedingt mit Vernunft zu tun hat. Deshalb ist es aber auch kein Zeichen von „Dummheit", wenn man das oft kaum alleine lösen, verstehen kann.

Und dass es immer mehr Möglichkeiten gibt wie „wann ist ein Mann ein Mann", wie erzieht man richtig usw. ist ja auch positiv, ergibt neue

Chancen... Nur zunächst eben auch immer wieder Zweifel, auch an sich und Beziehungen. Bzw. auch Unsicherheiten, Klärungsbedarf dort.

Dass zunehmend mehr Paare, Familien und andere, auch geschäftliche, Beziehungen Probleme und Streit bekommen oder Sprachlosigkeit – alleine auch durch zu wenig Zeit zum richtig miteinander reden über heute eigentlich immer mehr Themen bzw. Unklarheiten! - ist deshalb ja kein Wunder und – auch ganz wichtig – eben auch fast nie „persönliches Problem“ bzw. Versagen! Sondern fast immer zumindest viel mehr unserer Zeit, zu wenig Zeit, und Umständen heute geschuldet. Und, beim besten Willen, wir sind nun einmal „Kinder unserer Zeit“ bzw. Generation („Burn-out“). Etwas, manchmal, eine Zeit lang ist daraus ausbrechen und mehr leisten als eigentlich möglich vielleicht machbar- auch für Partner bzw. die Familie, Freunde, Kollegen usw. „da sein“, auch „nur“ mit oft für diese „ganz Kopf“ (und „Ohr“ - für deren Sorgen und Nöte, Interessen, Freud und Leid) zu haben. Und eine Riesen Leistung. Zumindest auf Dauer kann das heute in der Regel aber auch den schlauesten und stärksten, interessiertesten, liebendsten Menschen bzw. Beziehungen nur begrenzt gelingen, überfordern. Zumindest alleine, ohne Unterstützung dafür. Die aber auch oft darin besteht besser zu vermitteln, dass man gerade heute auch von Beziehungen nicht zu viel erwarten kann, sollte. So schwer das auch fällt. Es hilft aber eben auch, mit „weniger“ – was ja aber oft mehr ist – zufriedener zu sein. Hier versäumt man eben doch schon, ja schon sprichwörtlich, Mögliches – indem man Unmöglichem hinterherjagt.

Das ist auch ganz, ganz wichtig zu erkennen. Denn wenn ein Freund, Verwandter, Partner- auch z. B. ein geschäftlicher aber natürlich noch mehr privater- sich wirklich nicht für „Freud und Leid“ des anderen interessiert würde das natürlich nicht gerade für eine Fortsetzung der Beziehung sprechen. Oder wenn Probleme und Streit die man hat wirklich nur dafür sprechen, dass „man sich nicht versteht, nicht zusammen passt“ bzw. sich „auseinander entwickelt hat“. Dass ist es aber meistens eben gerade nicht, oft ist sogar das Gegenteil der Fall…

„Problempaare“ oder – Familien entpuppen sich dann sogar oft eher als solche mit tollen Erfolgs-Storys – mit Hochachtung für das, was die Menschen – auch gemeinsam - schon geschafft oder überstanden haben, auch oft an Leid, Stress in diesen oft so unmenschlich stressigen Zeiten. Die dann halt auch einmal etwas schlechtere Phasen haben, eine Zeit lang nicht mehr auf so hohem, *über*durchschnittlichem (!) Level weiter machen können. Auch (etwas) ausgebrannt. Aber das ist ja völlig normal (und lässt sich meistens mit der Zeit auch wieder ändern, manchmal auch von alleine). Was, auch wirklich emotional (!), zu verstehen auch quälende (Selbst-) Vorwürfe zumindest relativieren kann (und diese sind meistens, bei fast allen Themen, wirklich noch das aller- Schlimmste!). Aber irgendwann kommt eben jede, auch (gerade) die beste Beziehung an ihre Grenzen, wenn man ständig überfordert wird von zu stressigen, überfordernden Umständen bzw. Erwartungen heute. Und gerade beste, (leistungs-) stärkste, edle, hilfsbereite Menschen können ja natürlich auch am besten ausgenutzt, überfordert werden oder Neid erzeugen – auch mit Folgen von Burn-out, Mobbing und dergleichen. Und wenn sich zwei solcher Menschen verbinden haben die dann natürlich sehr viel an „Ballast" mit sich herumzutragen, viele Probleme zu lösen. Und oft leider wenig – da schon ansonsten „ausgepowert" – Kraft dazu und füreinander. Also natürlich auch umso mehr Unterstützungs-Bedarf (aber eben auch sehr viel nutzbares, doppeltes Potenzial dazu!).

Und solche Probleme sind heute ja auch generell wirklich alles andere als die Ausnahme - sondern viel mehr die Regel! Zumal in unserer extrem stressigen Zeit, Generation („Burn-out"), wo – wohl vor allem deshalb- die Zahl der Trennungen von Paaren ja doch zunehmend die von z. B. Ehe-Schließungen übersteigt (ausführlichere Untersuchungen dazu und auch sonst zu besonderen Belastungen für Paare und Familien heute z. B. auch bei Engel/Gärtner-Engel). Heute, wo dann ja also auch immer mehr Menschen zusammentreffen, denen es immer mehr an Zeit fehlt für sich. Auch füreinander (was wohl auch z. B. dazu führt, dass eben auch die große Mehrzahl – und nicht Minderheit! - deutscher Paare ihre Sexualität für nicht „erfüllend" hält. Auch das also kein nur immer „persönliches Problem" oder Versagen. Zumindest nicht das Problem einer Minderheit. Und meistens liegt das auch einfach „nur" an zuviel Stress). So kann man sich aber beim besten Willen ja auch nicht immer optimal verstehen, füreinander eben Zeit haben (und

Kopf, Ohr,...). Alleine diese Fakten zeigen ja, dass Trennungen, Trennungs-Gedanken bzw. Probleme in Beziehungen heute eher der „Normalfall“ sind, eben – ganz logisch und nachvollziehbar - eine ganze Generation betreffen. Und also fast nie Zeichen für persönliches Scheitern oder Versagen sind! Ebenso wie oft „so lange nicht den Richtigen“ (oder die) zu finden. Das erfordert auch einfach Zeit, die man heute kaum hat. Das zu erkennen, auch emotional, deshalb erörtere ich das hier auch so ausführlich - ist für ganz viele Menschen ein wirklich ganz entscheidender Schritt, kann unheimlich viel Zeit, Nerven und Kraft sparen für unnötige bzw. unangemessene, überzogene (Selbst-) Vorwürfe. Die sehr oft wirklich auch noch das aller-größte Problem sind! Und diese Erkenntnis kann auch dafür schützen „gefundenes Fressen“ zu werden für mehr oder – oft - weniger seriöse „Berater“, „Liebeskummerpraxen“ und dergleichen, die das Leid der Betroffenen dann auch noch ausnutzen, oft sogar erst richtig verursachen - und viel ja eben so wertvolle Zeit und oft auch Geld klauen mit unsinnigen Ratschlägen, endlosen Aufarbeiten von Vorwürfen usw. - denen man auch viel einfacher abhelfen kann. Mit einigen Tipps, z. B. eben in einer guten, seriösen psychologischen (Paar-)Beratung, kann man aber – meistens auch schnell - Wege finden um wieder besser miteinander umzugehen, nicht zuletzt auch Zeit füreinander – bzw. bei Singles für Partnersuche- finden zu können! Auch mit nur wenigen Beratungsstunden – und dafür mehr „verordneter“ , empfohlener (gemeinsamer) Zeit für das Paar bzw. andere Beziehungen alleine (mit einigen wichtigen Tipps dafür oder eben auch Partnersuchen). Und nur so sich auch wieder mögliches besser Verstehen können – bzw. zumindest worum es überhaupt wirklich geht verstehen, nicht nur über „Spitzen von Eisbergen“ reden. In ständigen Diskussionen bzw. Streits um Dinge, die eigentlich gar nicht das wirkliche oder überhaupt ein Problem sind (laut aktuellen Ergebnissen der Paar-Forschung gehen Streits bei Paaren meistens wirklich bis zu sage und schreibe 80 % oder mehr der Zeit darüber, Nebensächlichkeiten – also Zeit die man sich gut ersparen kann- auch für eigentliche, wichtigere und schönere Themen und Dinge). Sondern die eigentlichen Wünsche, Bedürfnisse, Anliegen der Beteiligten mehr zur Sprache kommen können. Nur dann kann der Partner, Freund, Verwandte oder auch Kollege diese ja auch kennen, darauf eingehen (bzw. erst wenn man seiner eigenen bewusster wird kann man auch, auch selbstbewusster, erst passendere Partner finden). Und das kann man auch bei den meisten Themen auf Dauer alleine, ohne Berater- mit oft schon einigen Tipps dazu. Die allerdings auch immer im persönlichen Gespräch passend besprochen, herausgefunden werden müssen, „pauschale“ Tipps sind eher gefährlich und werden hier deshalb auch nun nur noch weniger genannt. Zumal manche (auch Paar-) Themen manchmal doch besser in einer Beratung besprochen werden sollten, auch in neutralem und geschütztem Raum. Zumindest erst einmal, um z. B. auch etwas bisherige fatale Missverständnisse aus dem Weg räumen zu können, die sonst wieder alles „in den falschen Hals“ bzw. nicht richtig beim Anderen ankommen lassen (als in der Regel mit der Zeit sogar oft größtes Problem). So kann man sich natürlich nicht (mehr) verstehen! Auch wenn immer, wie bei Interesse z. B. bei Luhmann weiter zu lesen, ja schon der Normalfall (!) in Kommunikation ist, dass *immer* wieder Vieles missverstanden wird. Gerade auch bei positiv gedachten Worten und Gesten, z. B. Komplimenten (!). Wird einem das wirklich bewusst ist das aber auch kein unlösbares Problem, man geht achtsamer damit um und fragt eben dann einfach öfters nach, wie etwas gemeint war bzw. erklärt es nochmals (statt daran zu verzweifeln, dass der andere einen „nicht verstehen will“ oder „wieder nicht zugehört hat“ – bzw. das nicht wollte, also kein wirkliches Interesse – oder gar schlechte Absichten - hat). Auch hier hilft manchmal schon alleine besseres diesbezügliches Verständnis um entscheidend besser miteinander umzugehen. Wenn einem solche Mechanismen bzw. potentielle „Fettnäpfchen“ bewusster sind braucht man oft auch keine (lange) Paar-/ Kommunikations-Beratung oder dergleichen mehr. Und auch nicht – vielleicht sogar Jahre langes – therapeutisches Arbeiten an sich, seiner Person – da es ja, s. oben, in der Regel meistens gar nicht um „persönliche Probleme“, persönl. Versagen oder dergleichen geht! Oft reicht einfach mehr gegenseitige Achtsamkeit, Verständnis – und auch solche für sich selbst- die man aber wirklich auch erlernen kann (und muss – zumal in heute so stressigen Zeiten, Umständen). Auch, nicht zuletzt, durch Training im Alltag. Aber wenn man ein paar Sachen mehr verstanden hat, ist das gar nicht einmal so schwer. Übrigens selbst für Männer nicht, auch wenn die i. d. R. im Vergleich zu Frauen doch wirklich oft hier (noch) mehr „Übungsbedarf" haben. Zumal – auch das ist eine wirklich sehr, nicht selten entscheidend wichtige Erkenntnis! – man ja eben auch mehr Probleme bekommen kann, mehr „Fettnäpfchen" bzw. Missverständnisse in Beziehungen auftreten können umso besser die Beziehungen eigentlich sind! Und auch- nun auch wissenschaftlich belegt- umso länger diese sind. Ein Rennauto muss ja z. B. auch öfters in die Werkstatt bzw. an die Box als ein normales Auto. Auch das ist wirklich sehr wichtig, zu erkennen, dass es eben auch öfters „knallen" bzw. „an die Wand fahren" kann wenn eigentlich viel „power" da ist (auch in Beziehungen). Nicht weil da alles „Schrott" ist. Das ist eine, sehr häufig vorkommende, Miss-Interpretation – die natürlich auch verhindert zu erkennen wie viel Power, Potenzial man eigentlich hat um wieder „in die Gänge zu kommen"! Zumindest mit Hilfe eines „Pannenhelfers"(hier z.B. psycholog. Beraters, Therapeuten) Trotzdem werden aber viele Beziehungen oft viel zu schnell „weggeschmissen", landen sozusagen oft auf dem „Schrotthaufen" der Geschichte. Wie viele Rennautos haben aber z. B. Formel-1 Weltmeister (zumindest fast) zu Schrott gefahren, bevor sie *Weltmeister* wurden? Und auch dann wurden sie erst oft aus Schaden klug bzw. manchmal muss man eben auch etwas probieren, riskieren im Leben um etwas zu erreichen, verstehen. Da kann auch einmal etwas richtig schief gehen, gegen die Wand fahren. Aber es kann ja trotzdem danach (etwas) anders, oft viel besser, weitergehen. Allerdings eben auch nur mit diesen Erkenntnissen! Hätten S. Vettel und M. Schuhmacher z. B. beim ersten großen „Crash" resigniert hätte Deutschland ja nie im Leben so viele Weltmeisterschaften feiern können ... Auch diese brauchten aber Berater, Trainer um das richtig aufarbeiten zu können, auch möglichst ohne weitere Crashs... Bzw. auch je länger man (gemeinsam) unterwegs ist umso mehr kann es natürlich auch krachen... Auch nicht nur z. B. im Rennauto sondern ebenso in Beziehungen. Umso besser kann man sich in vielen

Bereichen zwar auch verstehen aber auch – oft unerkannt, da eben auch nur in, oft aber sehr wichtigen, Kleinigkeiten- mit der Zeit *miss*verstehen in einigen wichtigen Punkten.
Bzw. da reibt man sich immer mehr (auch bei z. B. Rennautos bestehen Probleme bzw. auch deren Lösungen ja oft in winzigen Detail-Fragen). Eigentlich Kleinigkeiten, „Mücken" - was sich aber immer mehr zuspitzen, „hochköcheln" kann ... Manchmal wirklich zu „Elefanten". Das fällt einem oft gar nicht so auf, weil man sich sonst ja so gut versteht bzw. sonst so viel klappt(e). Aber irgendwann kocht das dann richtig hoch – bzw. es ist immer mehr der „Dampf raus". Bei Partnerschaften in denen es viel weniger „passt" trennte man sich ja schon viel früher, kann es also gar nicht zu so langer Beziehung inkl. so auch mehr möglicher Missverständnisse, Probleme kommen ... Oder man erkennt eben auch viel früher, dass man wirklich Beratungs-Bedarf hat ... Früher oder später kann man aber, zumindest mithilfe von Beratung, auch wieder feststellen, dass man aus den „Elefanten" auch wieder Mücken werden lassen kann – vielleicht auch etwas nervig aber eigentlich kein wirkliches Problem mehr!
Zumal oft auch wiederum wichtig ist, auf einige Mythen einzugehen- ggf. auch mit Beratung dazu. Das hilft auch einige Probleme besser einordnen zu können, nicht über zu bewerten. Z. B. haben nach div. Studien doch auch Männer „Wechseljahre", mit dann auch oft -*vorübergehend*- u. a. weniger sex. Lust. Männer wollen auch grundsätzlich nicht „immer Sex"- auch sie sind häufig zu k. o. dazu, wegen Stress und Leistungsdruck. Sie denken auch nicht „immer an Sex"- sondern werden nur häufiger angeregt, da stark optisch orientiert. Ca. 2/3 aller Männer finden sich auch zu dick oder sonst „unattraktiv", sie reden nur (auch) darüber weniger … Frauen finden zudem meistens doch auch eigentlich Männer, die Gefühle zeigen wirklich toll … usw.
Beratung können allerdings doch auch gerade Menschen brauchen, die sonst, z. B. beruflich, außerordentlich gut kommunizieren, helfen können oder –positiv - sensibel sind. In eigenen Beziehungen geht das aber aus o. g. Gründen meistens alleine kaum – oder auch, zudem, weil man einfach zu k. o. dazu ist. Auch wenn man nach einem sehr, z. B. auch kommunikativen/ sozialen Beruf nach Hause kommt - um dann

„auch noch" für andere Menschen, im privaten Bereich, ein Ohr haben zu können. Selbst beim besten Willen geht das dann oft kaum noch. Außerdem sind bei vielen Paaren, Freundschaften und anderen, auch geschäftlichen, beruflichen und familiären Beziehungen mit hohen Ansprüchen bzw. auf sehr hohem Niveau ja auch oft die Anforderungen an die Beziehung bzw. in dieser höher. M. Schuhmacher und S. Vettel brauchten auch bessere Fahrlehrer, Coaches als Normalbürger ... Ähnliches gilt natürlich aber auch für „Beziehungsarbeit" bzw. – Probleme! Auch das ist wirklich oft ganz, ganz wichtig zu sehen. Wenn die guten Paare, Beziehungen, Menschen eben sich dann als die „schlechteren" sehen, weil sie viele, mehr Probleme bekommen ... Das kann aber ja auch ein Zeichen sein von einem grundsätzlich sehr hohem Potenzial bzw. „Level" als Mensch bzw. Beziehung! Mit dann aber auch mehr Anforderungen, also auch mehr möglichen Problemen bzw. Unterstützungs-Bedarf! Und das so zu sehen, dass es so aber andererseits deshalb ja auch viel Potenzial für Verbesserungen bzw. Hilfe gibt ist oft wirklich ein ganz *entscheidender Gedanke. Eine ganz berechtigte, fundierte Hoffnung und Grundlage für Weiteres.*

Gerade tolle Menschen und Beziehungen werden aber auch noch, oft auch aus Neid oder Missgunst, schlecht gemacht. Sogar gerade von Leuten, oft sogar profess. Beratern bzw. auch „Staatsdienern", die in ihrem Leben viel weniger geleistet, überstanden haben ... Bzw. viel mehr Mist gemacht haben. Eigentlich ja eine bodenlose Frechheit und Anmaßung. Nur die „Guten" sind halt eben auch noch selbstkritisch – eigentlich ja auch etwas sehr Gutes, das manchmal aber überzogen wird (zuviel des *Guten* ist oft auch ein großes Problem– allerdings eben *auch Beweis, dass ja auch viel Gutes da ist*!) und suchen dann wirklich Schuld, Fehler in sich. Statt zu sagen „na, du hasts ja gerade nötig" bzw. „also kehr doch mal bitte erst vor deiner eigenen Haustür" oder „wer werfe den ersten Stein?". Zumal was z. B. ein Paar oder eine Familie unter einander, miteinander macht oder nicht, gut für sich findet, solange keiner darunter leidet ja auch deren Sache ist.

Dass so etwas, Dinge (zu recht) entscheidend anders zu sehen, wirklich auch entscheidend helfen kann bei z. B. auch Burn-out – sicher auch in

Beziehungen, zumal wenn dort auch zumindest eine Person „ausgepowert“ ist – belegen auch aktuelle wissenschaftl. Untersuchungen (u. a. über die Wirksamkeit sogenannter „kognitiver Verhaltenstherapie“, bei der so etwas oft eine Rolle spielt, bei „Burn-out“ und Erschöpfungszuständen). Und viele Begründer der Psychotherapie benannten dies, quasi die Änderung der Einstellung zu etwas, auch als wesentlichen Schlüssel zum Erfolg. So z. B. eben auch William James, Psychologe und Philosoph, ein Begründer der US-amerikanischen Psychologie: „Die größte Entdeckung meiner Generation ist die, dass der Mensch nur durch Änderung seiner Einstellung sein Leben ändern kann" (was dann ja auch zur Änderung von Umständen führen kann bzw. muss). Auch deshalb bringe ich hier oft und vor allem solche grundlegenden „Denkanstöße“ – zumal diese eben auch in der Praxis immer wieder sehr helfen, gerade auch bei Männern, Paar- und Familienberatungen aber auch sonst. Denn sieht man sich bzw. die Beziehung *zu recht* (nicht „schöngeredet“!) wieder mit mehr Potenzial kann man (erst) dieses auch wieder, zumindest mit profess. Unterstützung dabei, viel mehr nutzen. Zumal man sich so auch wieder auf das Positive bzw. „nach vorne“, auch Lösungen konzentriert statt unfassbar viel Energie für Destruktives, destruktiven Streit bzw. „Problemorientierung“ – was natürlich – nur noch mit Schlechtem und Problemen beschäftigt - auch noch den letzten Glauben an mögliche positive Entwicklungen rauben kann. Und i. d. R. nichts löst. Natürlich ist oft auch nötig sich anzuschauen, was in der Vergangenheit lief bzw. nicht oder schief lief, verletzte, ... Aber die Frage ist eben, s. oben, wie und unter welchem Blickwinkel man das tut. Man sieht wirklich auch nur, was (bzw. woran) man glaubt- bzw. wieder glauben kann mit der Zeit (und mit Unterstützung dabei). Dabei kann natürlich auch herauskommen, dass man etwas an Umständen ändern muss – bis hin zur beruflichen oder partnerschaftlichen Veränderung. Meistens reichen aber auch ganz kleine Veränderungen bzw. eben auch neue Erkenntnisse, Ansichten, Sicht vieler Dinge.

Und es ist, auch aus bereits genannten Gründen, natürlich aber auch absolut keine Schande, nie, wenn man für solche Überlegungen, Übungen, Klärungen vielleicht doch „Coaches“ bzw.

„Diplomaten“ bzw. „Dolmetscher“, Vermittler, Berater bzw. auch besonderen Platz, Raum braucht. Das brauchten ja natürlich auch schon unzählige Therapeuten, Paarberater wenn es um ihre eigene Beziehung geht und auch Könige, Präsidenten, ... Zumal wenn man andere Sprachen spricht- was in der Tat doch nach wie vor die meisten Männer und Frauen oder z. B. auch in unterschiedlichen Bereichen tätige Menschen (etwas, aber manchmal eben entscheidend) tun. Und z. B. auch beim Sport gibt es ja Schiedsrichter, selbst – bzw. gerade – auf ganz *hohem* Niveau. Weil es auch dort, wie ja auch – da noch mehr- in wichtigen Beziehungen, um sehr viel geht und auch große Gefühle inklusive oft auch Leidenschaft, „Feuer“ im Spiel sind – die dann diese aber auch so hochkochen können, dass das oft – wenn auch meistens letztlich ungewollt - großes Leiden schafft ... Mithilfe von Beratung, Coaching bzw. „Moderation“/ „Schiedsrichtern“, „Friedensrichtern“ dort kann dann aber auch wieder verstanden und vor allem gefühlt werden, dass der Ursprung des Ganzen eben Zuneigung, Interesse bzw. Leidenschaft (füreinander) war, was dann auch wieder zum Vorschein gebracht werden kann. Auch z. B. großes *Bedauern*, dass man zuletzt leider nicht so viel Zeit, Kopf, Ohr füreinander haben konnte (wie man gerne wollte)... Und Feuer bzw. Leidenschaft –wenn etwas ausbrennen konnte muss es das (Feuer, „Brennen“) ja auch einmal gegeben haben- sozusagen „neu entfacht“ werden, verschüttete Gefühle wieder entdeckt mit der Zeit ... (zumal ja nur wo Feuer war oder noch ist eben auch etwas ausbrennen konnte, bei Burn-out - auch in Beziehungen). Natürlich auch mit Hilfe bei praktischer Problem-Bewältigung bzw. einige Dinge ggf. auch (noch) besser, anders machen zu können. Man lernt nie aus. Keiner!

Damit auch z. B. (wieder) eine neue, gemeinsame Sprache gefunden werden kann, die auch alle Beteiligten verstehen- die auch wieder mehr verbindet. Denn in der Tat gibt es „universelle“ Sprachen nicht nur z. B. in der Musik oder auch beim Sport (ich bringe hier auch viele Beispiele daraus, weil das oft auch gerade Männer anspricht)– sondern auch im partnerschaftl. Bereich, bzw. „Einklang“. Und auch Schiedsrichter sind ja nicht dazu da dieses Feuer zu „löschen“, sondern möglichst Ausbrennen zu verhindern, gerade auch wenn viel Emotion im Spiel ist.

Also auch den Spaß, Begeisterung, Freude aufrechtzuerhalten bzw. mit der Zeit wieder zu ermöglichen. So wie auch die Berater das, „Burnout“ - einzelner oder mehrerer Menschen, Beziehungen, Familien. Bzw. um zumindest noch möglichst viel zu retten oder zu verhindern- auch durch Erinnerung an sozusagen zumindest „Kriegsrecht“ auch weiteres „Blutvergießen“, Leid, Feuer-Gefecht – eventuell auch für beteiligte „Zivilisten“ (z. B. natürlich auch nicht zuletzt auch von, wenn beteiligt, Kindern). Die man oft auch einfach im Eifer des Gefechts etwas übersieht. Liebe -bzw. verletzte Gefühle- macht auch in der Tat oft blind. Dass man da bei der Partner- Wahl oder in sonstigen Beziehungen auch manchmal daneben liegen kann, sich in Menschen täuschen, passiert so natürlich auch immer wieder einmal. Wohl allen Menschen. Man kann ja nicht in andere Menschen ganz „hineinschauen“ – wie die wirklich sind. Und noch weniger, wie diese sich entwickeln können. Und auch die besten Menschen passen auf Dauer ja vielleicht doch nicht zusammen, können sich zumindest auch auseinander entwickeln. Das passiert wirklich auch in besten Familien und Beziehungen. Aber *oft scheint es auch nur so*! Weil man im Alltag so oft kaum noch Zeit hat für persönliche Themen (was denkt, fühlt, wünscht man sich gerade eigentlich, ...). Meistens haben z. B. Paare heute oft für wirklich persönliche Themen, also nicht nur „Alltagskram“, beim besten Willen nur etwa 4-5 Minuten (!) pro Tag *wirklich* Zeit, Kopf,... Wie will man sich da verstehen können, Wünsche und Bedürfnisse erfüllen können – wenn man die aktuell gar nicht mehr richtig kennt? Nicht mal seine eigenen? Ein „Wunder-Mittel“ einer z. B. Paarberatung ist wohl so oft alleine auch, dass man hier ein Vielfaches an Zeit, Raum für diese Themen hat... auch ungestört. Und eben mit Moderation auch verhindert werden kann, dass man Vieles – oft sogar gut Gemeintes – wieder in den „falschen Hals“ bekommt. Und deshalb vielleicht sogar sehr lange miteinander geredet hat zuvor (bzw. streitet oder schweigt, was emotional ja auch viel sagt bzw. beim anderen ankommen bzw. zerstören lässt) – aber dann eben ständig ziemlich oder völlig aneinander vorbei. Was auch wieder neue Missverständnisse produziert und, auch ganz fatal, grundlegend Vertrauen – auch für mögliche Änderungen in der

Beziehung - zerstören kann. Was dann wiederum immer wieder neuen Streit, Missverständnis- Spiralen, Verletzungen produzieren kann bzw. das „lieber“ sich anschweigen- weil man sich ja *anscheinend* „eh nicht mehr versteht“, man „eh nicht mehr miteinander reden kann“ (bzw. weil man nicht weiter verletzt werden oder verletzen will). Und das stimmt sogar teilweise. Aber zumeist nicht wegen der Person, den Personen. Sondern liegt meistens an der („verkorksten“) *Situation*! Alleine kommt man dann aus besagten Gründen eben wirklich nicht weiter (und braucht man quasi einen „Korkenzieher“). Mit Hilfe eines solchen, Beraters, Ratgebers, Vermittlers aber fast immer schon- mit oft auch nur einigen nötigen Gedankenanstößen. Wenn man Dinge dann eben auch etwas anders sieht – was dann oft aber generell extrem viel bewegen kann, wie z. B. Maturana und Varela auch wissenschaftlich belegen (in „Der Baum der Erkenntnis. Die biologischen Wurzeln des menschlichen Erkennens“) - oder auch andere bedeutende psychologischen Untersuchungen.

Nicht zuletzt gerade auch zu sehen, dass oft von Partnern *gut Gemeintes* – z. B. (zu viel, nicht passende) Kompromisse – schaden kann. Was aber eben auch keiner bösen sondern ja guten (!) Absicht der Beziehungs- Partner entsprang-auch das ein absolut bedeutender Unterschied. Zwar nicht gut, optimal gemacht – aber gut gedacht, wohlwollend! Und „wohlwollend“ ist ja doch etwas, was in Frage stellen sollte, kann ob ein Partner es wirklich nicht (mehr) gut mit einem meint, der nun tatsächlich nur noch Gegner oder gar Feind ist ... Und kein Interesse mehr da ist ... Oder das Ganze doch in Wirklichkeit etwas anders aussieht – bzw. oft sogar ganz, völlig anders. Was aber Beteiligte alleine natürlich nur selten noch sehen können. Deshalb bitte aber auch nie zögern sich baldmöglichst weiteren Rat zu suchen, dann kann ja auch mehr bzw. schneller geholfen werden. Natürlich nicht zuletzt auch bei körperlichen bzw. psychosomatischen Beschwerden. Ein Arzt des Vertrauens ist auch dann erster möglicher Ansprechpartner, der auch weitere – z. B. psychotherapeutische – Hilfe vermitteln kann. Oft hilft auch schon ein Gespräch mit diesem ... Denn auch, selbst Indianer verarbeiteten ihren Schmerz ja nicht zuletzt dadurch, dass sie darüber redeten. Dass diese keinen kannten ist wohl auch wirklich einer der für Millionen Menschen gefährlichsten Mythen. Auch für viele Frauen aber eben nicht zuletzt für unzählige Männer- die tief in sich selbst heute eben noch denken, dass sie nicht über ihre Schwächen und Gefühle reden dürften, wie ein „lonely Cowboy" durch die Welt reitend, alles mit sich ausmachen müssen ... Nein, ganz sicher nicht! Und selbst Cowboys klagen ja manchmal, nicht nur am Lagerfeuer, natürlich auch ihr Leid. Denn natürlich sind nicht nur Frauen sondern auch Männer, wie es auch in H. Grönemeyers Lied „Männer" heißt „so verletzlich" und, ebenda: „Männer sind einsame Streiter (...), Männer sind auch Menschen (...), Männer sind etwas sonderbar(...), außen hart und innen ganz weich (...), werden als Kind schon auf Mann geeicht". Wobei auch die meisten Frauen heute ja ebenso schon von Kind an auf „hart geeicht" werden – in einer viel zu harten, oft auch lieblosen und unherzlichen Gesellschaft. In der man scheinbar auch immer „härter werden muss". Zu hart tut aber sicher nicht gut, mit Härte kommt man gerade auch in Beziehungen auch kaum weiter (auch z. B. bei Kindern sicher nicht, bei Erwachsenen aber auch kaum)! Männer, manchmal auch Frauen, schweigen ja i. d. R. auch nicht gerne oder kommunizieren in Streits laut und manchmal aggressiv weil sie das gerne tun – sie können nur oft nicht anders. Ohnmacht wird so überdeckt. Und auch weibliche oder auch männliche „Zickigkeit" oder verbale Aggression ist ja oft eher ein Hilferuf, weil man denkt sich sonst anders nicht Verhör schaffen zu können – was manchmal auch wirklich nur mit Hilfe eines Dritten, Vermittlers geht. Auch gerade um wieder über seine wenig harten Seiten reden zu können – Ängste, Sorgen, Verletzungen usw. aber auch „nur" Bedürfnisse, Träume… Die uns ja auch ausmachen als (glücklicherweise!) gefühlvolle Wesen. Selbst wenn Vorurteile manchmal, teilweise, etwas Berechtigung haben mögen – z. B. von oft zickigen Frauen oder dem „Schweigen der Männer" – so hat das ja auch seine Gründe und ist nicht unlösbar, selbst wenn beide sich (fast) nur noch anschweigen bzw. -„zicken"!

Interessant ist auch noch, dass Hilfe bei „Beziehungsstress" sogar oft noch darüber hinaus sehr wichtig sein kann. Gerade in unserer „Generation Burn-out". Denn ein wesentlicher Grund für Burn-out ist fast immer auch mangelnde Wertschätzung. Bei der Arbeit heute ja leider auch fast schon die Regel, auch mit zu wenig Geld dafür (ja auch eine Form der Nicht-Wertschätzung) - und natürlich auch als „nur" Arbeitsloser, Rentner, Hausfrau usw. oder wenn man sich sonst, warum auch immer, für wenig wertvoll hält. Dass Wertschätzung aber sicherlich entscheidend wichtig ist für Menschen und Beziehungen weisen auch aktuelle Standardwerke wie P. G. Zimbardos „Psychologie" bzw. dort aufgeführte Untersuchungen immer wieder nach. Nicht zuletzt auch für Opfer von alltäglichem Stress, was wirklich auch extrem ausbrennen und leiden lassen kann. Im Beruf oder Alltag- auch „nur" als Eltern, Hausfrau, Rentner, Arbeitsloser, Student, Schüler usw. (zumal diese ja oft auch noch nebenher arbeiten müssen). Besonders eben auch, wenn zwei sehr gestresste bzw. belastete Menschen in Beziehungen aufeinandertreffen (bzw. noch mehr in Familien oder anderen, z. B. auch beruflichen, Gruppen). O. g. Untersuchungen zeigen aber auch, dass in Beziehungen erhaltene Wertschätzung zuvor zu gering erhaltene – z. B. im Beruf oder auch in der eigenen Kindheit – sogar kompensieren kann (allerdings sollte das natürlich nicht übermäßig oder einseitig sein, also nur ein Partner den anderen wertschätzen in Worten und Taten– und der andere nicht, was auch vorkommt und auf Dauer sehr gefährlich werden kann!). Ein Arbeiten an Beziehungen, Partnerschaften kann also sogar darüber hinaus noch sehr großen Wert haben. Und selbst wenn die Beziehung tatsächlich am Ende doch nicht mehr zu retten wäre ist das auch für alle Beteiligten, das weitere Leben, lehrreich. Zumindest ist eben für die meisten Menschen auch wichtig nichts unversucht zu lassen, auch um sich später nichts vorzuwerfen bzw. etwas mit auch in nächste Beziehungen zu schleppen an offenen Fragen. Etwa, ob die Trennung – ggf. auch für Kinder – wirklich nötig war. Und, bei immer wieder kehrenden ähnlichen Problemen in Beziehungen, die Frage „warum kriege gerade ich immer wieder diese Probleme?". Und in der Tat ist das eine wichtige Frage. Die beantwortet werden sollte- sonst wird man alleine durch ständige Selbstzweifel, so unberechtigt die eigentlich auch sein mögen, große Probleme bekommen. Meistens allerdings auch damit beantwortet, dass es heute eben auch einfach wirklich viele tolle aber auch sehr dumme oder einfach auf Dauer nicht passende Menschen, Partner gibt (bzw. dass die stressigen Zeiten und Umstände heute eben auch die meisten Partnerschaften extrem belasten und mit der Zeit ggf. auch zerstören können)! Dass es mit denen nicht klappt hat dann nichts oder sehr wenig mit einem selbst zu tun, auch die besten und nettesten Menschen passen auf Dauer eben vielleicht einfach nicht zusammen bzw. trennen sich, s. oben, lange „bevor der Tod sie scheidet“. Das ist (leider) ja heute viel mehr die Regel als Ausnahme bzw. „persönliches Versagen“. Zumal unter o.g. Umständen (ebenso wie Verliebtsein wirklich auch „rosarot sehend“ den Verstand ausschalten kann, selbst bei schlauesten Menschen zu Beginn einer Partnerschaft. Auch das ist wissenschaftlich mehrfach nachgewiesen und kein Grund sich zu schämen. Andererseits kann man aber auch in Krisen zu „schwarz“ sehen, auch völlig normal). Auch das und dass Irren, auch hier und mehrmals, wirklich menschlich – und nicht Dummheit- ist ist auch ganz wichtig zu erkennen, zumindest auch für das eigene Selbstwertgefühl und Selbstbewusstsein! Was ja wiederum auch für neue Partnerschaften bzw. Partner-Suchen wichtig wäre.

Allerdings kann man mit Hilfe von Ratgebern eben auch noch oft viel mehr probieren als man denkt, damit sehr oft auch noch (völlig) unerwartet Beziehungen retten. Und manchmal hat es auch doch mit „einem selbst“ zu tun, vielleicht sogar wirklich mit der so oft beschworenen bzw. so oft auch überbewerteten Kindheit. Aber meistens anders als man denkt. Eine große Rolle spielt sehr oft beispielsweise auch hier eben z. B. ob man das 1. geborene Kind in der Familie ist oder das zuletzt geborene oder mittlere ... Das Verhältnis zu Geschwistern, manchmal auch Eltern oder sogar Großeltern und anderen... Auch Ex-Partnern, (Ex-) Kollegen bzw. Lehrern, Mitschülern usw. Hier werden in der Tat in neuen Beziehungen bzw. Partnerschaften manchmal Themen ausgetragen, die ganz anderen Ursprung haben und da nicht „hingehören“ (sondern an andere Stellen, wenn man das bearbeiten möchte). Und auch Zeit nehmen für eigentlich wichtige Themen. Wenn so dann gar nicht mehr wirklich genug zur Sprache kommt worum es eigentlich geht, oft dann auch schon dafür undurchlässige „Schutz-Mauern“ errichtet wurden – an

denen dann sogar gut Gemeintes abprallt. Oder man nur noch bemüht ist besser „miteinander zu kommunizieren“, das dann vielleicht auch zunehmend „besser“ (höflicher) tut – formell. Aber dabei oft eher Inhalte auf der Strecke bleiben- was man eigentlich braucht bzw. hat an Bedürfnissen, Wünschen, Träumen ... ohne sich zu sehr zu verbiegen (übrigens auch eine Gefahr sogar in sehr vielen Paar- und anderen Beratungen, wovor ich hier deshalb leider auch noch warnend etwas hinweisen muss). Da hinter „Paarproblemen“ oft aber primär auch andere Probleme stecken – sehr oft finanzielle bzw. Zeit-Not, die natürlich auch Beziehungen sehr stark belasten können – hier in der Anlage auch noch einige Tipps, zum Finden kostenloser Beratungsmöglichkeiten hierfür und auch psychologischer bzw. Paar-, Familien- und Erziehungs-Beratung, inkl. leider nötigen Warnungen vor viel zu vielen „Abzockern“ gerade auf diesem Gebiet- die aus der Not auch noch ein Geschäft machen (wollen). Und Menschen in finanziellen oder auch „nur“ Beziehungs-Krisen sind natürlich auch in, zumindest emotionaler, Not. Da Hilfe zu finden dann auch oft wirklich schwer ist, zumal wenn es einem gerade nicht gut geht, es eilt, bräuchte man oft schon alleine dazu – gute Hilfe zu finden - schon Hilfe. Auch deshalb soll diese hier mit einigen Hinweisen, Tipps dazu gegeben werden. Nicht zuletzt auch den, auch durch viele Untersuchungen belegt, dass auch finanz. Probleme meistens nichts mit „persönlichem Versagen“ zu tun haben – auch das ein bei sehr vielen Beziehungen häufig ja entscheidender Punkt in Konflikten (auch zu deren Lösung).
Es folgen auch Hinweise zu weiteren, meistens kostenlosen, Möglichkeiten um sich Unterstützung zu suchen, auch in „Communitys“ im WWW aber auch telefonisch, per E-Mail und vor Ort. Zumal in der Tat Liebe oft einem „Schlachtfeld“ gleichen mag, wie es ja in einem Lied heißt („love is a battlefield“). Dass Leben und damit auch – natürlich nicht zuletzt – auch die Liebe auch nicht immer nur schöne Seiten haben kann muss dieses Buch (leider) eben auch wiederholt vermitteln. Was auch unserem Verstand natürlich klar ist, ebenso wie andere hier genannte Weisheiten bedeutender Denker oder ganzer Völker („Volksweisheiten“) - wie z. B., so wichtig, „Nobody is perfect“- aber „Herz und Bauch“ meistens noch weiter verständlich

gemacht werden muss. Auch damit diese dann von Streitigkeiten und Problemen nicht mehr ganz so enttäuscht sind sondern das auch – natürlich in bestimmten Grenzen – als dazu gehörend sehen und somit richtig einordnen können. Zumal mit dann auch der hier gegebenen Aussicht, dass aus destruktivem Streit auch wirklich fast immer wieder konstruktiver werden kann, die Beziehung dann oft auch noch schöner als je gedacht ... Mit oft sogar recht einfachen Mitteln. Auch wenn das eben wirklich Beziehungs- Arbeit erfordert, die auch hier vor dem Vergnügen kommt ... Aber auch selbst schon meistens Freude bereiten kann. Dazu, dass man auch überhaupt Sinn daran sieht noch etwas zu versuchen, motiviert dazu ist, an Lösungen zumindest noch ein wenig glauben oder diese zumindest noch etwas erhoffen kann müssen aber auch in der Regel grundlegende Missverständnisse (vorab) ausgeräumt werden – was hier deshalb eben auch bezüglich häufig auftretender Fragen getan wurde. So muss z. B. eben unbedingt gesehen werden, dass gerade wenn man sich sonst so gut versteht es einmal extreme, fatale Missverständnisse geben kann. Vielleicht nur in Nuancen, kaum wahrnehmbar – aber der Teufel steckt auch gerade hier eben im Detail! Und je länger man zusammen ist umso mehr Positives und fast „blindes Verständnis“ mag es geben. Aber evtl. eben auch genauso auch mehr „blinde Flecke“/ gar nicht klar, dass es da gravierende Missverständnisse gab mit möglichen fatalen Folgen. Das fing oft ganz klein an, spielte bzw. kochte sich aber mit der Zeit immer mehr hoch ... Das fällt, wenn sonst so viel Gutes da ist, viel gut klappt gar nicht so auf - würde es sonst gar nicht so gut passen in der Beziehung kämen alle Differenzen vielleicht ja schon früher auf den Tisch, so auch lösbar... Bzw. mit schon viel früherer Trennung. Wenn sonst viel gut lief bzw. noch läuft – und das ist meistens auch sehr viel mehr als man zu Krisen-Zeiten noch wahrnimmt!- bemerkt man Differenzen, Missverständnisse aber gar nicht so, was sich unbemerkt sehr hochkocht... Man schluckt vielleicht viel, manchmal aber auch (viel) zu viel. Bzw. will Vieles nicht so eng sehen – was aber, auch wenn das grundsätzlich gut ist, doch manchmal auch nötiger wäre. Z. B. ist ein „Klassiker“ ein dem anderen Partner aus Liebe erfüllter Lebenstraum, z. B. sogar ein Hausbau... Der sehr stresst finanziell und zeitlich, so große Beziehungs-Probleme schafft ... Bis z. B. in einer Paarberatung oft erst nach zig Jahren herauskommt, dass dem Partner ein Haus gar nicht so wichtig war(!)... Beide das nur dem anderen zuliebe, weil man dachte der hätte das so gerne, mit machten. Und man sich sehr viel Stress und Streit ersparen könnte. Und da gäbe es sogar noch viel gravierendere Beispiele, Missverständnisse. *Unzählige*! Aber werden diese „Teufel" aufgedeckt ist das auch für Lösungen oft äußerst hilfreich, dann eben auch nur kleine aber sehr entscheidende Details.... Und in Beziehungen treffen heute, in so stressigen Zeiten, meistens auch sehr viele Probleme aufeinander, auch häufig Opfer von Burn-out erzeugenden Umständen ... Ja auch noch von 2 Menschen ... Man denkt dann, dass das wirklich „too much" ist- ein zu hoher, unüberwindbarer Berg. Das kann zwar sein, ist es aber meistens nicht! Wenn man (mit Hilfe, Rat, vielleicht auch nur etwas Umdenken damit) wieder besser erkennen kann, dass ja dann aber auch die *Ressourcen und mögliche Unterstützungs- Möglichkeiten von 2 Menschen* zusammentreffen- also auch umso größeres Potenzial, mit Synergie- Effekten sogar mehr als doppelt so viel. Der Glauben an die eigene Kraft kann ja auch bekanntlich Berge versetzen – und hier gibt es ja aber auch die Kräfte sogar mehrerer Leute! Umso wichtiger ist aber auch, wenn man auch deren „gesammelten Probleme" bzw. „Berge" bewältigen will diesen Glauben zu bewahren bzw. wieder zu beleben – das kann oft alles entscheidend sein, weshalb ich das hier auch umfangreich immer wieder vermitteln möchte. Inklusive dem Hinweis, dass sich ja auch wie gesagt in weniger schönen Dingen, wie z. B. heftigen Streits, auch viel Kraft zeigen kann. Die man nur anders nutzen muss. Statt dem Rückwärtsgang einen Gang nach vorne einlegen sozusagen ... Zumal gerade bei sehr starken Menschen und Beziehungen eben auch viel und heftiger Streit entstehen kann ... Aber ja auch mit der Zeit und Unterstützung eines „Fahrlehrers" (Beraters bzw. Therapeuten) dabei wieder sehr viel konstruktive Energie. Zumal man oft auch nur etwas *zurück*schalten muss, kann- z. B. an überhöhten Erwartungen an sich!

Und zudem kann ja wirklich „geteiltes Leid halbes Leid" sein, gerade auch in Beziehungen - wenn man auch hier ein paar der hier angeführten Dinge beachtet ... Oft treffen Probleme in Beziehungen

auch sonst sehr gut kommunizierende, helferisch- kompetente Leute – die empfinden nur eben Ohnmacht bei sich selbst, mit Vorwurf „warum kann ich so viel anderen helfen nur nicht mir selbst bzw. meinem Partner, Kind,...“. Das ist aber eben auch, wie beschrieben, normal. Wird einem das klarer kann man auch weg von diesbezügl. (Selbst-) Vorwürfen kommen und seine Fähigkeiten auch doch noch zu großen Teilen auch zur Rettung, Weiterentwicklung der Beziehung einsetzen.
Sehr hilfreich können auch Hinweise und Gedanken dazu sein, dass viele Paare oft sogar sehr gut, manchmal auch etwas „unkonventionell“, mit Problemen umgehen. Was auch sehr gut funktionieren würde. Wenn ihnen nicht von irgendeiner Seite, oft sogar in einer Beratung, eingeredet werden würde, dass das nicht so gut sei... Oft sollten Paare einfach nur weiter so handeln wie sie es von sich aus gerne tun würden... Dann sind Probleme oft schon sehr gut gelöst bzw. entstehen erst gar nicht. Bei einem Streit erst einmal sich aus dem Weg zu gehen ist ja z. B. kein „Flüchten“ (vor der Klärung, Auseinandersetzung), wie es oft vertreten wird – sondern eine gute deeskalierende Idee, um erst einmal „herunterzukommen“ und so Sachen besser klären zu können. Das machen ja z. B. auch Profi- Fußballer. Sie versuchen auch erst etwas „abzukühlen“, sonst erzählen sie in Interviews auch Unüberlegtes mit ggf. verheerenden Folgen.
Wichtig ist, nochmals, auch generell einige Klischees aus der Welt zu schaffen. Auch Psychologische... Aber auch solche über Frauen und Männer. Manche aber auch zu bestätigen – um zu helfen! Das „Schweigen der Männer“ ist beispielsweise eben doch oft tatsächlich ein Problem – und wird von Frauen oft auch als ein Haupt-Problem in der Beziehung benannt. Trotzdem denkt fast jede Frau, dass ihr Partner aus Desinteresse an ihr z. B. nicht zu einer Beratung möchte oder nicht richtig mit ihr redet... Alleine die Information, dass für Termine dafür fast immer (!) die Frauen anrufen – bzw. die Männer nur, wenn ihnen die Frauen die Pistole auf die Brust setzen – half aber schon vielen Frauen zu sehen, dass es nicht an ihm bzw. ihr, mangelndem Interesse an ihr liegt, nichts „Persönliches“ ist sondern eben nach wie vor oft (generell) Männer- Typisches. Es mag da „bessere“ Ausnahmen geben – aber die haben ja dafür auf anderen Gebieten (vielleicht sogar mehr)

Schwächen. Und dass dann im Rahmen einer Beratung dann aber ausgerechnet meistens die Männer teilweise auf einmal ohne Ende reden ist für die meisten Frauen (oder Männer) – vielleicht auch alleine schon das hier zu lesen - doch vielleicht auch ein Hoffnungs-Schimmer, dass so etwas doch viel bewegen kann (auch wenn sie das sicher erst ganz glauben können, wenn sie es sehen bzw. hören). Auch generell, dass auch einfach ein anderer Ort, Rahmen bzw. „Vermittler" sehr viel bewegen kann. Viele Männer kommen zunächst aber gar nicht mit, lassen fast immer Frauen die Initiative ergreifen, kommen oft erst wenn Frauen ganz klar mit Trennung drohen... Dass es so oft 5 vor 12 steht sehen die meisten Männer auch zuvor nicht, obwohl aus Sicht der Frauen 99 % klar und 1000x ganz klar angedeutet... Leider alles recht normal bzw. üblich beim „gemeinen" Mann, i. d. R. eben wirklich sehr bedingt sensible Wesen in solchen Fragen, selbst noch im Jahre 2013... Aber das hat ja wie gesagt auch Gründe. Wie auch gesagt vielleicht etwas desillusionierend aber letztlich ja eben sogar Hoffnung machend, s. oben. Erst in einer Beratung wird oft auch wirklich klar, dass das Schweigen ja auch Gründe hatte, für Männer auch nicht so schön. Die auch oft daran verzweifeln – was sie auch oft wütend, aggressiv macht- dass sie alleine nicht besser (oder überhaupt) mit ihren –ihnen sehr wichtigen- Frauen über wichtige Themen reden können, manchmal erklärbar aber oft auch recht unergründbar (was allerdings oft auch auf Verhalten von Frauen zutrifft, zumindest für Männer). Oder auch Eltern mit Kindern, Geschwister oder Kollegen untereinander usw. Frauen suchen bei Problemen, auch Stress, oft eher – auch körperliche- Nähe als Männer (die oft eher Abstand, aber ohne böse Absicht). Und Gezicke, nieder machen etc. des Partners, Freundes etc. stellt sich oft auch eher als Hilferuf bzw. Selbst-Vorwurf heraus bzw. als Reaktion wie die eines getroffenen Tieres ... Was man alleine einfach meistens wirklich nicht erkennen bzw. lösen kann, mithilfe eines Beraters aber oft dann recht schnell. Dann kann man sich auch wieder besser wertschätzen, viel mehr Positives sehen und auch viel weniger Positives übersehen, auch scheinbare „Kleinigkeiten" oder „Selbstverständlichkeiten", was man (auch füreinander) Gutes tut, sogar noch in Streit-Zeiten - was alleine oft schon wirklich nahezu Wunder

bewirken kann. Zumal gemessen daran dann auch Trennendes, Differenzen zunehmend an Gewicht verlieren können...
Dass allerdings wirklich sogar gerade *gut gemeine* Kompromisse oder zuviel Betonung des „Guten“ (wenn Probleme bzw. Kritiken nicht klar angesprochen und geklärt werden) zum Haupt-Problem werden können, ungesunde Kompromisse - also sozusagen doch etwas übertriebene Harmonie (wenn gegen die sonst ja auch nichts spricht), ist in der Tat oft auch eine ganz entscheidender Punkt!
Eine Beratung bzw. hoffentlich, teilweise auch schon dieses Buch kann aber in der Regel auch dabei helfen wieder mehr zum „Miteinander“ zu kommen aus dem – zumindest so empfundenen - „gegeneinander“ (bzw. nur noch „nebeneinander“). Was natürlich Gold wert sein kann, denn gerade in einer Partnerschaft wünscht man sich, gerade auch heute, natürlich ein „Miteinander“, gegenseitige Unterstützung – und nicht auch dort noch ein „Gegeneinander“ oder „Wettkampf“ (auch um Anerkennung) wie sonst schon viel zu viel in der Generation Burn-out bzw. „Ellbogengesellschaft“ heute. Als z. B. Paar- bzw. Familien-Berater, - Therapeut ist wirklich traurig immer wieder zu sehen, wie z. B. Paare, Partner (!) bzw. Freunde (!) sich gegenseitig Vorwürfe machen. Sich Schuld geben, fertig machen für Sachen, für die meistens keiner davon die Schuld trägt. Sondern z. B. Manager, die „Wirtschaftskrisen“ verursachten (und dafür auch noch Millionen Abfindungen bekommen). Mit Folgen wie Arbeitslosigkeit und wirtschaftl. Not, zunehmend Druck bei der Arbeit und auch sonst - die natürlich die meisten Paare, Familien und sonstige Beziehungen, auch unter „nur“ Freunden und Kollegen, nicht unbeeinflusst lässt, sehr stresst. Geld alleine macht nicht glücklich. Aber mit viel zu wenig Geld ist glücklich sein auch sehr schwer, unglücklich werden einfacher... Denn nicht kleine Probleme, selbst z. B. gesundes Essen, nötige Freizeit/Urlaub zu haben, finanzieren - und bei Eltern auch noch zusätzlich sehr viele nötige Sachen- wird ja immer schwerer oder unmöglicher, der Druck von außen steigt. Zumal Eltern auch noch Mängel im Gesundheits- und Bildungssystem auffangen sollen- z. B. immer mehr gekürzte Sozialleistungen, Freizeitangebote für Kinder, in Schulen viel zu großen Klassen usw. Dass man da als, zumal Eltern-,

Paar überhaupt überlebt ist so sicher eine Leistung, auf die man stolz sein könnte. Aus o. g. Gründen, vor allem viel zu überfordernden Alltags-Stress, braucht man um das so sehen zu können aber meistens wirklich auch Rat bzw. neue Sichtweisen von außen. Ich hoffe dieses Buch kann dazu beitragen, bei Bedarf auch durch die in der Anlage genannten weiteren Informations- und Beratungsmöglichkeiten, zumeist auch kostenlos. Nicht zuletzt dabei auch zumindest mittelfristig den Fokus wieder darauf legen zu können sich wieder freund- bzw. partnerschaftlich zu unterstützen- eben als Freund bzw. Verwandter, Partner. Das klingt vielleicht lapidar. Ist in der (Paar- und Familien-) Beratungs- Praxis aber ein entscheidender Schritt bei vielen Problemen in Beziehungen. Die Grundsatz-Frage „gegeneinander oder miteinander“? Was wollen wir? Immer wieder die Frage ... Das kann oft erst wieder richtig mit Beratung funktionieren. Das kann man sich (zudem) aber auch selbst immer wieder sagen. In Verbindung mit der Weisheit Platons „Sei gütig, denn alle Menschen, denen du begegnest kämpfen einen schweren Kampf“. Auch Sie und Ihr Partner, Freund, Verwandter, Kollege ... Man sollte also wirklich gnädiger mit sich und miteinander umgehen, auch nicht jedes Wort auf die Goldwaage legen. Oder gleich in die Luft gehen. Mit etwas Abstand merkt man dann oft auch schon alleine, dass es gar nicht böse gemeint war... Und wenn Ihnen sonst nichts Hoffnung machen kann dann ja zumindest das bekannte Wort von B. Brecht: „Wer kämpft kann verlieren. Wer nicht kämpft hat schon verloren“. Auch wenn Sie – oder Menschen, denen Sie Rat geben möchten - wahrscheinlich schon sehr viel gekämpft, geleistet, evtl. auch erlitten haben... Manchmal braucht man aber eben auch eine neue „Waffe“ , neue „Munition“ – auch durch z. B. neue Perspektive, Sicht der Dinge - um erfolgreich kämpfen zu können. Bzw. in diesem Fall hier ein wieder besseres Verhältnis herstellen zu können, hier natürlich auch gerade ohne weiteres Leid, aufeinander (verbal) schießen. Damit auch nicht sogar Friedens-Angebote wie Kriegserklärungen (falsch) ankommen. Auch für echten „Frieden“, nicht nur scheinbaren oder nur „Burg-Frieden“. Und eigentlich völlig unnötige Gefechte, Verletzungen auch beendet werden können.

Ich hoffe sehr, dass ich mit diesem Buch dazu etwas beitragen kann, nicht zuletzt auch mit den in der Anlage genannten weiteren Informations- und Hilfsmöglichkeiten. Und bitte die Hoffnung nicht aufgeben, selbst wenn Ihnen irgendein Ratgeber sagte, dass „man nicht zusammen passt" – die Frage, auf die z. B. auch Zimbardo öfters hinweist, ist ja auch hier nicht der „Ist-Zustand" . Sondern wie sich etwas *entwickeln kann*, auch mit (professioneller) Hilfe bzw. guten Ratgebern – die wirklich oft nahezu Unglaubliches bewegen können! Zumal es ja auch noch in jedem Menschen viele gute Eigenschaften, Fähigkeiten gibt, die noch gar nicht entdeckt wurden. Im Arbeitsalltag, der viele davon auch nicht nutzt, fördert bzw. auch schon zuvor – in viel zu großen Schulklassen und Gruppen im Kindergarten, wo individuelle Förderung – auch bei evtl. Schwächen aber eben auch Stärken – gar nicht wirklich möglich war. Da schlummert also noch sehr viel Potenzial in Menschen, in mehreren/ Beziehungen also umso mehr. Auch zu deren Weiter-Entwicklung, zumindest mit Hilfe von Förderern, Unterstützern hierfür z. B. im Rahmen einer psychologischen Beratung. Aber man kann, zumindest zusätzlich, ja auch selbst mehr solche gute Seiten bei sich und Mitmenschen suchen – und dann auch finden können. „Wer an das Gute im Menschen glaubt, bewirkt das Gute im Menschen" (Jean Paul). In der Tat ...
Ich wünsche Ihnen auf jeden Fall alles Gute!

Wolfgang Laub, Falkensee (bei Berlin) und Kiel im Frühjahr 2013

LITERATUR- und Quellenverzeichnis:

- Balsen, Werner (Hrsg.): Die neue Armut, Köln 1984
- Barthelmeß, M. : Systemische Beratung- eine Einführung für psychosoziale Berufe, Weinheim 1999
- Bollnow, O. F. : Existenzphilosophie und Pädagogik, Stuttgart 1962
- Brezinka, W. : Grenzen der Erziehung . In Schicksal ? Grenzen der Machbarkeit, Heidelberg 1978

- Bronisch, T. : Der Suizid, München 1995
- Ciompi, L.: Affektlogik, Stuttgart 1982
- Degen, R. Lexikon der Psycho-Irrtümer, Frankfurt/M.2005
- Enders, U. (Hrsg.): Handbuch gegen sexuellen Missbrauch, Köln 2001
- Engel, S./ Gärtner-Engel, M.: Neue Perspektiven für die Befreiung der Frau- eine Streitschrift, Essen 2000
- Freudenberger, H.: Burn-out bei Frauen, München 2005
- Fromm, E.: Authentisch leben, Freiburg 2000
- Furmann, B.: Es ist nie zu spät eine glückliche Kindheit zu haben, Dortmund 2001
- Goldman, M. J. : Vater und Kind. Das etwas andere Baby-Buch, München 2006
-Griesebach, E.: Die Grenzen des Erziehers und seine Verantwortung, Halle 1924
- Gudjons, H.: Pädagogisches Grundwissen, Heilbrunn 1995
- Gür, M.: Warum sind sie kriminell geworden? Türkische Jugendliche in deutschen Gefängnissen, Essen 1990
- Hecht, W.(Hrsg.): Bertolt Brecht – Über Politik und Kunst, Frankfurt/M.1971
- Jaeggi, E.: Wer therapiert die Therapeuten? , Berlin 2005
- Kaiser, A. (Hrsg.): Koedukation und Jungen - Soziale Jungenförderung in der Schule, Weinheim 1997
- Korte, H.: Einführung in die Geschichte der Soziologie, Stuttgart 1998
- Lampert, L; Kroll, A.: Soziale Ungleichheit der Lebenserwartung, in „Aus Politik und Zeitgeschichte" 42/2007(Herausgeber:Bundeszentrale für politische Bildung)
-Largo, R. H.: Kinderjahre. Die Individualität des Kindes als erzieherische Herausforderung, München 2007
-Luhmann,N.: Strukturelle Defizite. Bemerkungen zur systemtheoret. Analyse des Erziehungswesens in: Oelkers, J./Tenorth, H.-E.(Hrsg.): Pädagogik, Erziehungswissenschaft&Systemtheorie,Weinheim 1987
-Lüssi , P.: Systemische Sozialarbeit, Bern 1992

- Maturana, H.R./Varela,F.J.: Der Baum der Erkenntnis. Die biologischen Wurzeln des menschlichen Erkennens,München 1996
- Max- Planck- Institut für Bildungsforschung (Hrsg.): PISA 2000- Zusammenfassung der zentralen Befunde, Berlin 2001
- Nadolny, S.:Die Entdeckung der Langsamkeit, München 1983
-Neumann-Wirsig, H. und Treiber, G.: „Systemische Sozialarbeit heißt lehren und lernen“ in Blätter der Wohlfahrtspflege 3/ 2000
- Neutzling, R.; Schnack, D.: Jungs sind halt so ! Wirklich ? Acht Thesen zu einem vernachlässigten Thema. In:Brenner, G. (Hrsg.): Typisch Mädchen? Typisch Junge?, Weinheim, 1991
- Oelkers, J./ Lehmann, T.: Antipädagogik: Herausforderung und Kritik, Braunschweig 1983
- Peschel, E.: Macht und Grenzen der Erziehung oder „die heimlichen Mit-Erzieher“, Frankfurt/M., 1979
- Peseschkian, N.: Psychotherapie des Alltagslebens. Training zu Partnerschaftserziehung und Selbsthilfe. Frankfurt/M. 1977
- Rauschenbach,T.(Hrsg.): Soziale Arbeit und Erziehung in der Risikogesellschaft, Neuwied 1992
- Schäfer,G.: Der überraschte Pädagoge- in „Neue Sammlung“ 1989
- Schlösser, S.: Lieber Matz, dein Papa hat `ne Meise, Berlin 2011
- Spranger, E.: Das Gesetz der ungewollten Nebenwirkungen in der Erziehung (E.S., Gesammelte Schriften, Band 1), 1962
- Stock, C.: Burn-out –Erkennen und verhindern, Freiburg 2010
- Strotmann, R.: Zur Konzeption und Tradierung der männlichen Geschlechterrolle in der Erziehungswissenschaft, Frankfurt/M.,1997
- Trube-Becker, E.: Sexuelle Gewalt und wirtschaftliche Ausbeutung, Heidelberg 1992
- UN- Kinderrechtskonvention: Die Rechte des Kindes. Das Übereinkommen über die Rechte des Kindes verabschiedet von den Vereinten Nationen in New York am 20.11.89, Ravensburg 1994

- Wesel, U.: Aufklärungen über Recht – zehn Beiträge zur Entmythologisierung, Frankfurt/Main 1981
-Wulf, C. : Einführung in die Anthropologie der Erziehung, Weinheim 2001
- Zimbardo, P. G..: Psychologie, Berlin/New York 1999
sowie (teilweise) Ansätze der „kritischen Männer-Forschung“ von unter anderem Böhnisch, L., Winter, R. – u. a. auch z. B. zu finden in „Männliche Sozialisation“, Tübingen 1994

(Genauere/weitere Angaben sind auch im Text zuvor zu finden)

[Anhang] :
Anlaufstellen für weitere Hilfen vor Ort / im WWW

(für Inhalte + Aktualität kann leider nicht garantiert werden) :

- Möglicher erster Ansprechpartner (auch anonym, kostenlos, auch per E-Mail möglich, Tag und Nacht auch an Wochenenden, Feiertagen):
Die **Telefonseelsorge(.de)** inkl. ihrer sorgfältig ausgesuchten und geschulten Mitarbeiter, die auch weitere Anlaufstellen vor Ort nennen können. Denn, nochmals:
Ein Buch, nur Selbst- oder auch Fern-Diagnose oder dergleichen kann eine fachmänn. Beratung, ggf. auch polizeilich und auf jeden Fall ärztlich, auch Untersuchung (auch körperl. und ggf. psychologisch!) nie ersetzen!

Weitere – begleitend - nützliche Adressen, mit dort wiederum vielen weiteren Informationen, Adressen

– leider ohne mögliche Gewähr, Haftung dafür- auch für Aktualität:

- das-beratungsnetz.de
-> *kostenlose Hilfe, Beratung bei allen möglichen Problemen*
- therapie.de
gemeinnütziges Psychotherapie-Portal mit Therapeuten-Suche und vielen weiteren Link- Tipps
- www.jugend-notmail.de - *Tipps + Hilfe (auch per E-Mail) für Leute bis 25*
- *nummergegenkummer.de* (Mitglied im Deutschen Kinderschutzbund) *für Eltern + Kinder*
- adhs-deutschland.de
-> gemeinnütziger Selbsthilfeverein mit ehrenamtl. arbeitenden Mitgliedern, in über 250 Selbsthilfegruppen und einem Telefonberaternetz bundesweit in Deutschland tätig
- ueberlebensgeschichten.de – viele, auch Link-, *Tipps von Unglück-, Not-Überlebenden*
- www.krankheitserfahrungen.de
Kranke Menschen beschreiben ihre Gefühle, was ihnen hilft
- nakos.de - Datenbank von *Selbsthilfegruppen(Deutschland)*
- *www.besserweltlinks.de*
Sammlung entsprechender (sehr vieler) Links ...
- *kindersicherheit.de* - mit vielen Informationen, Tipps dazu
- Bundeszentrale für gesundheitl. Aufklärung - mit vielen weiteren *Adressen/Tipps, auch* auf *kindergesundheit-info.de* ; *kinderstarkmachen.de* ("für ein Leben ohne Sucht und Drogen", mit auch sehr vielen Infos und Tipps , ebenso wie auf *loveline.de* -dem Jugendportal der BZgA, auch zu Liebe, Sex usw.).
- www.*schueler-mobbing.de* , www.*mobbing-schlussdamit.de* , *www.mobbing-zentrale.de* – viele Tipps und Hilfen für Opfer von Mobbing bzw. Angehörige- Eltern usw.
- *www.mobbingscout.de* – umfangreiche Datenbank für Hilfen bei Mobbing (der Fairness- Stiftung)
-www.antidiskriminierungsstelle.de (des Bundes)
- www.zartbitter.de Tipps, auch präventiv, bezüglich Missbrauch
- web4health.info/de - Kostenlose Online- Beratung/Tipps zu allen möglichen *Gesundheits- und psycholog. Fragen*

- www.weisser-ring.de (*Hilfen für Opfer von Verbrechen*)
- www.meine-schulden.de/ *Kostenlose Beratung, auch anonym, online, bei Schulden*
-www.sozialvital.de *Tipps für überschuldete/ hiervon bedrohte Menschen und deren Berater*
- www.handicap-net24.de
Ziel: Horizonte öffnen für Menschen mit Handicap
-www.dgb.de
Gewerkschaftsbund-Seite mit Links zu *Gewerkschaften u. a. Beratungsangeboten und dergleichen in Deutschland*
- solidaritaet-international.de *Internationale Solidaritäts- und Hilfsorganisation*
- lebensmut.de - *christliche Seite, die (neuen) Lebensmut machen möchte*
- lebensgeschichten.org - *Selbsthilfe - Seite, auch mit vielen "Überlebensgeschichten"*

Mein Onkel, von dem mir mein Vater viel Tolles erzählte. Den ich aber leider nicht mehr erleben durfte.... Der kein „starker Mann" sein wollte, auch nicht in den Krieg ziehen(d).
Er musste es aber (und kam dort ums Leben, sogar noch im letzten Jahr des 2. Weltkrieges ...)

Ebenso wie mein Vater, der diesen aber glücklicherweise gerade noch überlebte..

... und glücklicherweise so auch meine Mutter kennenlernen konnte

Unsere, welt-allerbeste, Eltern (im Jahr ihrer Hochzeit)

Der Autor - mit meinen, welt-allerbesten, Schwestern

Printed by Books on Demand GmbH, Norderstedt / Germany